企业合规
风险与应对

王 山/著

中华工商联合出版社

图书在版编目（CIP）数据

企业合规风险与应对 / 王山著. -- 北京：中华工商联合出版社，2025. 3. -- ISBN 978-7-5158-4197-7

Ⅰ. D922.291.914

中国国家版本馆CIP数据核字第2025DJ3367号

企业合规风险与应对

作　　者：	王　山
出 品 人：	刘　刚
责任编辑：	于建廷　效慧辉
封面设计：	周　源
责任审读：	傅德华
责任印制：	陈德松
出版发行：	中华工商联合出版社有限责任公司
印　　刷：	北京毅峰迅捷印刷有限公司
版　　次：	2025年4月第1版
印　　次：	2025年4月第1次印刷
开　　本：	787mm×1092 mm　1/16
字　　数：	280千字
印　　张：	22.5
书　　号：	ISBN 978-7-5158-4197-7
定　　价：	68.00元

服务热线：010-58301130-0（前台）
销售热线：010-58301132（发行部）
　　　　　　010-58302977（网络部）
　　　　　　010-58302837（馆配部）
　　　　　　010-58302813（团购部）
地址邮编：北京市西城区西环广场A座
　　　　　　19-20层，100044
http://www.chgslcbs.cn
投稿热线：010-58302907（总编室）
投稿邮箱：1621239583@qq.com

工商联版图书
版权所有　侵权必究

凡本社图书出现印装质量问题，请与印务部联系。
联系电话：010-58302915

序　言

企业是经济的基本细胞，是指以盈利为目的，以自身支配的生产要素开展自主经营、自负盈亏，向市场提供商品和服务的经济组织。广义上与经营主体大致相同，狭义上是指除个体工商户、农民专业合作社之外的经营主体。据国家市场监管总局发布的数据显示，截至2023年底，我国广义上的企业数量为1.84亿户，狭义上的企业数量为5,826.8万户[1]。在狭义上的企业中，民营企业数量占到92.3%，达5,300余万户[2]。这些数量庞大的企业是"我国经济活动的主要参与者、就业机会的主要提供者、技术进步的主要推动者"[3]，也是市场秩序的实际践行者和供给方。

引导企业合规自我治理已成为国家治理体系的一分子，体现着国家治理体系和治理能力的现代化。习近平总书记曾强调，"企业既有经济责任、法律责任，也有社会责任、道德责任"[4]，党的二十届三中全会通过的《中共中央关于进一步全面深化改革、推进中国式现代化的决定》

---

[1] 数据来源于2024年2月国家市场监管总局召开"分型分类精准帮扶，提升个体工商户发展质量"新闻发布会实录.

[2] 数据来源于全国人民代表大会官网，郑备：《国务院关于促进民营经济发展情况的报告——2024年6月25日在第十四届全国人民代表大会常务委员会第十次会议上》.

[3] 《习近平著作选读》第二卷，人民出版社2023年版，第318-319页.

[4] 《习近平著作选读》第二卷，人民出版社2023年版，第323页.

明确提出，支持和引导各类企业"履行社会责任"[①]。实际上，企业合规和企业社会责任之间存在着较为紧密的联系，企业合规本身就属于企业社会责任的范畴，蕴含着社会责任价值。有学者提出著名的"责任铁律"原则，即企业所承担的社会责任应与其所享受的社会地位和社会权利相一致[②]。在国家致力于"毫不动摇巩固和发展公有制经济，毫不动摇鼓励、支持、引导非公有制经济发展"的语境中，无论是什么样的所有制企业、什么规模的企业、什么行业的企业都应将合规作为应予履行的社会责任。习近平总书记曾指出，守法经营是任何企业都必须遵守的一个大原则，企业只有合规经营才能行稳致远。

党的二十大报告指出，全面依法治国是国家治理的一场深刻革命，强调要引导全体人民做社会主义法治的忠实崇尚者、自觉遵守者、坚定捍卫者。党的二十届三中全会通过的《中共中央关于进一步全面深化改革、推进中国式现代化的决定》强调，"法治是中国式现代化的重要保障"，要"弘扬社会主义法治精神"[③]，指出要"支持引导民营企业完善治理结构和管理制度，加强企业合规建设"[④]，明确要"建立同国际通行规则衔接的合规机制"[⑤]。对企业来讲，就是要引导企业做社会主义忠实崇

---

① 《〈中共中央关于进一步全面深化改革、推进中国式现代化的决定〉辅导读本》，人民出版社2024年版，第20页.

② Davis K. Can business afford to ignore social responsibilities [J]. California Management Review, 1960, (2): 70–76.

③ 《〈中共中央关于进一步全面深化改革、推进中国式现代化的决定〉辅导读本》，人民出版社2024年版，第43页.

④ 《〈中共中央关于进一步全面深化改革、推进中国式现代化的决定〉辅导读本》，人民出版社2024年版，第20页.

⑤ 《〈中共中央关于进一步全面深化改革、推进中国式现代化的决定〉辅导读本》，人民出版社2024年版，第39页.

尚者、自觉遵守者、坚定捍卫者，实现企业合规经营。《公司法》第177条规定国家出资公司应当加强内部合规管理。将合规工具运用到我国各类企业治理实践中，既是我国在对外开放中彰显负责任大国担当的体现，也是实现企业健康发展的体现，其蕴含着企业承担社会责任、维护国家利益、实现高质量发展的鲜明时代价值。

在市场经济中，企业强，则国家强；企业兴，则国家兴。推进中国式现代化建设，需要企业可持续发展，离不开企业合规。企业合规问题不仅仅是经济问题，也是社会问题，更是政治问题。企业合规经营水平是高质量发展和高水平安全良性互动程度的重要表征，有效的企业合规治理是企业强、企业兴的保障，是既"放得活"又"管得住"的内在要求，是中国特色社会主义市场经济巨轮沿着中国式现代化道路前行的前提。企业合规治理包括企业合规自我治理，以及体现国家意志的公权机构对企业合规自我治理的激励和约束。当前，企业合规自我治理已成为政府看重、企业重视、学界关注的话题。北宋王安石在《周公论》中提到"立善法于天下，则天下治；立善法于一国，则一国治"。近些年来，随着我国涉企合规相关法律法规及规章政策的健全和完善，如2021年初修订的《行政处罚法》，2023年底修订的《公司法》及出台的《非银行支付机构监督管理条例》，2024年2月发布的《国务院关于进一步规范和监督罚款设定与实施的指导意见》，有关部委出台的企业合规治理相关部门规章、指引性文件，各地引导企业合规自我治理的相关政策等，企业自身也越来越重视企业合规自我治理问题，将企业合规自我治理作为"安身立命"的前提，不少企业相应建立了合规自我治理体系，特别是对重点领域、重点环节、重点人群的合规自我治理建立了相应的制度、机制和保障。

只要存在商品经营活动和代表国家意志的政府监管权，企业就有按照国家意志开展经营的义务，即合规义务。我国政府监管权古已有之，例如，《周礼地官·司徒下》记载了周朝设立专门机构对物价和假冒伪劣进行管制，汉代"酒类专卖法""盐铁官营法""均输平准法"，宋代"市易法""禁榷法"，以及《唐律疏议·杂律》《大明律·户律·七市廛》等均赋予政府对商品交易行为的监管权。然而，在相当长的时间内，监管部门对企业践行合规义务的介入主要是以结果为导向，即监管部门注重对实施违规行为的企业减损权益或者增加义务，一般很少介入企业合规自我治理，忽视对企业合规自我治理过程的引导。事实上，企业合规自我治理依托企业合规义务，是企业践行企业合规义务的自治行为，且该种自治行为的产生或是基于公权力的约束抑或基于公权力的激励，其目的是预防和防止企业出现合规风险。

现代意义上的企业合规自我治理源于西方一些发达国家，已在大多数国家或地区甚至一些国际组织中被广泛应用。随着我国稳步扩大规则、规制、管理、标准等制度型开放的深入推进，以及以国内大循环为主体、国内国际双循环相互促进的新发展格局的加快构建，作为国际上被广泛认可的企业合规自我治理在我国有着越来越广阔的施展空间。迄今为止，我国企业合规自我治理呈现出"始于金融企业，发展于国有企业，拓展于其他领域"的演化路径。可以预见，随着规则、规制、管理、标准等制度型开放的稳步扩大，现代意义上的企业合规自我治理将在国家治理体系现代化中发挥着越来越重要的作用。我国将有越来越多的企业以合规自我治理的实践诠释：合规经营是企业安身立命的底线，企业要实现高质量发展，就需要依法经营、依规经营、良性地跟政府互动，将合规自我治理贯穿于企业经营活动各个方面、各个环节之中。

从某种意义上说，市场经济是一种风险经济，"政府在履行监管职能时应以防范风险为重点"[①]。将这一认识投射到企业合规自我治理之中，就是企业合规自我治理有着"以风险为导向"基本属性。企业合规自我治理其实是企业对自身面临的合规风险进行防范和应对，使得企业避免或减少实施违规行为以及因违规行为遭受损失。现实中，企业合规风险带来的损失，不仅体现为因监管部门处罚带来的直接损失，更体现为因监管部门处罚带来的间接损失，有时这种间接损失甚至要远大于前述中的直接损失。例如，倘若企业被处罚产生了严重的信任危机，业务经营就可能面临较大的不可持续风险，其债务可能面临被要求提前偿还风险，这些风险对企业来说是致命的。

无论在实行什么样监管制度的国家，企业所从事的经营管理活动都要在体现国家意志的法律法规、监管规定等"规"的要求下进行，唯有如此，才能防范和应对各类合规风险带来的损失。可以说，只要有国家的存在或者体现集体意志的组织的存在，在其中开展经营管理活动的企业就不可能避免受到各种各样"规"的约束，所区别的是企业所遵循的"规"是"恶"还是"善"。

改革开放以来，随着我国社会主义市场经济深入发展，体现"既'放得活'又'管得住'"的涉企相关法律法规、监管规定等"良法"不断完善，以"良法"促进发展、保障善治得以加快形成。在这种背景下，防范和应对企业合规风险，无论对企业发展还是国家发展都具有"双赢"的价值。

从企业在经营管理活动过程中所涉及的合规风险来看，合规风险表现形式非常庞杂，横跨企业全生命周期，或者说，只要企业存在，就不

---

① ［美］维托·坦茨：《政府与市场——变革中的政府职能》，商务印书馆2023年版，第406页。

可避免地面对各式各样的合规风险。从合规风险对企业影响梯次来看，依次为刑事方面合规风险、行政方面合规风险、民事方面合规风险，并且三者之间的边界有时较为模糊。例如，如果行政方面合规风险应对不好的话，就容易演变为刑事方面合规风险。又如，民事方面合规风险如果应对不好，容易演变为行政方面合规风险或刑事方面合规风险。尽管如此，企业合规风险运行仍有规律可循。总的来说，企业合规风险大多集中在市场交易、质量、知识产权、安全、劳动用工、财务税收、环保以及以此为基础的商业伙伴和涉外经营等领域，这些领域企业合规风险既涉及刑事范畴的合规风险，也涉及行政范畴的合规风险，还涉及民事范畴的合规风险。这些领域合规风险虽然不能覆盖企业全生命周期内合规风险的全貌，但至少能反映大概的风险。这些领域合规风险涉及企业的法律、行政法规、部门规章、地方性法规、地方政府规章以及其他相关规范性文件，且还面临较为频繁的制度修订（正），在数量众多且经常处于变动的"规"中全面系统把握企业经营管理活动所涉及的"规"并非易事，精准评估和应对企业因不履行或不足履行"规"所确立的合规义务而引发的合规风险较为复杂。尽管如此，依照我国立法管理体制机制，按照法律位阶依次递减的方式确立企业合规义务和相应合规风险点，并以此为基础来评估企业合规风险、应对企业合规风险，是企业做好合规风险评估与应对的务实之策。《企业合规风险与应对》一书正是以此为突破口，结合相关部门的监管执法实践，从数量众多的"规"中来探究企业合规义务、合规风险点，合规风险识别、分析、评价，以及合规风险应对策略、应对现状评估、应对计划等，以期探究出企业合规风险与应对的"道"与"术"。

企业合规风险应对涉及诸多专业知识，不仅涉及法学，也涉及经济学，还涉及管理学，甚至涉及自然科学技术，可以说，任何一个单一学

| 序 言 |

科都无法覆盖企业合规所需要的知识要求。例如，质量、安全、环保等领域，多数涉及技术标准，应对企业合规风险通常需要自然科学技术领域专业人员参与。显然，搞清企业合规风险与应对问题并非容易之事，不仅需要从业人员有一定的法学功底，还需要有一定的经济学、管理学功底，甚至需要一定的自然科学技术功底。与此同时，企业合规风险应对也不是光靠专业知识就能解决的，有效的企业合规风险应对需要大智慧，需要在企业、监管部门以及其他利益相关方之间做到良好平衡，理解企业合规风险应对背后的利益博弈之道。可以说，应对企业合规风险不仅是一门技术活，还是一门艺术活。值得一提的是，企业合规风险应对很大程度属于与监管部门打交道的工作，搞清企业合规风险与应对的问题，离不开对监管部门尽责履职的运行规律特别是监管理念、监管方式方法有着较为清晰的认识。例如，严格监管理念下的企业合规风险应对与包容审慎监管理念下的企业合规风险应对往往存在一定的差异。

本书作者具有文理综合学科背景，具有经济学博士学位和国家法律职业资格，先后在国家部委和国务院直属机构的直属单位从事十多年的企业相关法律问题和管理问题的研究，对监管规律有着较为深入的思考。此外，还曾有在某高校从事自然科学技术领域研究经历，以及某央企的工作经历。这些历练使得作者能从多学科、多视角的角度来考量企业合规风险与应对相关问题，避免因单一学科、单一经历而囿于惯性思维。总而言之，本书有着三个方面的明显特点：一是注重理论和实务相结合。全书不仅从理论上阐释企业合规风险与应对相关问题，更注重从方法上探究企业合规风险与应对相关之策；二是注重点与面相结合。对企业经营管理过程中遇到的市场交易、质量、知识产权、安全、劳动用工、财务税收、环保，以及以此为基础的商业伙伴和涉外经营等领域合规风险进行全景式考察，并对企业在经营管理活动中遇到典型的合规风险进行具体阐释，兼顾企业合规风险应对之"道"与企业合规风险应对之"术"；三是注重多学科审视视角。以经济学思维和管理学思维审视属于法学领域的企业合规风险问题，打破企业合规风险应对背后的学科界限，实现企业合规风险治理相关学科之间的融合。本书是企业合规风险与应对方面融合专业理论、实务操作于一体的著作，希望该书的出版，能为从事企业合规治理相关的实务工作者及理论工作者提供一些启发或参考。

目　录

引　言 ··· 001

 一、企业合规是实现有效市场和有为政府结合的体现 ········· 002

 二、企业合规自我治理是实现企业合规的应有之义 ············ 004

 三、企业合规自我治理实质上是企业合规风险治理 ············ 007

 四、认知合规风险和应对是企业合规自我治理的基础 ········· 009

第一章　企业合规风险概述 ······································· 013

 第一节　合规是企业生产力 ··· 013

  一、合规是企业安身立命底线 ····································· 013

  二、合规有着多重功能 ·· 014

  三、合规风险应对能给企业带来综合性收益 ·················· 016

 第二节　企业经营风险多与合规风险有关 ······················ 021

  一、合规风险具有传导特性 ·· 021

  二、合规风险会引发企业经营风险 ······························· 023

  三、应对企业合规风险也是应对经营风险 ····················· 025

第三节　合规风险应对是企业一本经济账⋯⋯⋯⋯⋯⋯⋯⋯⋯⋯⋯⋯ 026
　　一、合规风险应对是企业合规治理的着力点⋯⋯⋯⋯⋯⋯⋯⋯⋯⋯ 026
　　二、各类企业都值得做好合规风险应对⋯⋯⋯⋯⋯⋯⋯⋯⋯⋯⋯⋯ 027
　　三、合规风险应对需要讲究策略⋯⋯⋯⋯⋯⋯⋯⋯⋯⋯⋯⋯⋯⋯⋯ 029
第四节　企业合规风险应对需要外部参与⋯⋯⋯⋯⋯⋯⋯⋯⋯⋯⋯⋯ 031
　　一、交易相对方参与能促使企业合规风险应对⋯⋯⋯⋯⋯⋯⋯⋯⋯ 031
　　二、监管部门不能缺位于企业合规风险应对⋯⋯⋯⋯⋯⋯⋯⋯⋯⋯ 033

第二章　企业合规风险评估的方法⋯⋯⋯⋯⋯⋯⋯⋯⋯⋯⋯⋯ 038

第一节　评估合规风险是企业经营活动的必修课⋯⋯⋯⋯⋯⋯⋯⋯⋯ 038
　　一、评估合规风险事关企业生存与发展⋯⋯⋯⋯⋯⋯⋯⋯⋯⋯⋯⋯ 038
　　二、评估合规风险需要企业有战略思维⋯⋯⋯⋯⋯⋯⋯⋯⋯⋯⋯⋯ 039
　　三、评估合规风险需要企业有敬畏之心⋯⋯⋯⋯⋯⋯⋯⋯⋯⋯⋯⋯ 041
第二节　合规义务是评估企业合规风险的前提⋯⋯⋯⋯⋯⋯⋯⋯⋯⋯ 042
　　一、合规义务是企业合规风险评估的逻辑起点⋯⋯⋯⋯⋯⋯⋯⋯⋯ 042
　　二、从体现国家意志的制度中考量企业合规义务⋯⋯⋯⋯⋯⋯⋯⋯ 043
　　三、从践行国家意志的监管职能中考量企业合规义务⋯⋯⋯⋯⋯⋯ 044
第三节　个案分析是评估企业合规风险的基础⋯⋯⋯⋯⋯⋯⋯⋯⋯⋯ 045
　　一、不同企业合规风险存在差异⋯⋯⋯⋯⋯⋯⋯⋯⋯⋯⋯⋯⋯⋯⋯ 045
　　二、评估企业合规风险需因企制宜⋯⋯⋯⋯⋯⋯⋯⋯⋯⋯⋯⋯⋯⋯ 047
　　三、评估企业合规风险需应时而为⋯⋯⋯⋯⋯⋯⋯⋯⋯⋯⋯⋯⋯⋯ 049
第四节　企业合规风险评估需有规范的路径⋯⋯⋯⋯⋯⋯⋯⋯⋯⋯⋯ 050
　　一、遵循企业合规风险评估的一般路径⋯⋯⋯⋯⋯⋯⋯⋯⋯⋯⋯⋯ 050
　　二、选择适合企业的合规风险评估方式⋯⋯⋯⋯⋯⋯⋯⋯⋯⋯⋯⋯ 052

| 目 录 |

第三章　企业合规风险应对的法则 056

第一节　企业合规风险应对重心在预防 056
一、合规风险预防是企业应尽的责任 056
二、预防是企业应对合规风险的最优选择 058
三、企业合规风险预防的关键是培育企业合规文化 060

第二节　企业合规风险应对基础在制度 061
一、应对企业合规风险需要做好基本制度设计 061
二、将企业合规风险应对制度嵌入其他制度中 063
三、执行企业合规风险应对制度需因势而为 064

第三节　企业合规风险应对根本在协同 065
一、在发展战略协作中实现企业合规风险应对协同 065
二、在制度协作中实现企业合规风险应对协同 066
三、在部门协作中实现企业合规风险应对协同 068

第四节　企业合规风险应对应坚持"两点论" 069
一、坚持"两点论"是应对合规风险的方法论 069
二、以系统思维全面抓企业合规风险应对 071
三、以问题导向思维重点抓企业合规风险应对 072

第四章　市场交易领域企业合规风险与应对 075

第一节　市场交易领域企业合规义务 075
一、市场交易领域合规义务涉及所有企业 075
二、自愿、平等、公平、诚信是市场交易领域合规义务的价值导向 078
三、市场交易领域合规义务内容复杂 080

第二节　市场交易领域企业合规风险点 087
一、市场交易领域企业合规风险点具有复杂性 087

二、市场交易领域常见的企业合规风险点················090

第三节　市场交易领域企业合规风险评估················100

　　一、市场交易领域企业合规风险准则················100

　　二、市场交易领域企业合规风险识别················102

　　三、市场交易领域企业合规风险分析················104

　　四、市场交易领域企业合规风险评价················106

第四节　市场交易领域企业合规风险应对················108

　　一、市场交易领域企业合规风险应对既是技术也是艺术················108

　　二、从企业内外部着手应对市场交易领域企业合规风险················110

第五章　质量领域企业合规风险与应对················113

第一节　质量领域企业合规义务················113

　　一、质量领域企业合规义务是企业质量主体责任的体现················113

　　二、合乎标准是质量领域企业合规义务鲜明的特点················115

　　三、质量领域企业合规义务横跨商品全生命周期················116

第二节　质量领域企业合规风险点················121

　　一、质量领域企业合规风险点呈现全链条性················121

　　二、质量领域常见企业合规风险点················123

第三节　质量领域企业合规风险评估················129

　　一、质量领域企业合规风险准则················129

　　二、质量领域企业合规风险识别················131

　　三、质量领域企业合规风险分析················133

　　四、质量领域企业合规风险评价················135

第四节　质量领域企业合规风险应对················136

　　一、做好质量领域企业合规风险应对是企业生存之道················136

　　二、质量领域企业合规风险应对基础在全员················138

三、质量领域企业合规风险应对要因企制宜·················139

第六章　知识产权领域企业合规风险与应对··················144

 第一节　知识产权领域企业合规义务··················144

  一、知识产权领域企业合规是企业应尽的义务··················144

  二、知识产权领域企业合规义务具有目的和工具两重属性··················146

  三、知识产权领域企业合规义务在内容上呈现广泛性··················147

 第二节　知识产权领域企业合规风险点··················151

  一、知识产权领域企业合规风险点依赖于企业经营管理活动··················151

  二、知识产权领域常见的企业合规风险点··················154

 第三节　知识产权领域企业合规风险评估··················159

  一、知识产权领域企业合规风险准则··················159

  二、知识产权领域企业合规风险识别··················160

  三、知识产权领域企业合规风险分析··················162

  四、知识产权领域企业合规风险评价··················164

 第四节　知识产权领域企业合规风险应对··················166

  一、知识产权领域企业合规风险应对事关企业发展··················166

  二、将知识产权领域企业合规风险应对摆在战略高度··················168

  三、以系统思维应对知识产权领域企业合规风险··················169

第七章　安全领域企业合规风险与应对··················174

 第一节　安全领域企业合规义务··················174

  一、安全领域企业合规义务是企业"底线"义务··················174

  二、安全领域企业合规义务更多属于"过程"型义务··················176

  三、安全领域企业合规义务涉及范围广泛··················177

第二节　安全领域企业合规风险点 ……………………………………… 182

一、安全领域企业合规风险点凸显全面性 ……………………………… 182

二、安全领域常见的企业合规风险点 …………………………………… 185

第三节　安全领域企业合规风险评估 …………………………………… 188

一、安全领域企业合规风险准则 ………………………………………… 188

二、安全领域企业合规风险识别 ………………………………………… 190

三、安全领域企业合规风险分析 ………………………………………… 192

四、安全领域企业合规风险评价 ………………………………………… 194

第四节　安全领域企业合规风险应对 …………………………………… 195

一、安全领域企业合规风险应对是企业利益与责任的体现 …………… 195

二、预防是安全领域企业合规风险应对的最佳策略 …………………… 197

三、加强安全领域企业合规风险应对体系建设 ………………………… 198

第八章　劳动用工领域企业合规风险与应对 …………………………… 203

第一节　劳动用工领域企业合规义务 …………………………………… 203

一、劳动用工领域企业既有强制性合规义务也有自愿性合规义务 …… 203

二、劳动用工领域企业合规义务对企业与劳动者具有"双赢"性 …… 205

三、劳动用工领域企业合规义务涉及劳动者权益保护全过程 ………… 206

第二节　劳动用工领域企业合规风险点 ………………………………… 210

一、劳动用工领域企业合规风险点贯穿于企业用工全周期 …………… 210

二、劳动用工领域常见的企业合规风险点 ……………………………… 213

第三节　劳动用工领域企业合规风险评估 ……………………………… 218

一、劳动用工领域企业合规风险准则 …………………………………… 218

二、劳动用工领域企业合规风险识别 …………………………………… 220

三、劳动用工领域企业合规风险分析 …………………………………… 222

四、劳动用工领域企业合规风险评价 …………………………………… 224

| 目 录 |

　　第四节　劳动用工领域企业合规风险应对 225
　　　　一、将劳动用工领域企业合规风险应对摆在人才战略中推进 225
　　　　二、统筹做好劳动用工领域企业合规风险防范和处置 227
　　　　三、增强劳动用工领域企业合规风险应对的整体性 229

第九章　财务税收领域企业合规风险与应对 233
　　第一节　财务税收领域企业合规义务 233
　　　　一、强制性是财务税收领域企业合规义务的鲜明特点 233
　　　　二、财务税收领域企业合规义务依赖企业的经济业务 235
　　　　三、财务税收领域企业合规义务较为复杂 236
　　第二节　财务税收领域企业合规风险点 240
　　　　一、从实际经济业务中确定财务税收领域合规风险点 240
　　　　二、财务税收领域常见的企业合规风险点 242
　　第三节　财务税收领域企业合规风险评估 248
　　　　一、财务税收领域企业合规风险准则 248
　　　　二、财务税收领域企业合规风险识别 251
　　　　三、财务税收领域企业合规风险分析 252
　　　　四、财务税收领域企业合规风险评价 254
　　第四节　财务税收领域企业合规风险应对 255
　　　　一、财务税收领域企业合规风险应对是项长期工作 255
　　　　二、树立财务税收领域企业合规风险应对的动态思维 257
　　　　三、提升财务税收领域企业合规风险应对效能 259

第十章　环保领域企业合规风险与应对 264
　　第一节　环保领域企业合规义务 264
　　　　一、环保领域企业合规义务体现企业社会责任 264

二、环保领域企业合规义务横跨企业全生命周期 266
　　三、环保领域企业合规义务内容涉及面广 267
　第二节　环保领域企业合规风险点 272
　　一、环保领域企业合规风险点有明显的行业依赖性 272
　　二、环保领域常见的企业合规风险点 274
　第三节　环保领域企业合规风险评估 279
　　一、环保领域企业合规风险准则 279
　　二、环保领域企业合规风险识别 281
　　三、环保领域企业合规风险分析 283
　　四、环保领域企业合规风险评价 284
　第四节　环保领域企业合规风险应对 286
　　一、环保领域企业合规风险应对事关企业发展 286
　　二、以底线思维应对环保领域企业合规风险 288
　　三、建立环保领域企业合规风险应对体系 289

第十一章　商业伙伴及涉外领域企业合规风险与应对 294

　第一节　商业伙伴领域企业合规义务和风险点 294
　　一、商业伙伴领域合规是企业合规应有范畴 294
　　二、商业伙伴领域合规义务源于企业合规义务 296
　　三、商业伙伴领域企业合规风险点确定依赖交易本身 299
　第二节　商业伙伴领域企业合规风险评估与应对 303
　　一、商业伙伴领域企业合规风险评估 303
　　二、商业伙伴领域企业合规风险应对 307
　第三节　涉外领域企业合规义务和风险点 310
　　一、涉外领域企业合规是涉外经营管理活动的基本要求 310
　　二、涉外领域企业合规义务体现入乡随"规" 313

三、涉外领域企业合规风险点具有复杂性 ⋯⋯⋯⋯⋯⋯⋯⋯⋯⋯⋯⋯ 315
　第四节　涉外领域企业合规风险评估和应对 ⋯⋯⋯⋯⋯⋯⋯⋯⋯⋯⋯⋯ 318
　　一、涉外领域企业合规风险评估 ⋯⋯⋯⋯⋯⋯⋯⋯⋯⋯⋯⋯⋯⋯⋯⋯ 318
　　二、涉外领域企业合规风险应对 ⋯⋯⋯⋯⋯⋯⋯⋯⋯⋯⋯⋯⋯⋯⋯⋯ 322

后　记 ⋯⋯⋯⋯⋯⋯⋯⋯⋯⋯⋯⋯⋯⋯⋯⋯⋯⋯⋯⋯⋯⋯⋯⋯⋯⋯⋯⋯ 325

附录：本书正文涉及的法律法规、监管规定 ⋯⋯⋯⋯⋯⋯⋯⋯⋯⋯⋯ 330

引 言

作为二十四史之一的《南齐书》有云,"匠万物者以绳墨为正,驭大国者以法理为本"。在发展社会主义市场经济的环境中,没有企业的合规经营,就难有企业的可持续发展。企业对自身合规风险的应对,犹如人类对食品安全的需求,是企业生存与发展的"必需品"。随着民事方面合规风险到行政方面合规风险再到刑事方面合规风险,其应对的需求程度依次增加。在我们周围,有不少企业因不善于应对其面临的合规风险,引发企业经营困境、破产,甚至波及整个行业的案例。可以说,企业合规风险应对是企业经营管理活动中绕不开的话题。对合规风险缺乏有效应对,会在很大程度上影响到利益相关方对企业的信心,而信心的缺失会让一个企业"寸步难行"。企业合规风险应对表面看是企业对自身合规实现自治的行为,但这种自治行为与国家治理之间存在着逻辑联系,有着清晰的逻辑机理。实现有效市场和有为政府更好结合、企业合规、企业合规自我治理、企业合规风险自我治理、企业合规风险应对等五者之间有着明显逻辑关系。实现有效市场和有为政府更好结合离不开企业合规,企业合规离不开企业合规自我治理,企业合规自我治理离不开企业合规风险自我治理,企业合规风险自我治理关键是企业合规风险应对,而企业合规风险应对又需要建立在企业合规风险评估的基础之上。

一、企业合规是实现有效市场和有为政府结合的体现

"在市场经济国家,政府应该发挥怎样的经济职能?这是经济学最根本的问题"①,"经济体制改革的核心问题仍然是处理好政府和市场关系"②,正确处理政府与市场之间的关系是贯穿于社会主义市场经济发展过程的主线。"在市场作用和政府作用的问题上,要讲辩证法、两点论……要用好'看不见的手'和'看得见的手'"③。自改革开放以来,我国走出了一条由计划配置资源到有计划发挥商品经济作用、到在宏观调控下发挥市场对资源配置的基础性作用、到更大程度发挥市场在资源配置中的基础性作用、到充分发挥市场在资源配置中的基础性作用、到发挥市场在资源配置中的决定性作用,再到充分发挥市场在资源配置中决定性作用的政府与市场边界演化的路径,形成以"更好发挥市场机制作用""'放得活'又'管得住'""创造更加公平、更有活力的市场环境""更好维护市场秩序、弥补市场失灵"等作为发展社会主义市场经济必须要遵循的原则,意味着在经济发展过程中要做到有效市场和有为政府的有效结合。党的十九届五中全会鲜明提出"推动有效市场和有为政府更好结合",国务院印发的《国务院工作规则》(国发〔2023〕7号)也提到"推动有效市场和有为政府更好结合"。推动有效市场和有为政府更好结合意味着对政府和市场边界进行合理确定,发挥监管部门在营造稳定、公平、透明、可预期的营商环境等方面的作用,发挥包括

---

① 维托.坦茨.政府与市场——变革中的政府职能[M].北京:商务印书馆,2023:9.
② 《习近平著作选读》(第一卷),人民出版社2023年版,第163页.
③ 中共中央宣传部:《习近平新时代中国特色社会主义思想学习纲要》,学习出版社、人民出版社2023年版,第152页.

引 言

企业在内的各类经营主体在推动经济发展、维护市场秩序的积极作用。习近平总书记在2019年2月召开的中央全面依法治国委员会第二次会议上强调"法治是最好的营商环境"。企业合规是企业经营管理行为符合法律法规、监管规定等体现国家意志的"规"的要求，是建设有为政府的重要表现，也是建设有效市场的直接体现，本身就属于营商环境，这是因为企业合规意味着对国家所期望的"秩序"的实现，这种"秩序"具有双赢的属性，既体现了国家意志，也体现了企业自身的利益。

企业合规不仅是企业内部治理方式，也是维护国家利益的现实要求。近些年来，党和国家高度重视企业合规，党的二十届三中全会通过的《中共中央关于进一步全面深化改革、推进中国式现代化的决定》专门提到要加强企业合规建设、建立同国际通行规则衔接的合规机制。2023年7月印发的《中共中央、国务院关于促进民营经济发展壮大的意见》提出，要引导民营企业通过合规经营等提升发展质量。习近平总书记多次在不同场合对企业合规经营进行了论述。2018年11月，习近平总书记在民营企业座谈会上就曾指出，我国民营经济遇到的困难也有企业自身的原因，一部分民营企业在环保、社保、质量、安全、信用等方面存在不规范、不稳健甚至不合法合规的问题，在加强监管执法的背景下必然会面临很大压力。对此，习近平总书记对民营企业的合规治理提出了要求，指出守法经营是任何企业都必须遵守的原则，也是长远发展之道，强调民营企业家要珍视自身的社会形象，践行社会主义核心价值观，弘扬企业家精神，做爱国敬业、守法经营、创业创新、回报社会的典范，要讲正气、走正道，做到聚精会神办企业、遵纪守法搞经营，在合法合规中提高企业竞争能力。2023年3月，习近平总书记在看望参加政协会议的民建工商联界委员时强调，"民营企业和民营企业家要筑牢依法合规经营底线，弘扬优秀企业家精神，做爱国敬业、守法经营、创业创新、回报社会的典范"[①]。2018年8月，习近平总书记在推进"一带一路"建设工作5周年座谈会上就曾指出，要规范企业投资经营行为，合法合规经营，注意保护环境，履行社会责任，成为共建"一带一路"的形象大使，强调要高度重视境外风险防范，完善安全风险防范体系，全面提高境外安全保障和应对风险能力。2022年12月，习近平总书记在中央经济工作会议上强调，"国企、民企、外企都要依法合规经营"[②]。有关部门对企业合规性监管进行了积极探索，原保监会于2016年出台了《保险公司合规管理办法》，证监会于2017年出台了《证券公司和证券投资基金管理公司合规管理办法》，国务院国资委于2022年出台了《中央企业合规管理办法》。2023年10月中央纪委国家监委发布了《"一带一路"廉洁建设高级原则》，明确建立有效、全面的诚信合规管理体系，开展以商业诚信合规等为主题的能力建设和培训，实施有效的诚信与合规计划。不难看出，企业合规治理已成为国家治理体系的要素。这些都从不同程度说明，企业合规在推动有效市场和有为政府更好结合中的时代价值和历史意义，是实现国家对企业的治理与构建高水平社会主义市场经济体制之间更好适应的时代要求。

二、企业合规自我治理是实现企业合规的应有之义

企业合规绝不是"纸面合规"，不是建个合规制度就能完事，也不是走个形式就能达到目的。企业合规需要治理才能实现，对企业合规

---

① 习近平：《正确引导民营经济健康发展高质量发展》，载《人民日报》2023年3月7日，第1版。

② 习近平：《当前经济工作的几个重大问题》，载《求是》2023年第4期。

| 引 言 |

的治理包括体现国家意志的政府监管（广义上的政府）和体现企业自治的企业自我治理。从企业合规治理发展历程来看，企业合规治理兴起于欧美国家，一些企业和行业协会出于应对政府监管和树立社会形象的考虑，主动以合规的方式规范员工行为，属于企业单方面的"自我监管"[①]。后来，由于企业合规自我治理表现出了较为明显的效果，引导企业合规自我治理开始走进政府监管的视野，并演化为国际上企业治理的一种常规工具，被一些国际组织推广和实施，其背后反映出的是政府监管理念上的变化。从20世纪60年代开始，一些西方国家的政府监管实践表明，政府监管虽然在一定程度上解决了"市场失灵"问题，但同时也出现了一定程度上的"监管失灵"问题，由此引发西方国家出现了是扩张监管还是放松监管的争议。持扩张监管观点的人士认为，应在职业安全健康、环境保护、消费者权益等领域加强监管；而持放松监管观点的人士认为，持续扩张监管压缩了市场机制作用空间。为调和两种观点之间的矛盾，回应性监管理论应运而生，该理论强调监管需要遵循如下四个原则：针对需要解决的重点问题实施重点监管、优先考虑说服教育和自我监管等软措施开展监管、把最强有力的监管举措作为最后选择、结合现实需要逐步提高监管强度[②]。例如，在监管执法工具运用方面，自下而上的金字塔排序是：非正式处罚、非行政处罚、民事责任、行政责任、刑事责任、市场禁入；在监管策略方面，自下而上的金字塔排序是：经营主体自我监管、强制性经营主体自我监管、命令控制型监管。无论在监管执法工具运用方面，还是在监管策略的选择方面，回应性监管理

---

① TODD H, The Criminalization of Compliance, Notre Dame Law Review, 2017, 92(3): 1215-1270.
② 杨炳霖. 监管治理体系建设理论范式与实施路径研究——回应性监管理论的启示 [J]. 中国行政管理. 2014：6.

论一般主张市场监管应是有限度地进入，穷尽非行政手段都不能实现有效治理目的的前提下，监管部门才能使用行政处罚手段，也就是说，政府监管应遵循谦抑性原则。

谦抑性原则投射到企业合规治理上，就是政府应引导企业实施合规自我治理，发挥企业参与合规治理的作用，实现企业合规治理领域政府与市场边界的最优解。政府对企业实施合规自我治理的引导主要通过激励和约束两种手段，两种手段并重在国际上具有广泛的认可度。可以推测，随着我国在规则、规制、管理、标准等制度型开放的稳步扩大，除了对企业不合规行为依法予以惩罚，以及在某些特定行业、特定环节对企业合规进行强制要求之外，公权机关对企业合规内部治理的激励将会越来越得到重视。近年来，作为以促使企业合规经营为目的而介入企业合规自我治理的政府监管得到了积极的探索实践，如通过以行政监管主体身份、作为政府出资人、通过行政指导等方式引导企业实施合规自我治理。国家密集出台引导企业合规自我治理的相关制度，如《国务院关于进一步规范和监督罚款设定与实施的指导意见》（国发〔2024〕5号）提出在部分领域研究、探索运用行政和解等非强制行政手段，明确统筹考虑经济社会发展水平、行业特点、地方实际、主观过错、获利情况、相似违法行为罚款规定等因素。

值得一提的是，在一些西方国家，行政和解制度是引导企业合规自我治理的重要基础性制度，该指导意见所提出的行政和解无疑对推进监管部门引导企业合规治理具有里程碑意义。还如，《非银行支付机构监督管理条例》规定非银行支付机构当按照审慎经营要求，建立健全并落实合规管理制度，对未建立健全或者落实有关合规管理制度予以行政处罚。再如，一些监管执法部门探索的服务型执法制度，推行执法前加强沟通、执法中把握尺度、执法后注意回访等模式。这些为引导企业合规自我治理打下了良好的制度基础，说明引导企业实施合规治理已成为国家治理企业的重要措施。进而，在企业合规治理方面出现了公权部门引导企业合规自我治理的行政激励与约束、刑事激励与约束、民事激励与约束相互融合、相互共生的发展趋势，这无疑促使企业逐渐重视企业合规自我治理，将合规自我治理作为经营管理重要内容。就作为理性"经济人"的企业而言，其实施合规自我治理取决于其对合规自我治理收益与成本之间的平衡，倘若企业预期企业合规自我治理收益不足以抵消企业合规自我治理成本，企业就存在抵制合规自我治理的内在动机，无论是行政机关或司法机关对企业合规自我治理进行约束或激励，实际上都是对企业合规自我治理收益和成本关系进行的调整。可见，随着行政机关和司法机关对企业合规自我治理激励和约束的推进，企业应注重对合规的自我治理，开展包括建立合规自我治理制度、完善自我治理运行机制、强化自我治理监督问责等有组织、有计划的治理活动，提升合规自我治理水平，防范或降低因实施违规行为引发法律责任、造成经济或者声誉损失等合规风险。

三、企业合规自我治理实质上是企业合规风险治理

企业开展合规自我治理的目的是防范和应对企业因实施违规行为引发法律责任、造成经济或者声誉损失以及其他负面影响的风险。企业实施违规行为、违规行为被调查、违规行为被处罚，以及基于调查、处罚引发的经济损失和声誉损失都属于概率性事件。或者说，尽管企业实施违规行为、因违规行为被调查被处罚、因被监管部门调查处罚引发经济和声誉损失之间存在一定的逻辑关系，但企业出现合规风险事件，并不一定就意味着企业实施违规行为，企业实施违规行为并不一定会被监管部门调查，被监管部门调查并不一定意味着被处罚，被监管部门处罚并

不一定就意味着企业遭受经济损失，遭受经济损失并不一定意味着面临声誉损失。正是因为如此，企业实施合规自我治理实质上是对企业合规风险进行治理，将企业合规风险控制在可控范围之内。我国监管部门出于增强经营主体信用意识和自我约束力、对违法者"利剑高悬"、减少对经营主体正常生产经营活动的干预、对守法者"无事不扰"等考虑，在监管过程中实施随机抽取检查对象、随机选派执法检查人员、抽查情况及查处结果及时向社会公开的"双随机、一公开"监管模式，这一监管模式意味着企业实施违规行为被发现、被调查、被处罚成为概率性事件，从而在一定程度上说明企业合规自我治理所具有的风险治理特性。

正是因为企业合规自我治理实质上是企业合规风险治理，使得企业实施合规自我治理在现实中有着一定的"土壤"，甚至可以说，企业可以通过合规自我治理来实现自身的"寻利"。一方面，企业合规自我治理能够帮助企业避免承受因实施违规行为带来的损失风险。我国现行法律法规、规章中行政处罚有23类，具体表述有150余种[①]，《行政处罚法》就规定了名誉罚、财产罚、资格罚、行为罚、人身罚，明确了警告、通报批评、罚款、没收违法所得、没收非法财物、暂扣许可证件、降低资质等级、吊销许可证件、限制开展生产经营活动、责令停产停业、责令关闭、限制从业、行政拘留等13类，对法律、行政法规规定的其他行政处罚类型进行了概括性规定。企业一旦面临任何一种处罚，都有可能直接或间接承担相应的合规风险损失。现实中，不少企业遭受合规风险损失并不是具有主观上的恶意而是因为缺乏合规意识和合规能力，对实施违规行为以及相应后果预期不足造成的。例如，一些企业由于对税收征缴合规义务缺乏清晰的了解，无意间实施了税收领域违规行为。再如，有些企

---

① 黄海华. 新行政处罚法的若干制度发展［J］. 中国法律评论. 2021：3.

业由于对广告领域合规义务没有准确地把握，无意间实施了广告领域违规行为，导致企业承担相应的合规风险损失。事实上，企业合规自我治理能帮助企业培育合规意识、提升合规能力，实现企业对违规行为及其后果精准掌控，这无疑增强了企业预防和应对合规风险的能力。或者说，企业对合规进行自我治理的过程，也是企业培育合规意识、提升合规能力的过程，自然也就是提升风险治理能力的过程。另一方面，企业合规自我治理能让企业在合规自我治理收益和成本之间作出最佳选择。企业合规与企业发展之间存在着对立统一关系。对于属于风险治理范畴的企业合规自我治理，企业需要在合规自我治理收益和成本之间平衡，通过评估企业实施违规行为风险、因违规行为产生合规风险损失等，来权衡自身在合规自我治理方面的广度、深度。可以说，正是因为企业合规自我治理具有风险治理的特性，企业合规自我治理才展现出丰富多彩的实践。

显而易见，企业在对合规进行自我治理过程中，需要将防范和应对合规风险作为最为核心的工作任务。一方面，由于合规风险是企业经营管理行为不符合法律法规、监管规定等"规"的要求而产生的，企业需要将合规自我治理贯穿于企业管理活动全过程，不能出现业务发展和合规自我治理"两张皮"现象，要将业务发展和合规自我治理进行融合，兼顾业务发展和合规自我治理。另一方面，企业应在合规自我治理中树立风险意识，掌握企业合规风险发生和传导背后的机理和规律，善于运用风险治理工具和方式来实施对合规的自我治理，赋能企业合规经营，提升企业在合规自我治理过程中的风险治理能力。

四、认知合规风险和应对是企业合规自我治理的基础

由于企业合规自我治理实质是合规风险治理，充分认知企业在经营

管理活动中的合规风险便成为企业实施合规自我治理绕不开的话题。我国每年有数量庞大的企业涉及合规风险，如2023年全国市场监管部门查办各类违法案件就达140.62万件[①]。企业合规风险源于法律法规、监管规定等"规"确定的合规义务，企业因没有履行或不足履行合规义务引发的风险。没有企业的合规义务就没有企业的合规风险，一般情况下，认知企业合规风险先要从认知企业合规义务开始。通过企业合规义务来确立企业可能存在的合规风险点，结合内外环境以及企业自身诸多的合规风险点识别出能导致企业承担损失的合规风险。例如，在外部环境复杂严峻和不确定，经济发展面临需求紧缩、供给冲击、预期转弱的三重压力的背景下，企业合规风险有其特定的个性化表现。同时，企业需要对企业合规风险进行分析和评价，明晰企业合规风险外在表现、主要特点、发生可能性以及可能性后果等。唯有如此，企业才能对自身的合规风险有着全面、客观、准确的理解，也只有这样，企业才能采取适合自身的合规风险应对策略和合规风险应对计划。实际上，企业合规风险应对始终伴随着信息不对称的问题。源于信息不对称，确定企业合规义务、确立企业合规风险点、识别企业合规风险、分析企业合规风险、评价企业合规风险，以及针对合规风险制定和实施的应对策略和应对计划并不是件容易的事，甚至可以说，上述工作不仅是技术性工作，还是艺术性工作。该项工作如果做得好，企业就可以有效防控合规风险，反之，如果工作做得不好，企业就可能面临因违规行为引发法律责任、造成经济或者声誉损失以及其他负面风险。

长期以来，我一直致力于企业合规治理问题研究，该书是我对企业

[①] 《市场监管总局：2023年全国共查办各类违法案件140.62万件》，载国家市场监管总局官网.

| 引 言 |

合规风险和应对问题较为系统思考的体现。全书以企业合规风险和应对作为考察对象，从理论和实务双重视角来考察我国企业经营管理活动过程中如何看待和应对所面临的合规风险。该书在对企业在经营管理活动中可能涉及的市场交易、质量、知识产权、安全、劳动用工、财务税收、环保、商业伙伴以及涉外等领域法律法规、监管规定等"规"进行全面梳理基础上，分析企业在经营管理活动过程中合规义务，以及企业因不履行或者不足履行合规义务存在的合规风险点，进而分别对市场交易、质量、知识产权、安全、劳动用工、财务税收、环保、商业伙伴以及涉外等领域的合规风险识别、合规风险分析、合规风险评价、合规风险应对策略、合规风险应对现状评估、合规风险应对计划进行系统考察。值得一提的是，涉及企业的法律法规、监管规定等"规"数量庞杂。截至2024年9月底，我国已公布的有效或尚未生效的法律共304部，已公布的有效或尚未生效的行政法规共600部；同时，各地还有数量众多地方性法规，截至2024年9月底，我国已公布的有效或尚未生效的地方性法规共14,596部，其中，省级地方性法规6,853部，设区的市地方行政法规6,189部，自治州单行条例380部，自治州自治条例28部，自治县单行条例554部，自治县自治条例108部，经济特区法规462部，海南自由贸易港法规22部[①]。此外，还存在数量众多的部门规章和地方政府规章，截至2024年9月底，我国已公布的有效或尚未生效的部门规章2,576部，已公布的有效或尚未生效的地方政府规章8,106部[②]。值得一提的是，这些数量庞杂的涉企业法律法规、监管规定等"规"常处于立改废的动

[①] 已公布的有效或尚未生效的法律、行政法规、地方性法规的数据来源于全国人民代表大会官网国家法律法规数据库.

[②] 已公布的有效或尚未生效的部门规章和地方政府规章的数据来源于中央人民政府官网部门国家规章数据库.

态变化中，以我国法律的立改废为例，截至2024年9月底，在已公布有效或尚未生效的304部法律中，2013年11月以后新制定的法律有79件，涉及148部法律的修改有335件次，上述的这些法律法规和监管规定大部分与企业有关。因此，本书不可能穷尽与企业相关的所有法律法规、监管规定等"规"中的合规义务。其实，按照上位法优先于下位法原则，本书通过选取部分法律、行政法规和部门规章等"规"确立的合规义务。

南宋朱熹在为《孟子·告子上》注解时提到"事必有法，然后可成"，做好企业合规风险应对应有相应的方法，掌握其方法才能有效应对企业合规风险。本书注重对企业合规风险应对方法的阐释，全书共有十一章，第一章至第三章侧重一般性的探讨，第四章至第十一章侧重特定领域的探讨。第一章为概述，主要围绕"合规是企业新质生产力、企业经营风险多与合规风险有关、合规风险应对是企业一本经济账、公权不能缺席合规风险应对"等观点展开。第二章为企业合规风险评估的方法，主要围绕"评估合规风险是经营活动必修课、合规义务是评估企业合规风险的前提、个案分析是评估企业合规风险的基础、企业合规风险评估须有科学方法"等观点展开。第三章为企业合规风险应对的法则，主要围绕"企业合规风险应对核心在预防、企业合规风险应对基础在制度、企业合规风险应对根本在协同、企业合规风险应对应坚持'两点论'"等观点来展开。第四章至第十一章依次为：市场交易领域企业合规风险与应对、质量领域企业合规风险与应对、知识产权领域企业合规风险与应对、安全领域企业合规风险与应对、劳动用工领域企业合规风险与应对、财务税收领域企业合规风险与应对、环保领域企业合规风险与应对、商业伙伴及涉外领域企业合规风险与应对，主要涉及对相应领域企业合规义务、企业合规风险点、企业合规风险评估、企业合规风险应对等理论论述和实务阐释。

第一章　企业合规风险概述

第一节　合规是企业生产力

一、合规是企业安身立命底线

不同语境中的"规"有不同的外延。例如，按照《ISO 37301：2021合规管理体系要求及使用指南》的界定，"规"是指一国的法律法规、监管要求、行业准则、良好实践、道德标准，又涉及组织自行制定或公开声明遵守的各类规则。再如，按照《中央企业合规管理办法》(国务院国资委会令第42号)有关规定，"规"是指一国的法律法规、监管规定、行业准则和缔结的国际条约、规则，以及公司章程、相关规章制度等要求。对"合规"一词中的"规"基本上是作出超越"法律"之外广义上的理解，既包括公权范畴的规范，也包括私权领域自治的规范；既体现对公权干预的服从，也体现对私权自治的遵从。可见，合规可以理解为企业在经营过程中实现明代思想家王守仁所提出的"致良知"过程。尽管如此，无论是按照《ISO37301：2021合规管理体系要求及使用指南》提到的监管要求、行业准则、良好实践、道德标准，组织自行制定或公开声明遵守的各类规则，还是《中央企业合规管理办法》提到的监管规定、行业准则和缔结的国际条约、规则，以及企业章程、相关规章制度，均需要以法律法规为依据，对法律法规的践行，"规"与"法"之间存在一致性。例如，遵守社会公德、商业道德以及诚实守信等道德准则一般都会体现在相关的法律条款中，企业章程、相关规章制度都必须以遵守法律法规为前提。

由于"规"与"法"内在的一致性，企业合规就是企业主动遵守法律法规的直接体现。一般来讲，在法治社会中，合法一定是合规，因为"法"是"规"的核心内容，但不能涵盖"规"的全部；合规一定是合法，"规"的前提是"法"。此外，由于法律法规相对滞后性，监管部门基于对企业监管的需要，可能在不违反上位法的前提下对法律法规没有涉及到的领域出台监管规定，而这类监管规定又是企业必须遵守的"规"。例如，对一些新业态领域出现的不当经营行为，在没有上位法的明确依据下，先行出台规范性文件予以规制。可见，"合规"有时候并不等于"合法"，例如，有监管部门出台强制或者变相强制经营主体从事垄断协议的监管规定，企业如果遵守这样的"规"，就可能触发反垄断方面的"法"。随着全面依法治国的深入推进，我国与企业相关的良法善治持续得到强化，作为固根本、稳预期、利长远的法治成为国家治理体系的依托，"规"对"法"的不一致的空间会越来越小。"社会大众普遍地服从法律，是法治最深刻的基础与最牢不可破的保障"[①]。可见，"法"是法治国家的企业不可逾越的红线，体现"法"的合规自然也就是企业安身立命底线。

二、合规有着多重功能

"秩序是法的最基本的价值""维护秩序是法的最基本的价值诉

---

① 卓泽渊. 法政治学研究（第三版）[M]. 北京：法律出版社，2018.

求"①。合规反映的是"秩序",体现的是公序良俗,其功能不仅表现为对企业自身利益的实现,也表现对企业外部公共利益的实现。也就是说,合规不仅对企业自身有利,也对国家治理有利,是包括企业及监管部门在内的利益相关者之间的共赢。试想,当合规成为所有企业的普遍选择时,所有企业都在合规的轨道上开展经营管理活动,很多经济问题和社会问题都可以避免。例如,当所有企业都遵循生态环境的"规",在良法善治的语境中,长期存在的生态环境问题便可以避免。再如,"不合规"是绝大部分生产安全事故发生的原因,当所有企业都遵循安全生产的"规",在良法善治的语境中,那些造成生命财产损失的安全事故就可以避免发生。当然,作为"经济人"的企业为追求利益的最大化,在内心深处或许有突破"规"的冲动,"如果没有有效的监管,就会有一些市场运营商倾向于在安全问题上偷工减料,试图以不公平甚至是危险的行为来实现其利润最大化,而不是通过公平竞争和诚信交易"②。尽管如此,在完善的外部制度规范与激励下,这种突破"规"的自我冲动是可以避免的。例如,通过威慑性监管,让企业不敢违规,通过合规激励,去平衡企业合规与突破"规"的利益冲突。

在通常情况下,合规是企业应对外部冲击的"抗体",具有保护企业、责任分配、文化培育等功能。由于"规"是"法"的体现,源于"法"的公平正义属性,"规"代表的是公平正义。就企业而言,最大的公平正义就是公平竞争、公平承担责任,企业合规是公平竞争、公平承担责任的保障。对保护企业来讲,合规能让企业避免因不遵守"规"要

---

① 卓泽渊, 法的价值论(第三版)[M]. 北京:法律出版社, 2018.
② 维托·坦茨. 政府与市场——变革中的政府职能[M]. 王宇, 译. 北京:商务印书馆, 2023.

求、履行"规"的义务,而遭受因违规行为引发法律责任、造成经济或者声誉损失以及其他负面影响等。对责任分配而言,合规能让企业及其员工明确各自的合规义务和合规风险,在企业出现合规风险时可以及时找出症结所在,即使在合规风险损失产生后,合规还能帮助企业明确企业及其员工的责任主体,避免因某个人的不合规行为累及整个企业的现象出现。毕竟,让某企业及其其他员工为某一员工不合规行为的后果来买单,对该企业及其他员工或多或少存在一定的不公平性。对文化培育来说,合规本身就具有文化属性,是企业在发展中所形成的依法合规的思想观念、价值标准、道德规范和行为方式,无疑合规文化是企业的"软实力"体现,是企业可持续发展的保证。我们难以想象,一个缺少合规文化的企业能将企业做优、做大乃至做强。

三、合规风险应对能给企业带来综合性收益

企业要合规经营,便要承担合规风险应对之责,这就需要担负一定的合规风险应对成本。合规风险应对成本包括为进行合规风险应对所支出的人员、经费等直接成本,还包括合规风险应对过程中所丧失的经营机会,如企业对存在一定合规风险的商业机会的放弃。如果企业合规风险应对不能为企业带来经济收益,作为"经济人"的企业就没有开展合规风险应对的动力。实际上,合规水平是企业的"软实力",合规风险应对能让企业避免合规风险损失。以备受企业困扰的牟利性职业索赔为例,企业经营活动中存在的不合规行为是牟利性职业索赔乱象滋生的"土壤"。牟利性职业索赔人偏爱合规瑕疵问题,其谋取不正当利益的理由往往集中在"三无"产品、虚假宣传、成分不符、虚构原价、食品标签问题等领域,其中尤以普通产品标签(三无产品或其他标签问题)和

虚假广告为主，倘若企业在这些领域能进行有效的合规风险应对，牟利性职业索赔就失去存在的基础，企业自身形成了抵制职业索赔人的"防护墙"。与此同时，合规风险应对也能通过合规的"软实力"效应为企业带来正向的经济收益。

企业合规风险一旦转化为损失，企业就要承担由此而产生的法律责任、经济或者声誉损失以及其他负面影响。企业需要为不合规行为承担行政责任、刑事责任和民事责任，而这些责任往往涉及行政罚款、刑事罚金、民事赔偿等经济损失。企业有时可能因不合规行为承担巨额的行政罚款，如2021年阿里巴巴因垄断被罚182.28亿元、美团因垄断被罚34.42亿元，2022年滴滴因数据不合规等被罚80.26亿元，2023年蚂蚁集团及旗下机构因金融业务不合规被罚71.23亿元，2024年恒大地产因债券欺诈发行及信息披露违法行为被罚41.75亿元，该企业负责人因决策并组织实施财务造假被罚4,700万元，并终身禁入证券市场。除了经济损失外，企业还有可能承担非经济损失，例如，对于行政责任，除了财产罚外，企业还可能面临行为罚、声誉罚，甚至对其相关人员的人身自由罚。对于刑事责任，除了面临罚金外，企业相关人员还可能面临管制、拘役、有期徒刑、无期徒刑甚至死刑，这些非经济损失有时比经济损失对企业经济利益的影响更大，因企业及其负责人遭受刑事处罚而导致企业陷入困境的案例不在少数。此外，企业还可能因不合规行为影响到正常的经营管理活动。以产品质量不合规为例，企业一旦因产品质量违规被监管部门处罚，其下游的商业伙伴可能通过拒绝交易、主张赔偿等方式来进行自我救济，商业伙伴这类自我救济无疑对企业经营管理活动产生"雪上加霜"影响，甚至成为"压死骆驼的最后一根稻草"，使得企业合规风险损失被放大。现实中，有不少企业因行政处罚引发类似的巨大损失，甚至存在有企业因行政处罚、刑事制裁引发破产的情形。比如，曾一度位列美国500强公司第七位的安然公司，因内部交易和财务造假等违规行为导致了破产。可以说，企业开展合规风险应对，能有效避免因承担法律责任而带来的合规风险损失，这种规避合规风险损失本质也是企业的一种经济利益。

与此同时，合规给企业合规风险应对带来的经济收益不仅体现在规避合规风险损失上，还体现在合规本身就是一种生产要素，能给企业带来品牌价值。企业合规水平是企业声誉、品牌价值的直接体现，较高合规水平的企业意味着对法律、行政法规、社会公德、商业道德、行业规则等严格遵守，这无疑降低交易相对方与其进行交易的成本，提升交易效率。可见，合规是企业价值实现的"通行证"，彰显管理创新价值，本身还是企业的一种新质生产力，能助力企业创造物质财富和品牌财富。

合规风险应对体现为企业新质生产力离不开一定的资源保障，比如，有没有足够的人力资源来支撑合规风险应对，相关人员的能力素质能否胜任企业合规风险应对，企业有没有足够的财力物力来保障合规风险应对，开展企业合规风险应对需要占用企业多少时间等。企业合规风险应对的收益可看作是用于企业合规风险应对的人力资源、财力资源和时间资源以及其他相关因素等进行组合的函数。若以 Rc 表示企业合规风险应对的收益，以 Lc 表示用于企业合规风险应对的人力资源，以 Fc 表示用于企业合规风险应对的财力资源，以 Tc 表示用于企业合规风险应对的时间资源，以 Ec 表示影响企业合规风险应对收益的其他因素，则企业合规风险应对收益与用于企业合规风险应对的资源之间存在如下函数关系：Rc=Rc（Lc，Fc，Tc，Ec）。需要说明的是，此处的企业合规风险应对的收益，是指由于实行合规风险应对，企业由此规避或减少的合规风险损失，与接下来涉及到的企业总产出不是同一概念。

相对于企业合规风险应对对资源的需求，企业用于合规风险应对所能支配的人力资源、财力资源、时间资源等资源是有限的，这种有限性来源于企业所能支配的人力资源、财力资源、时间资源等的有限性。正是由于企业合规风险应对资源的有限性，合理确定企业合规风险应对边界对企业来说至关重要。一般来说，企业需要在合规风险应对目标、合规风险应对资源、合规风险应对边界这三者之间进行适配，否则就可能产生合规风险应对上的困境。如果企业合规风险应对的目标确定不当，不能与企业合规风险应对资源保障相匹配，企业合规风险应对边界与企业合规风险应对目标容易产生脱节，这无疑会影响到企业合规风险应对效果。因此，合规风险应对对资源的依赖和合规风险应对资源的有限性，成为企业应对合规风险应予考虑的逻辑起点。如果企业没有合规风险应对相应的资源，企业合规风险应对就成为"空中楼阁"，其所具有的新质生产力效应也就难以得到有效释放。

需要指出的是，企业合规风险应对虽然能给企业带来价值，体现新质生产力，但如果没有把握一个合适的"度"，就存在"挤出"企业总体产出的可能。例如，倘若企业用于合规风险应对的人力资源、财力资源和时间资源，影响到用于生产经营中的资源投入，就存在挤占企业总体产出的可能。以时间资源为例，市场机会瞬息万变，如果一个企业用在企业合规风险应对的时间资源过多，如出于应对合规风险考虑的"走流程"花费了大量时间，影响到企业正常经营活动。现实中，一些企业为应对合规风险，"流程"设置过于复杂，虽然在合规风险应对方面有着较好的产出，但这种产出是以影响企业经营活动总体产出为代价。

企业合规风险应对资源投入与企业总产出之间存在"倒U"的曲线关系，如图1所示。在影响企业总产出的其他因素不变的假定下，随着企业合规风险应对资源的投入，企业的总产出随着合规风险应对资源的投入而开始出现增长，到达A点后，总产出增长速度加快，到达B点后，总产出仍在增长，但增速下降，到达C点时，总产出达到了最大值，增速为零。C点之后企业的总产出开始下降，增速为负数。这是因为虽然合规是企业的新质生产力，企业合规风险应对资源是企业总产出增加的重要因素，然而，一旦企业合规风险应对资源投入过多，企业为其承受过多的直接成本以及机会成本，对企业生产经营活动产生了"挤出效应"，企业的总产出就会出现不随合规风险应对资源的增加而增加现象的转折点C。在转折点C之后，随着企业合规风险应对资源增加，企业总产出反而下降，或者说，出现随着企业合规风险应对资源增加而企业的总产出降低的情形。

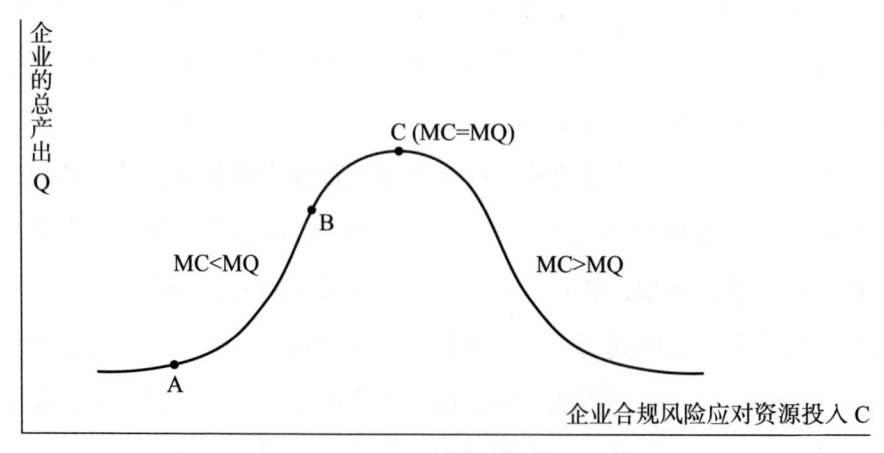

图1 企业合规风险应对资源投入与企业总产出关系

显然，在C点，企业合规风险应对资源的边际投入MC等于企业的边际产出MQ，在C的左侧，企业合规风险应对资源的边际投入MC小于企业的边际产出MQ，而在该转折点后，企业合规风险应对资源的边际投入MC大于企业的边际产出MQ。不难看出，企业对合规风险应对资源投入的选择在A与C的区间较为合适，具体投入多少合规风险应对资源，还需要结合实际来确定，甚至在极端情况下可能需要在该区间之外进行选择。

第二节　企业经营风险多与合规风险有关

一、合规风险具有传导特性

《ISO 37301：2021合规管理体系要求及使用指南》对合规风险的定义是不遵守组织合规义务的发生可能性和后果。据此可见，合规风险包括两个层面的意思，第一层意思是企业及其员工违规的可能，也就是企业及其员工在经营管理活动中违背国家法律法规、监管规定、行业准则和国际条约、规则，以及公司章程、相关规章制度等要求的可能性，可将其称之为违规风险。第二层意思是企业及其员工在经营管理过程中因违规行为引发法律责任、造成经济或者声誉损失以及其他负面影响的可能性。可见，合规风险包括违规行为发生的可能性以及因违规遭受损失的可能性，可以将其称之为合规风险损失，涉及刑事方面合规风险损失、行政方面合规风险损失、民事方面合规风险损失。在一些政策文件中，往往以上述中的第二层意思来界定合规风险，如《中央企业合规管理办法》（国务院国资委会令第42号）就将合规风险界定为企业及其员工在经营管理过程中因违规行为引发法律责任、造成经济或者声誉损失以及其他负面影响的可能性。类似的还如《经营者反垄断合规指南》将反垄断合规风险定义为经营主体及其员工因违反反垄断法相关规定，引发法律责任、造成经济或者声誉损失以及其他负面后果的可能性。从合规风险应对的需要来看，将合规风险界定为两个层面的意思相对较好，因为在开展企业合规风险应对时，往往先要搞清企业及其员工违规行为的可能性，在此基础上才能谈违规行为产生后果的可能性。

基于合规风险的两层意思，合规风险的传导有两种路径。第一种路径是企业在某一领域或某一环节的违规风险向其他领域或某一环节传导。以食品经营企业为例，其在原材料采购环节时违规采用了不符合安全标准的食用农产品，以此食用农产品为原材料来生产食品，并销售生产出来的食品。即使在生产环节和销售环节不知情，采购环节的违规风险也会传导给生产环节的相关责任人员和销售环节的相关责任人员。特别是，如果某一领域或某一环节的企业违规风险没有得到企业关注，员工能够通过违规到达一定的个人目的，就会产生违规行为的示范效应。例如，医药企业一些销售人员通过商业贿赂实现了企业或自身的利益，其他销售人员就可能去模仿，出现某个人的违规风险向某人群的违规风险的转化。还如，保健品经营企业一些销售人员通过虚假宣传实现了企业或自身的利益，如超额完成销售业绩，就会对企业其他销售人员产生所谓的"标杆"作用，引发更多的销售人员实施虚假宣传的违规行为。第二种路径是企业合规风险损失向其他损失传导。监管部门对违规企业的处罚是企业合规风险损失的最直接表现，与此同时，企业行政处罚会对企业的信用产生影响，降低利益相关方对其的信任，这种信任的降低可能给企业带来商业机会的损失。特别是在信用监管成为监管部门重要监管工具时，企业被处罚的信息被列入经营异常名录或者严重违法失信名单，这无疑会对该企业的经营管理活动产生难以估计的负面影响。例如，《会计法》对受到该法处罚的企业，规定要纳入国家有关规定记入信用记录；《企业信息公示暂行条例》对被列入经营异常名录或者严重违法失信名单的企业，明确在政府采购、工程招投标、国有土地出让等中依法予以限制或禁入。

再如，依据人社部2021年11月发布的部门规章《拖欠农民工工资失信联合惩戒对象名单管理暂行办法》，拖欠农民工工资会被列入失信联合惩戒对象名单，在市场准入、融资贷款、政府采购、招投标、税收优惠、政府资金支持等方面对名单上的企业及其有关人员予以限制。与此同时，监管部门对违规企业的处罚还有可能产生民事赔偿的损失，如行政处罚可能引发企业不能履行已签订的合同义务。值得一提的是，引发合规风险的因素倘若积累到一定程度，会演变为新的合规风险，依据《行政执法机关移送涉嫌犯罪案件的规定（2020修订）》，行政执法机关在查处违法企业行为时，如果违法事实的情节、涉及的金额、造成的后果达到涉嫌犯罪的要件时，应向公安机关移送。在此种情形中，企业行政方面合规风险就可能演变为刑事方面合规风险。显而易见，无论是企业的违规风险还是企业合规风险损失都具有传导性，这种传导性会给实施违规行为的企业带来一系列可以预测甚至是难以预测的损失。

二、合规风险会引发企业经营风险

经营风险是企业在生产经营过程中，因供、产、销各个环节不确定性因素所导致企业资金运动的迟滞、产生企业价值变动的可能性。经营风险一般是由于生产经营变动或市场环境改变而引起的，合规风险是企业违规行为所产生的，两者之间存在一定的区别。尽管如此，经营风险和合规风险之间的界限并不是泾渭分明，"规"往往和企业发展的政策环境联系在一起，而政策风险本身就是企业经营风险的构成要素。不仅如此，合规风险还可能通过一定的媒介传导给企业，其结果或是引发企业产生新的经营风险，或是放大企业本已存在的经营风险。也就是说，需要运用辩证统一与对立统一的思维去理解企业合规风险与企业经营风险之间的运行逻辑。

合规风险引发企业经营风险一般有三种方式：一是合规风险会降低企业的声誉。声誉是企业重要的信息资源和无形资产，声誉的降低或损失会增大企业的经营成本、降低企业的商业机会。现实中，监管部门越来越重视信用监管，将对外公布企业违规信息作为监管手段，交易双方的违规信息不对称程度大大降低，违规处罚信息成为企业交易相对方考量与其交易的重要因素。二是合规风险会增加监管部门的关注度，给其交易相对方带来不确定性。在实施以信用监管为基础监管方式的语境中，监管部门根据不同风险等级、信用水平实施差异化分类监管，企业违规信息是决定监管部门决定监督检查频次的重要因素。企业一旦出现违规风险，监管部门关注的频次可能会增加，这类监管频次的增加显然加大了企业预期的不确定性。例如，《市场监管总局关于全面深化"双随机、一公开"监管规范涉企行政检查服务高质量发展的意见》（国市监信规〔2024〕5号）就明确提到，"根据信用风险分类结果，合理确定、动态调整抽查比例和频次"。现实中，有些企业在遭遇监管部门调查但还未作出监管处罚前，就出现了经营风险。如监管部门对上市公司的立案调查易出现股价下跌的情形。三是合规风险会降低外部对企业经营能力的判断而引发经营风险。违规行为所产生的刑事制裁、行政处罚、民事责任以及为此担负的经济损失，容易促使利益相关方降低对企业经营能力的信心。来自上下游的商业伙伴会调整对其发展的支持策略，进而会引发企业的经营风险。例如，一旦企业发生合规风险，与该企业有投资关系或借贷关系的商业伙伴可能会减少资金支持，从而引发企业资金链的危机。可见，企业应重视合规风险问题，防范可能引发违规行为的发生和合规风险损失的产生，堵住合规风险向经营风险传导的通道。

三、应对企业合规风险也是应对经营风险

基于对企业合规风险传导的特性以及引发经营风险的考量可知，企业合规风险在企业经营管理过程中扮演着重要角色。一个经营风险防范好的企业，其合规风险应对一般也是有效的，一个处处存在经营风险和风险损失的企业，背后常存在合规风险应对层面的原因。反之亦然，一个合规风险防范做得好的企业，其抵御经营风险的能力一般也较强。一个处处存在违规风险和合规风险损失的企业，企业经营风险难免不受到影响。可以说，只要企业能做到有效应对合规风险，该企业发生重大系统性经营风险的概率便会大大减少。因此，企业需要重视对合规风险的应对，认识到应对合规风险就是应对经营风险，坚持"双轮"驱动治理企业面对的风险，将合规风险应对工作贯穿到企业经营管理活动全过程。在应对经营风险的同时注重防范合规风险，在应对合规风险的同时注重防范经营风险。

应对企业合规风险就是应对经营风险，主要体现在三个方面。首先，应对企业合规风险的目的是防范企业违规行为的发生和合规风险损失的产生，保障企业经营管理各个领域、各个环节的合规性，消除向企业经营风险传导的合规风险传导源，或者降低企业合规风险向企业经营风险传导的可能性。其次，品牌信誉是防范经营风险的一味"良药"，应对合规风险能提升企业的品牌信誉，增加企业交易相对方的信任感和依赖感，进而起到防范企业经营风险的作用。再次，合规风险应对有助于提升企业及其员工的风险意识，能提升企业及其员工风险治理能力，源于企业合规治理的风险意识和风险治理能力能对企

业经营风险治理产生示范作用。可见，应对企业合规风险与应对经营风险之间存在逻辑上的一致性，或者说，企业应对合规风险就是应对经营风险，应对经营风险也离不开对合规风险的应对。

第三节　合规风险应对是企业一本经济账

一、合规风险应对是企业合规治理的着力点

企业合规治理是项系统性工作，包括企业合规自我治理、国家公权介入企业合规自我治理以及其他相关组织介入企业合规自我治理。尽管企业合规治理涉及多个主体，但由于无论是国家公权的介入或是其他相关组织的介入，合规治理的落脚点是企业合规自我治理。因此，企业合规治理在外延可分为广义和狭义两种，广义上的企业合规治理是指企业合规自我治理、国家公权介入企业合规自我治理以及其他相关组织介入企业合规自我治理；狭义的企业合规治理仅指企业合规自我治理。按照上述界定，合规风险应对也包括广义和狭义两种，广义上的合规风险应对是指企业合规风险自我应对、国家公权介入企业合规风险自我应对以及其他相关组织介入企业合规风险自我应对；狭义上的合规风险应对是指企业合规风险自我应对。由于本书对企业合规风险与应对的考察主要视角是企业本身，故此，如没有特别说明，本书中的企业合规风险应对特指企业合规风险的自我应对。

企业合规自我治理是企业以有效防控自身合规风险为目的，以提升合规经营水平为导向，以企业经营管理活动为对象，开展的包括建立合规自我治理制度、合规自我治理机制、培育合规自我治理文化、强化合

规自我治理监督问责等有组织、有计划的管理活动。显而易见，企业合规风险应对是企业合规自我治理的主线，也是企业合规自我治理的着力点，企业合规自我治理其他一切工作都是为了规避和降低企业违规风险、规避和降低企业合规风险损失。有效应对企业合规风险事关企业的生存与发展。可以说，一个想做大做强做优的企业，就须将企业合规风险应对放在企业发展的重要位置。

二、各类企业都值得做好合规风险应对

企业要从事经营管理活动，就会时刻受到法律法规、监管规定等"规"的制约，进而需要面对各类合规风险。有观点认为，企业合规风险应对仅是大企业和国有企业的事，因为社会责任领域有个著名的"责任铁律"原则，即企业所承担的社会责任应与其所享受的社会地位和社会权利相一致[①]。按照这一理论，国有企业和大企业应当承担与其地位相当的社会责任，在遵守市场交易秩序责任、维护安全环保责任、保障产品质量责任、维护劳动者权益责任、遵守财务税收秩序责任、抵制侵权假冒责任、保障商业伙伴合规等方面作出表率，或者说，应重视这些责任相对应的合规风险应对。还有观点认为，企业没有必要花时间和精力去应对不确定的合规风险，企业因违规而遭受处罚是企业经营的成本，甚至有企业认为，企业要想生存和发展，就不能事事讲合规，处处讲合规，商业机会往往是在不合规中找到的。现实中，不同规模的企业对合规风险应对往往有不同的敏感度，有观点认为小企业没有必要也不值得

---

① Davis K. Can business afford to ignore social responsibilities [J]. California Management Review, 1960, (2): 70-76.

去做企业合规风险应对，甚至认为，即使因违规行为给企业带来灭顶之灾的风险，其结果无非是重新登记注册成立一家新企业而已。还有观点认为，虽然合规风险应对是一件很有必要的事，但合规风险主要是在事后应对上，关键在企业承担行政责任、刑事责任以及民事责任时做好危机公关。显然，上述观点都是有问题的。在一些企业当中，不乏有高层管理人员持上述观点。例如，我曾经就遇到这样一个案例，某政府部门想推进所属几家企业建立合规自我治理体系，结果遭到了这几家企业的一致反对，认为企业合规自我治理体系束缚了企业的"手脚"，影响企业的发展，最终此事不了了之。其实，无论是大企业、小企业，还是国有企业、民营企业、外资企业，做好合规风险应对都是一件划算的事。在法治中国建设深入推进的当下，合规风险应对给企业带来的价值总体上明显要高于企业为合规风险应对担负的成本。或者说，尽管企业对合规风险的应对可能难以实现帕累托效率，但是实现卡尔多-希克斯效率是没有问题的。

企业合规风险应对的过程，也是企业合规文化培育的过程，做好企业合规风险应对能提高企业合规的意识和能力。现实中，一些企业由于没有将合规风险应对当回事，在遭受监管部门处罚时，才知道自己的行为触犯了法律法规；一些企业由于缺乏对合规风险应对的能力储备，在面对监管部门处罚时不知道怎么沟通；一些企业在遭受监管部门调查、处罚时，不知道怎么进行危机公关，导致合规风险损失的传导蔓延。

因此，不管是大企业、小企业，还是国有企业、民营企业，都需要做好合规风险应对。除了规避和减少违规风险和合规风险损失之外，合规风险还承载着其他价值。对大企业来说，合规风险应对是维持自身发展，打造品牌声誉的重要抓手；对小企业来说，合规风险应对能帮助企业找准发展定位、延长企业生命周期,扫除企业做大做强做久的障碍;对于国有企业来说,合规风险应对能保障企业在合规轨道上发展,是打造法治国企、建设一流企业、实现高质量发展的有力保障;对于民营企业来说,合规风险应对是维护与监管部门良好关系、参与市场公平竞争、稳定发展的有效手段。

三、合规风险应对需要讲究策略

企业合规风险应对属于企业针对企业合规风险而进行的管理行为,凡是管理行为都需以资源保障为前提。企业开展合规风险应对,就需要各种资源,如人力资源、财力资源、时间资源等。对企业来说,企业合规风险所需的资源又是稀缺的,除非企业面临生死攸关的极端情况,对于一个有着正常经营活动的企业来说,不可能将所有的人力资源、财力资源、时间资源都用在企业的合规风险应对上,而是将其所能支配资源的一定比例用合规风险应对。例如,按照每一定数量的员工配置一名专职人员专司企业合规风险应对,按照业务收入一定比例或固定的数量配置用于企业合规风险应对的资金,按照业务性质配置用于企业合规风险应对的人员全时当量,但不论如何配置资源,企业都会存在企业合规风险应对资源有限的情况。这就决定了企业需要在既定的资源下考虑合规风险应对策略,体现合规风险应对的经济特性。合规风险应对考验着企业经营管理智慧,对多数企业而言,对合规风险应对的目的不是也不可能规避一切违规风险,不是也不可能防止一切企业合规风险损失,而是在企业可以承受的范围内规避和减少违规风险、规避和减少合规风险损失。不仅如此,规避和减少违规风险及合规风险损失是企业合规风险应对的基本目标,其最高层次的目标是将合规风险转化为企业的发展机会。也就是说，企业合规风险应对有3个递进式目标，第一层目标是规避和减少企业出现违规行为的风险；第二层目标是规避和减少因违规而引发的法律责任、经济或者声誉损失以及其他负面影响等风险，包括实现刑事责任向行政责任、民事责任等的转化；第三层目标是实现促进企业发展的正面影响，实现风险向机遇的转变。企业合规风险应对的第三层目标主要体现在以下方面：一是做好企业合规风险应对，能增强企业对合规风险抵制的"免疫力"，有助于塑造企业形象，增强商业伙伴或客户与其进行市场交易的稳定预期，增加企业的市场交易机会；二是做好企业合规风险应对，能够帮助企业了解哪些可为、哪些不可为，有利于企业找准发展定位、产品定位、商业模式定位；三是做好企业合规风险应对，有助于企业与监管部门建立良好的政企关系，减少监管部门对企业经营管理活动的干预频次，降低影响企业发展的外在扰动因素。

做好企业合规风险应对，前提工作是做好合规风险评估，对企业合规风险进行精准地识别、合理地分析、科学地评价。企业根据合规风险的评估结果，确定相应的合规风险应对策略、评价现有合规风险应对措施的有效性和改进之处、构架应对合规风险的措施和计划。企业在应对合规风险时，要通过合规风险的识别、分析、评价，结合企业自身实际，确定违规风险应对优先、合规风险损失优先的策略以及兼顾违规风险应对和合规风险损失应对的综合策略。对违规风险应对优先的策略，将企业合规风险应对的资源配置重点放在对违规行为的防范上；对合规风险损失优先的策略，将合规风险损失应对的资源配置重点放在对监管部门立案后的风险应对上；对兼顾违规风险应对和合规风险损失应对的综合策略，将合规风险损失应对的资源配置合理配置在违规行为的防范上和监管部门立案后的风险应对上。

第四节　企业合规风险应对需要外部参与

一、交易相对方参与能促使企业合规风险应对

交易相对方是指在经营管理活动中对企业价值实现有直接影响的商事主体，企业通过与交易相对方的交易实现其价值，或者说，企业价值实现是企业与其交易相对方进行经济交互活动的结果。例如，企业向其上游企业购买原材料，向其下游企业销售产品，接受资金提供方对其的融资等。交易相对方对企业合规风险的容忍度直接影响到企业合规风险应对的积极性。如果交易相对方对合规风险的容忍度高，即，交易相对方不会对与其交易的企业提供合规风险应对的要求，或者说，企业交易相对方不在乎与其有交易关系的企业合规与否，企业可能就缺少进行合规风险应对的动力，毕竟，企业合规风险应对是需要成本的。特别是对合规风险的容忍度高的交易相对方，企业进行合规风险应对会导致其交易成本的增加，不合规行为甚至有可能在竞争中更容易获得商业机会。例如，如果交易相对方对商业贿赂合规风险的容忍度较高，即，认为商业贿赂不影响其交易的安全性，或者想通过商业贿赂谋取自身利益，而与其交易的企业如果有一套严密的反商业贿赂合规风险应对机制，交易相对方不能通过企业商业贿赂来谋取不当利益，企业在竞争中可能存在相对劣势。因此，企业合规风险应对需要利益相关方的参与，交易相对方对企业合规要求越高的企业，企业合规风险应对的外在压力和内在动机就越大。相反，企业的交易相对方对合规风险的高容忍，会导致企业从合规风险应对得不到相应的回报，其结果是降低了企业对合规风险治

理的积极性。

在企业合规风险应对实践中，有不少企业出于交易相对方的合规要求而应对企业合规风险的。以国有企业为例，近些年来，相关部门对国有企业合规提出明确要求，为落实这些要求，一些国有企业对其交易相关方的合规作出了要求，在此背景下，国有企业原材料供应商、产品销售商以及其他合作商必须对自身合规风险进行应对，否则就可能丧失与国有企业进行交易的机会。例如，《招商局集团合规手册》（2020）就提到"各单位在与商业伙伴开展合作时，应调查其资信和履约能力情况，逐步建立对商业伙伴的合规风险管控机制，并对商业伙伴实行分类管理、动态管理和闭环管理"；《中国航空工业集团有限公司合规手册》（2020）提到"商业伙伴存在重大违法行为、失信记录，发生质量事故、安全事故或存在违反廉洁要求情形的，应取消其商业伙伴资格"；《中兴通讯反贿赂合规手册》（2020）提到"在商业伙伴反贿赂合规管理的任何环节中，一旦出现新的风险信号甚至违规行为，应实施与其风险等级相称的合规管控及应对措施，包括但不限于暂停合作、暂停付款、重新审查、合规审计甚至终止与该商业伙伴的合作关系等，并保留必要的法律救济权"；《青岛啤酒股份有限公司合规手册（试行）》（2023）提到"向商业伙伴传递合规要求，并停止与不合规、不诚信的商业伙伴合作"。此外，有不少民营企业对其交易相关方的合规也作出了要求，如华为《合规与诚信》提到"华为重视对各类合作伙伴的合规管理，将合规要求纳入合作伙伴管理政策……停止与不合规、不诚信合作伙伴的合作"[①]。可见，想获得这类交易相对方的交易机会，企业就必须做好相应的合规风险应对，或者说，交易相对方的参与对企业合规风险应对具有

---

① 华为官网.

倒逼效应和示范效应。

二、监管部门不能缺位于企业合规风险应对

马克思在《资本论》中引用托·约·邓宁《工联和罢工》观点时说，"资本害怕没有利润或利润太少……为了100%的利润，它就敢践踏一切人间法律；有300%的利润，它就敢犯任何罪行，甚至冒绞首的危险"[①]，马克思还认为"人们奋斗所争取的一切，都同他们的利益有关"[②]。不难看出，在"经济人"假设的语境中，一些企业在经济利益面前有存在摒弃自身合规自我治理乃至合规经营的冲动，这就对监管部门介入企业合规自我治理提出了必要性。单凭企业自身来治理合规，存在"市场失灵"。企业合规风险应对具有外溢的特性，其不仅对企业自身发展具有积极作用，对市场秩序的维护也有重要的作用，甚至可以说，企业合规风险应对本身就具有一定程度的公共利益属性。以企业竞争合规为例，当竞争合规成为企业普遍遵循的规则时，公平竞争的秩序便水到渠成，市场对资源配置的决定性作用就具有了良好的基础，"放得活"又"管得住"竞争生态便容易形成。再以食品安全合规为例，当食品安全合规成为食品生产经营企业的普遍遵循时，食品安全问题自然会大大减少，而维护食品安全是监管部门的一项重要责任，企业在食品安全方面的合规自我治理既"利己"也"利他"。可见，企业合规风险应对虽然属于企业自治行为，但这种自治行为的结果是实现了监管部门所追求的秩序目标，一定程度上体现着公共利益的价值。由于企业合规风险应对的成

[①] 《马克思恩格斯选集》（第5卷），人民出版社2009年版，第871页.
[②] 《马克思恩格斯全集》（第1卷），人民出版社1995年版，第187页.

本和利益预期的不确定性，监管部门需要利用公权去介入企业合规风险应对，解决企业合规风险应对成本和收益之间的失衡问题。监管部门介入企业合规风险应对，不仅与监管部门基于弥补市场失灵、实现公共利益的需要相关，还与监管部门改进行风的需求密切相关。行风是监管部门直接面向监管对象履职一贯表现的态度、行为及风气，监管部门行风建设的目的是改善和提升监管部门自身形象，介入企业合规风险应对能让监管部门从重罚主义中解放出来，改善与企业之间的对立关系，建立与企业之间的合作关系，这无疑能提升企业对监管部门尽职履责的体验感和获得感。也就是说，监管部门如能有效介入企业合规风险应对，无疑能改善社会对其履职尽责的评价，提升监管部门的形象。显然，介入企业合规风险应对与改进监管部门行风之间有着内在逻辑联系。

监管部门介入企业合规风险应对的目的是促使企业由"被动合规治理"向"主动合规治理"转变，引导企业实现对自身合规风险自我预防、自我发现、自我治理。监管部门介入企业合规风险应对一般可采取两种方式，一种方式是监管部门对企业合规风险应对进行约束，直接要求企业进行合规风险应对。例如，《公司法》规定国家出资公司应当加强内部合规管理。还如，《保险公司合规管理办法》（保监发〔2016〕116号）就要求保险公司承担有效识别并积极主动防范、化解合规风险的义务，定期组织识别、评估和监测业务、财务、资金运用、机构管理等可能引发合规风险的行为。再如，《中央企业合规管理办法》（国务院国资委令第42号）要求中央企业建立合规风险识别评估预警机制，对风险发生的可能性、影响程度、潜在后果等进行分析，要求相关业务及职能部门对发生的合规风险及时采取应对措施。另一种方式是监管部门对企业合规风险应对进行激励，将企业合规风险应对能力作为监管部门减轻或从轻处罚的参考。例如，《证券公司和证券投资基金管理公司合规管理办法》（证监会令第166号）规定，主动发现合规风险隐患并积极妥善处理、落实责任追究，完善内部控制制度和业务流程且及时向中国证监会或其派出机构报告的，依法从轻、减轻处理，情节轻微并及时避免合规风险且没有造成危害后果的，不予追究责任。《国务院关于进一步规范和监督罚款设定与实施的指导意见》（国发〔2024〕5号）提到的"能够通过教育劝导、责令改正、信息披露等方式管理的，一般不设定罚款"，也可以看作是监管部门对企业合规风险应对进行激励的表述。

监管部门对企业合规风险应对进行约束是监管部门依靠自身的公权力，对企业合规风险应对作出义务上的要求。值得一提的是，对企业合规风险应对进行义务上的要求属于增加企业的义务，按照我国《立法法》的规定，没有法律或者国务院的行政法规、决定、命令的依据，部门规章及以下法律位阶的文件是不能增加企业义务的。可见，对企业合规风险应对的约束一般要通过较高的法律位阶制度来解决。对企业合规风险应对进行激励是监管部门利用自身可以掌控的权力资源，与企业就实施合规风险应对进行的交换。由于企业合规风险应对可以减少企业违规行为以及违规行为对公共利益的侵害，监管部门利用公权力对企业合规风险应对进行激励方面的干预具有明显的正当性，监管部门可以充分运用这一方式，将企业合规风险应对情况作为从轻、减轻甚至是不予处罚的考量因素。

监管部门介入企业合规风险应对也与有效治理"罚款冲动"有关。所谓"罚款冲动"，是指监管部门滥用行政处罚权，将罚款当作缓解财政压力的手段，追求所谓的"罚款经济"，其一般表现为直接或变相将罚款收入作为硬性任务、与执法部门绩效或经费安排挂钩，如通过口头下达罚款任务、以间接方式将罚款收入与工作经费挂钩等。在法治建设不断进步的语境中，具有惩处和教化功能的罚款收入增减一般遵循"倒

U"轨迹，即罚款收入经过一定时间的快速增长后会趋于稳定直至出现下降，然而，"罚款冲动"使罚款收入偏离了"倒U"轨迹，使罚款收入保持长期较快增长。"罚款冲动"颠倒了作为惩处、教化的"本"与作为收入的"末"之间的关系，有悖于宏观政策一致性取向，也有悖于民营经济发展促进政策，更有悖于优化营商环境政策。例如，"罚款冲动"往往和以罚增收、以罚代管、逐利罚款相连，增加企业负担，还会引发执法权力寻租、地区间罚款收入恶性竞争，破坏市场竞争生态，阻碍全国统一大市场建设，导致政府与市场之间关系的扭曲。正因为如此，2024年2月出台的《国务院关于进一步规范和监督罚款设定与实施的指导意见》提出要"着力破解企业和群众反映强烈的乱罚款等突出问题"。

显然，以罚款为导向的监管难免存在一定程度的"监管失灵"，易陷入"越违法越罚、越罚越违法"怪圈，也就是说，实施重罚主义并不一定带来企业违规行为的减少，甚至出现企业将罚款当成经营成本而放弃践行合规义务，引发违规行为的增加。其背后的逻辑也容易被理解，由于监管力量有限性和企业数量庞大性之间的矛盾，加之一定的利益驱使，企业实施违规行为的冲动难以被有效抑制。解决源于"罚款冲动"的"监管失灵"需要秉持罚款谦抑的监管原则，以引导企业合规风险应对作为治理的着力点，优先选择说服教育、自我治理等方式，将处罚作为最后选择。或者说，需要建立以激励为主兼顾约束的企业合规风险应对的治理体系，实现由重罚主义向引导企业合规风险应对转变的监管创新。一方面，将合规风险应对的行为、能力、效果等作为对企业作出罚款决定的主客观考量因素，防止因罚款一个企业引发一大批失业、波及整个行业的现象出现。另一方面，在事关生命安全、生态环保等少数社会性监管领域实施企业合规风险应对强制性约束制度，强化企业对事关生命安全、生态环保领域合规风险应对的义务。与此同时，推行企业合规风险应对的指引制度，发布合规风险应对指南以及企业违规处罚指导性案例，稳定企业合规风险应对预期，提升企业合规风险应对效率。

　　总而言之，企业对合规风险的应对在一定程度上可以看作是企业和监管部门进行的博弈，需反映企业对国家公权力权威的服从，也需体现企业的自身利益。监管部门对企业合规风险应对的介入，是对企业合规风险应对成本与收益之间关系的调整，可以产生促使企业开展合规风险应对的约束力和动力。与此同时，也要看到，对企业合规风险应对实现有效的介入在一定程度可看作是监管部门自我革命，需要以监管理念、监管方式等创新为前提。特别值得一提的是，监管部门介入企业合规自我治理需要有一个清晰的合理边界，应坚持"放得活"又"管得住"的原则，恪守公平正义，防止其成为加重企业负担、实施"寻租"、滋生腐败的工具。

第二章　企业合规风险评估的方法

第一节　评估合规风险是企业经营活动的必修课

一、评估合规风险事关企业生存与发展

企业所开展的经营管理活动都需要在既定的经营秩序下进行，而所有的经营秩序都要靠国家法律法规、监管规定等"规"来维系。企业经营活动任何一个环节偏离了既定的经营秩序，都有可能面临承担合规风险损失的后果，包括承担法律责任、承受经济损失、担负声誉损失，甚至是灭顶之灾。企业要避免合规风险损失的发生，就必须对经营管理活动中所存在的各种合规风险有精准地评估，根据合规风险评估结果作出应对。

合规风险评估是企业对经营管理活动中存在偏离国家法律法规、监管规定等秩序要求的行为可能性进行的识别和诊断，涉及合规风险识别、合规风险分析、合规风险评价等环节。合规风险评估能让企业认识到经营管理活动中所存在的违规风险、违规风险转化为合规风险损失的可能和原因，进而为制定和实施有效的合规风险应对策略提供依据。企业只有对自身经营管理活动存在的合规风险进行全面、客观地评估，才

能对企业的制度制定、经营决策、生产运营等环节，以及对企业的市场交易、质量、安全、环保、劳动用工、财务税收、知识产权、商业伙伴等领域的合规风险进行精准把握，进而做好各类合规风险的应对。

合规风险评估对企业生存与发展产生的影响除了能防范或降低合规风险损失发生外，还能对企业生存与发展产生其他直接影响。一是合规风险评估能让企业知道哪些可为、哪些不可为，认清合规经营活动的边界，避免陷入不合规经营的禁区。我国很多企业由于对自身合规风险不清楚不了解而糊里糊涂遭遇合规风险损失，这在中小微企业中尤为常见。二是合规风险评估能让企业避免不当的经营战略。企业经营战略制定和实施需要遵循各类合规的要求，任何带有不合规隐患的企业经营战略不仅隐含了合规风险，也带来了其他经营风险，甚至产生合规风险和其他经营风险之间的叠加效应。我国很多企业因经营战略不合规原因，造成战略无法实现甚至累及企业生命。三是合规风险评估能让企业形成良好的外部关系。通过合规风险评估，能帮助企业了解可能产生合规风险损失的利益相关方，积极与利益相关方建立良好的互动关系。例如，针对高风险的合规环节或领域，积极与相应的政府监管部门建立良好的政企关系，获取政府监管部门指导和支持。因此，企业合规风险评估的功能不仅在于应对合规风险需要，也是企业实现自我价值的需要。如果企业不对自身的合规风险进行全面客观地评估，及时准确掌握企业经营活动中的合规风险，就会增加企业经营管理的不确定性，产生本可以避免的合规风险损失，甚至危及企业的生存和发展。

二、评估合规风险需要企业有战略思维

我国不少企业尤其是中小微企业在面临经营压力的情况下，重视短

期利益,对企业经营管理过程中的合规风险采取了侥幸、漠视、容忍的态度,没有认识到合规风险对企业发展的潜在危害,自然谈不上花精力从战略层面对自身面临的合规风险进行全面客观地评估。或许这类企业能靠运气在短期内实现收益,但这类企业发展之路大概率是难以行稳致远,更是几乎不可能成为伟大企业,其原因在于不能将合规风险评估放在企业发展战略中去,缺乏评估合规风险的战略思维。

树立企业合规风险战略思维关键要从战略高度看待合规风险评估工作,将合规风险评估作为企业经营战略制定的起点、贯穿于企业经营战略实施全过程。这里的战略是指企业根据外在环境、行业发展、自身资源,对自身经营管理活动进行的顶层设计,包括竞争战略、营销战略、发展战略、品牌战略、融资战略、人才开发战略、技术开发战略、资源开发战略等。企业在制定这些战略时,首先要确保这些战略的各项元素符合合规的要求,不存在或者存在可以接受的诱发合规风险损失的隐患。由于战略是企业经营管理活动以及各项制度最高层面的设计,一旦所制定的战略存在不合规的元素,就会在企业经营管理活动中埋下"不合规"的种子。同样,企业在实施所制定的战略时,首先要确保落实企业战略的各项制度、各类经营管理活动在合规的轨道上运行。显而易见,无论是战略制定还是战略实施,都离不开对企业合规风险进行评估。可以说,对于企业来说,一个科学的战略,往往是远离合规风险的战略。

树立企业合规风险战略思维,意味着要从战略高度去评估各类风险,运用辩证法去解决违规的短期利益与合规的长期利益之间的冲突。现实中,一些中小微企业甚至是大企业为了自身短期利益甘愿冒合规风险损失,不愿意或者回避自身的合规风险评估,甚至有企业将合规风险损失作为必要的经营成本。我国中小微企业的平均寿命仅为3年左右,大多数难以逃离"一年发家,二年发财,三年倒闭"魔咒,明显少于国际上一些发达国家中小微企业的平均寿命周期。其中的原因是多方面的,但我国不少中小微企业对合规风险没有足够的重视,特别是没有将合规风险评估放在企业发展战略层面去推进等有着较为直接的关系。

三、评估合规风险需要企业有敬畏之心

作为企业经营管理行为和员工履职行为符合国家法律法规、监管规定等要求的"合规",体现着企业对国家意志的敬畏。合规风险评估是以合规作为出发点和立足点,本身也体现了企业对国家意志敬畏。显而易见,企业应怀有畏之心开展合规风险评估工作。一方面,守住合规底线是企业最起码的社会责任。做好合规风险评估,防止企业僭越合规红线,是企业践行社会责任的直接体现。另一方面,合规风险贯穿于企业经营管理活动全过程,人人都可能是合规风险的制造者。只有对企业合规风险评估产生敬畏之心,才能有效激发全员参与或配合企业合规风险评估过程,避免对合规风险识别的失察、对合规风险评价的误判。现实中,不少企业由于对企业合规风险评估没有敬畏之心,不正视自身的合规风险,或者不开展合规风险评估,或者以形式主义态度对待合规风险评估,造成合规风险评估结果的失真,不仅不能作为有效应对合规风险的依据,更不能对企业战略制定和实施提供客观的依据。可见,以对"规"的敬畏之心来对待企业合规风险评估工作,像抓企业利润一样去抓防范和应对合规风险工作,才是企业长久的生存之道。企业要想在发展道路上走长走远,就需要重视企业合规风险评估工作,通过合规风险识别、分析、评价为企业经营管理活动有序开展保驾护航。

第二节　合规义务是评估企业合规风险的前提

一、合规义务是企业合规风险评估的逻辑起点

合规义务是企业必须遵守的要求和自愿选择的要求。前者所述的要求是指法定的要求，体现的是国家意志；后者所述的要求是指非法定的要求，但这类要求一旦被企业宣称遵守便具有约束力，体现了对契约信用的遵守。例如，非强制性标准本身不具有法定强制力，但一旦企业宣誓或承诺采用某个非强制性标准开展经营管理活动，该非强制性标准便对企业产生了约束力。合规风险是源于企业没有履行合规义务而产生损失的可能性，没有合规义务就没有合规风险。显而易见，评估企业合规风险首先就是要搞清企业需要承担哪些合规义务，唯有如此，评估企业合规风险才有基础。

体现国家意志的法律法规、监管规定是企业合规义务的主要来源依据，这是因为企业章程、相关规章制度、行业准则以不能违背国家意志为前提，其制定和实施要以遵守法律法规、监管规定等为前提；国际条约、规则也体现着缔约国的国家意志，国际条约和规则大多在法律法规、监管规定等中得到体现。此外，政府监管部门是监管企业履行合规义务的主体，其监管职能也是企业合规义务的来源依据。通常情况下，对于特定的监管事项，如果政府部门的监管职能不明确，或者说存在监管空白情况，企业合规义务不明确，其合规风险也就不大；如果政府部门的监管职能明确，或者监管职能在相关部门之间划分比较明确，企业合规义务就比较明确，其合规风险就比较大。可见，对企业合规义务的把握不仅要从法律法规、监管规定等去考量，也要从企业所从事业务领

域相关监管部门的监管职能来考量。

二、从体现国家意志的制度中考量企业合规义务

企业从登记注册成立到从事经营管理活动再到注销退出的各个环节，都有数量众多的体现国家意志的法律法规、监管规定等对企业进行规范和约束。截至2024年9月底，我国已公布有效或尚未生效法律300余部、行政法规600部、地方性法规14,500余部，地方政府规章8,000多部，除此之外，还有各级政府及其部门出台的不计其数的规范性文件，在这些体现国家意志的国家制度中有相当一部分直接涉及企业。从这些数量众多的国家制度中考量企业合规义务看似非常复杂，但从我国政府行政管理体制和立法情况来看，如果没有法律或者国务院的行政法规、决定、命令的依据，部门规章不得设定减损增加企业义务的规范；如果没有法律、行政法规、地方性法规的依据，地方政府规章不得增加企业义务的规范。由于国务院决定、命令通常需要基于法律、行政法规的依据，因此，法律、行政法规、地方性法规是考量企业合规义务的直接来源依据，其他体现国家意志的制度涉及的合规义务规定都是基于法律、行政法规、地方性法规的具体化。值得一提的是，虽然地方可以在尚未制定法律或者行政法规的领域先制定地方性法规，我国立法制度赋予了地方性法规增加企业义务的权限，但地方性法规一般限于城乡建设与管理、生态文明建设、历史文化保护、基层治理等领域，且地方性法规不得同宪法、法律、行政法规相抵触，实践中地方增设法律、行政法规中的企业义务相对较少。因此，法律、行政法规是企业合规义务来源的最主要考量，当然，地方性法规对法律、行政法规没有直接的合规义务也需要考量。

法律法规对企业合规义务规定通常采取两种方式，即作为的义务和

不作为的义务。作为义务是企业必须积极作出一定行为的义务，例如，有关法律法规对企业"应当"行为的规定；不作为的义务是企业禁止作出一定行为的义务，例如，有关法律法规、监管规定对企业"不得"行为的规定。无论是作为义务还是不作为义务，一般对应着相应的法律责任，也就是对作为义务的，有企业不作为所承担的行政、刑事责任，对不作为义务的，有企业作为所承担的行政、刑事责任。当然，也有些法律法规在规定企业合规义务时，没有以应当作为、应当不作为的方式对合规义务进行直接规定，而以对承担法律后果的行为进行描述，这点在刑法相关规定尤为明显。以刑法规定的虚假破产罪为例，规定公司、企业通过隐匿财产、承担虚构的债务或者以其他方法转移、处分财产，实施虚假破产，严重损害债权人或者其他人利益等为虚假破产罪构成要件，字里行间隐含了企业不得通过隐匿财产、承担虚构的债务或者以其他方法转移、处分财产以实施虚假破产的不作为义务。此外，还有些法律法规对企业合规义务进行了直接描述，规定企业合规义务的内涵和外延，这点主要体现在对企业不作为的合规义务进行描述。例如，《反不正当竞争法》对不正当竞争行为的描述，《禁止传销条例》对传销行为的描述，从这些描述中很容易得出企业相关的合规义务。由此可见，作为企业合规风险评估逻辑起点的合规义务虽然涉及诸多相关国家制度的规定，但这些众多的国家制度之间存在严格的法律位阶关系，倘若追根溯源，一般都能从法律法规中予以考量。当然，有时候法律法规对合规义务的规定相对抽象，这时就需要结合以其为依据的其他国家制度来考量。

三、从践行国家意志的监管职能中考量企业合规义务

法律法规等国家制度确定了企业履行合规义务中的"有规可依"的

问题，代表国家公权力的监管部门则是监管企业履行合规义务的主体，具有处罚企业不履行合规义务的权力。任何一个涉企的监管部门都有自己既定的职能，在既定的职能下保障监管企业履行合规义务的使命。虽然涉及企业的法律法规等国家制度众多，但对于一个特定的企业来说，其经营范围是有限的，其所在行业的主管部门和履行综合监管部门往往较为明确，这就为企业考量合规义务提供了另一种途径，即从与其打交道的监管部门的职能着手，梳理监管部门涉及自身的监管事项，根据监管事项来查找相关法律法规对合规义务的规定。

相比直接从体现国家意志的制度中考量企业合规义务而言，从监管部门的监管职能着手考量企业合规义务更具有针对性，让企业直接清楚谁是监督自己履行合规义务的主体。实践中，由于考虑宏观经济背景、行业发展阶段、社会主要矛盾等因素，监管部门在监管处罚裁量时有着较为明显的导向，从监管部门的职能着手考量企业合规义务有利于精准评估自身的合规风险。当然，从践行国家意志的监管职能中考量企业合规义务最终还得回到从法律法规、监管规定等国家制度来考量合规义务。监管部门的职能考量为起始点，再由此考量涉及相关法律法规等国家制度，后者是直接从相关法律法规等国家制度中考量，实践中，对企业合规义务的考量应结合实际同时兼顾两种考量路径。

第三节　个案分析是评估企业合规风险的基础

一、不同企业合规风险存在差异

不同企业由于所处的营商环境、行业阶段、行业属性，以及自身发展阶段、经营规模、经营战略、资源禀赋、商业伙伴等存在差异，各自面临的合规风险就有所不同。因此，不能脱离企业谈合规风险，企业合规风险必须基于对企业进行全方位分析并结合外部发展环境进行识别、分析和评价。或者说，尽管有时候不同企业面临相同的合规风险，但不能据此忽视各企业合规风险的差异性现实。

在崇尚法治是最好的营商环境的语境中，企业经营有着良好的合规文化氛围，滋生违规行为的"土壤"就会较少，企业合规风险也随之减少。在一个发展趋于成熟的行业中，各项监管制度较为健全，与企业有关的"规"较为完善。相反，对正处于发展阶段的行业，监管制度相对不完善甚至是欠缺，与企业有关的"规"较为欠缺，企业合规风险也就相对较低。不同行业属性的企业合规风险存在着差异，例如，医药行业的企业存在较高的反商业贿赂合规风险，食品行业企业的食品安全合规风险较为突出，数据资源领域企业有着较高的数据合规风险，保健品行业的虚假宣传、虚假广告容易发生。对处于刚起步阶段的企业或者规模较小的企业，可能迫于生存压力或者相关管理制度欠缺以及人员能力跟不上等原因而产生较高的合规风险。现实中，有些处于发展阶段的小微企业为了生存游走于法律法规、监管规定的边缘，甚至靠违规生存，这类企业的合规风险可想而知。不同企业会因竞争、营销、发展、品牌、融资、人才开发、技术开发、资源开发等经营战略的不同，接触到的"规"存在差异或者对合规偏好存在差异，造成合规风险的差异。企业也会因各种生产要素等资源禀赋的不同而存在不同的合规风险。例如，对资金紧缺的企业，融资合规风险成为需要重视的合规风险。商业伙伴的合规风险会对企业产生传导效应，企业可能会因商业伙伴合规风险的传导使自身遭受合规风险损失，在企业面临经营困境时，商业伙伴合规风险对企业来说可成为"压死骆驼的最后一根稻草"。

二、评估企业合规风险需因企制宜

基于不同企业的合规风险存在差异的逻辑，评估企业合规风险必须考虑企业所处的发展环境、经营管理活动本身、上下游商业伙伴等体现企业个性化的因素。无论是识别企业合规风险，还是分析企业合规风险，或是评价企业合规风险都应该考虑企业经营管理的实际，脱离于企业经营管理的实际来评估企业合规风险只能是"空中楼阁"。现实中，有些企业在评估自身合规风险时，不从企业自身所面临的外部环境、经营业态、经营模式和上下游商业伙伴出发，或是在书斋中评估合规风险，或是以敷衍了事的心态去应付，甚至是以拿来主义的手段直接照搬其他企业的合规风险评估结果，出现不同企业合规风险结果"千篇一律"的现象，其结果往往是产生企业合规风险应对上的形式主义。

评估企业合规风险不仅要识别出企业经营管理活动可能存在的合规风险，还要分析违规风险转为转化合规风险损失的可能性。不同企业存在的合规风险点不同，即使存在相同的合规风险点，也会因其所处的发展环境、经营管理活动本身、上下游商业伙伴的不同，合规风险点转化为合规风险的可能性存在不同。可见，企业合规风险评估并不是件容易的事，需要在精准掌握企业合规义务的前提下对事关企业经营管理活动方方面面进行精准分析，搞清所有影响企业违规风险转化为风险损失的机理，寻找机理运行背后的逻辑关系，而这一切都需要结合企业自身及其所处的环境开展。

企业合规风险评估必须根据企业具体情况，采取与之适应的评估策略和方式。因企制宜通常体现在三个方面。一是因企业发展的外在环境而宜。例如，当宏观经济环境不好或所在的行业发展不佳时，监管部门更多考虑的发展问题，监管的中心是促进发展，阻碍发展的违规行为成为监管重点可能性增加，一些与发展没有直接关系的违规行为可能会得到宽容。在失业问题比较突出的语境中，出于保就业的考虑，对一些违规程度不高的企业可能采取较为宽容的处罚方式。在以"扩大消费"为政策着力点的语境中，出于刺激消费的目的，监管部门可能更加注重消费者权益保护问题的治理。再如，"斯蒂格勒（1972）指出，监管者经常会被监管对象俘获"①，当法治化营商环境建设水平较低时，更容易出现"监管俘获"，与监管部门及其监管人员存在利益关联的企业因违规被处罚的可能性较低或处罚程度较低，而对没有这种利益关联的企业则可能面临较大的合规风险损失。相反，如果法治化营商环境较好，"监管俘获"的通道能被有效堵塞，譬如监管部门坚持人民至上，践行监管为民理念，注重其行风建设。此种语境中，无论企业是否与监管人员存在利益关联，都会面临监管部门的公正监管，公平承担合规风险损失。还如，倘若多个监管部门之间的监管边界没有厘清，引发监管责任不清、监管职能重叠、多头监管、监管越位、监管缺位、协同机制不畅等问题，此外，多个监管部门的共同监管对企业产生监管上的"合成谬误"问题，即"个人理性行为往往无法产生集体理性的结果"的奥尔森困境。这些问题势必影响到监管部门对企业不合规行为的监管效能，进而影响到企业所面临的监管环境。可见，评估企业合规风险不能不考虑所处的外部环境特别是监管环境。二是因企业经营管理活动本身而宜。合规风险发生于企业经营管理活动，企业应基于经营管理活动的实际，结合企业市场交易、安全环保、产品质量、劳动用工、财务税收、知识产权等领域，企业制度制定、经营决策、生产运营等环节以及企业重点人员等来

---

① 维托. 坦茨. 政府与市场——变革中的政府职能［M］. 北京：商务印书馆，2023：267.

识别、分析、评价企业合规风险。三是因企业的上下游商业伙伴而宜。企业上游的原材料、设备采购等商业伙伴和下游的产品和服务经销代理等商业伙伴与企业合规风险密切相关。以产品质量合规为例，当上游的原材料商业伙伴存在不合规行为时，如没有按照国家标准或声称的标准提供原材料，企业就会存在因产品质量不合规遭受监管处罚的风险。因此，评估企业合规风险必须要考虑上下游商业伙伴的合规水平以及对不合规行为的应对能力。总而言之，企业合规风险评估必须坚持系统性原则，分析与经营管理活动有关的方方面面，唯有如此，企业合规风险评估才有针对性，其评估的结果才能作为风险应对、经营决策的依据。

三、评估企业合规风险需应时而为

即使是同一企业也会因国家监管制度变化、行业发展阶段、经营规模、业务调整、资源变动、商业伙伴关系调整等造成不同的合规风险，评估企业合规风险需要根据企业相关的动态变化，应时而为、随势而定。或者说，企业合规风险的识别、分析、评价必须树立事物是发展的哲学思维，认识到没有一成不变的合规风险，企业必须树立合规风险评估的动态机制，将企业发展中出现的新因素纳入企业合规风险评估范畴，定期或不定期对企业合规风险进行重新评估或进行修正式评估。

评估企业合规风险因时而为，意味着应对影响企业发展相关变化因素进行及时回应。以企业面对的监管制度为例，虽然法律法规中"规"具有相对稳定性，但是围绕法律法规的部门规章、规范性文件会经常发生变化，这种变化直接决定了监管部门对企业监管的时机、程度、效果，进而直接决定了企业遭受合规风险损失的可能性。当监管部门将某一项监管事项纳入重点监管而开展专项行动时，企业遭受合规风险损失的可能性就会明显增加，而是否成为重点监管通常要看投诉举报、社会舆情、解决特定监管问题等因素。例如，因校园食品安全、肉类制品安全、燃气安全、电动自行车安全等事故频发而被社会广泛关注，2024年国家有关部门开展校园食品安全排查整治专项行动、严厉打击肉类产品违法犯罪专项整治行动、城镇燃气安全专项整治行动、电动自行车安全隐患全链条整治行动，企业在这些领域如果没有履行合规义务，其合规风险损失显然会明显增加。当地方政府陷入财政困境，就可能存在增加税收收入和罚款收入的冲动，譬如，增加税收征缴力度，加强对偷税、漏税、骗税等监管，或者利用罚款裁量权增加罚款收入。显然，在此类情形中，企业实施违规行为的风险以及合规风险损失都可能增加。再如，在行业内具有一定影响力的企业因不合规行为引发社会舆情，社会对该行业产生严格监管的期待，处于该行业的企业实施违规行为的风险以及合规风险损失大概率是增加的。可见，评估企业合规风险需要及时跟踪监管部门的监管规定、监管重点、监管手段的变化，分析、评价这些变化可能给企业带来风险损失的可能性。由此不难看出，因时而为是评估企业合规风险应予考量的一个原则。

第四节　企业合规风险评估需有规范的路径

一、遵循企业合规风险评估的一般路径

确定企业合规风险点是连接企业合规义务确立和企业合规风险评估的纽带，当企业可能存在不履行或不足履行合规义务的合规风险事件时，企业便存在了相应的合规风险点。该合规风险点是基于法律法规、

监管规定等"规"的要求以及同类企业存在的合规风险事件而进行的书斋式或经验式创设，或者说，企业合规风险点是企业合规风险识别、分析和评价的原始材料。企业依据法律法规、监管规定等"规"的要求，确立了企业合规义务和相对应的合规风险点之后，便进入了企业合规风险评估的环节。由于确立企业合规义务和相应的合规风险点是开展企业合规风险评估的前提和基础，本书将企业合规义务确立和相应合规风险点确立纳入企业合规风险评估范畴。

企业合规风险评估是在企业合规风险准则下由企业合规风险识别、企业合规风险分析、企业合规风险评价构成的完整过程。企业合规风险评估的前提是建立供合规风险评估结果比对的合规风险准则，合规风险准则是基于法律法规、监管规定等涉及的合规义务以及基于不履行合规义务承担合规风险损失的容忍程度而确定。以企业反垄断合规义务为例，滥用市场支配地位和实施垄断协议会遭受高额的行政罚款，如果企业觉得被处罚带来的损失不抵实施垄断行为带来的收益，企业对引发反垄断合规风险的风险源或风险事件可能采取容忍的态度，其合规风险准则可能制定得比较低。一般而言，对于企业来说，对刑事方面合规风险损失的容忍度要低于行政方面合规风险损失的容忍度，而行政方面合规风险损失的容忍度低于民事方面合规风险损失的容忍度。尽管如此，对于将合规作为企业经营管理活动底线的企业来说，其合规风险准则要求应与合规义务相一致。

建立在企业合规风险点确立基础上的企业合规风险识别是开展企业合规风险评估的必要环节和基础，是开展企业合规风险评估的第一步。企业合规风险识别一般由企业合规风险发现、列举、描述风险要素共三大环节构成，涉及对企业合规风险源、合规风险事件及其原因和潜在后果等的识别。企业合规风险分析企业合规风险评估的第二步，其目的是对识别出的合规风险进行全面深入地分析，为企业合规风险评价以及基于合规风险评价结果的应对策略提供信息支持。企业合规风险分析需要对识别到的合规风险源、合规风险损失以及发生概率、影响合规风险损失和可能性的因素、不同合规风险之间的关系以及合规风险与经营风险之间的关系、企业已有的合规风险应对相关制度安排和具体执行等进行全面、客观分析。合规风险评价是企业合规风险评估的第三步，主要是将企业合规风险分析的结果与前述中的合规风险准则相比对，或者是对分析到的合规风险相关结果进行比较，确定合规风险等级，据此判别合规风险的接受程度。对企业合规风险的评价结果可以划分三个区域，第一个区域是不可接受的区域，在这个区域，企业合规风险损失发生概率较大或者一旦发生其遭受的合规风险损失较大，这个区域是企业必须采取措施应对合规风险的区域；第二个区域是中间区域，在这个区域，企业采取应对措施时需要考虑合规风险应对措施的成本和收益，权衡存在的机遇与潜在后果，如果成本大于收益或者机遇小于潜在的后果，则可能考虑放弃应对措施或采取有限度的措施。第三个区域是可以接受的区域。在这个区域，企业合规风险损失发生的概率很小或者发生后遭受的合规风险损失很小，在此种情况下，企业可能选择不采取专门的措施来应对合规风险。

二、选择适合企业的合规风险评估方式

以企业合规风险准则为起点，从企业合规风险的识别，到企业合规风险的分析，再到企业合规风险的评价都需要有适合自身的评估方法。企业合规风险准则体现企业合规风险应对的目标、价值观、偏好、承受度、资源，是企业对自身合规风险容忍度的集中体现，可以说，企业有

什么样的合规风险容忍度，就会有什么样的企业合规风险准则。

制定企业合规风险准则需要考虑的因素包括：企业合规风险涉及的范围、对象和类别；合规风险事件发生的可能性、影响程度、合规风险等级的测量方法；合规风险等级的划分标准；监管部门和商业伙伴可以容忍的合规风险；重大合规风险的认定原则等。企业合规风险准则是企业合规风险评估的"尺子"，企业对各种因素进行全面、准确分析，并明确。在此基础上，结合企业实际选择识别、分析、评价企业合规风险的具体方式。

对企业合规风险的识别可以有多种角度，主要包括：通过对企业生产活动、市场营销、物资采购、对外投资、人力资源管理、财务管理等经营管理活动来识别；通过企业各个部门职责或岗位职责分析来识别；通过股东、董事、监事、高管、一般员工、客户、供应商、债权人、债务人、监管部门等利益相关者来识别；通过对企业合规风险诱发原因来识别；通过合规风险事件发生的行政处罚、刑事制裁、民事赔偿等责任后果来识别；通过市场交易、质量、安全、环保、知识产权等企业经营管理活动涉及的合规领域来识别；通过梳理分析法律法规等对企业作为性合规义务和不作为性合规义务相关规定来识别；通过对既往企业以及所在行业发生合规风险事件的案例分析来识别；甚至还可以通过投诉举报来识别合规风险事件，包括以企业合规经营上的瑕疵作为谋取不正当利益方式的牟利性职业索赔人的投诉举报。企业应根据自身的实际，选择以上某一角度或多种角度组合来识别企业合规风险。

查找合规风险事件是识别企业合规风险的一项重要工作，企业可以采用问卷调查、访谈调研、头脑风暴、德尔菲法、检查表等方法来查找企业的合规风险事件。查找企业合规风险事件的结果以合规风险清单形式呈现。合规风险清单一般包括合规风险事件及其相对应的法律法规、监管规定等"规"的要求、可能产生的合规风险、涉及业务部门与职能部门和经营管理活动相关环节。

分析企业合规风险是企业合规风险评估的重要环节，是企业通过一定的方法对识别到的企业合规风险相关信息进行的加工，往往需要以辩证唯物主义的思维进行"上上下下""左左右右""左顾右盼""瞻前顾后"的系统性分析。分析企业合规风险有定性和定量两种方式，企业可以通过头脑风暴法、结构化半结构化访谈法、德尔菲法、情景分析法、检查表法等多种方式来获取企业合规风险分析结果。一般情况下，企业首先采用定性分析方式，初步分析企业合规风险，在必要情况下可以采用定量方式予以验证。企业合规风险分析包括企业违规可能性分析和企业合规风险损失可能性和程度的分析。前者除了需要考虑企业相关人员的合规意识和合规技能、企业合规治理制度以及执行能力、企业合规义务与经营目标的冲突性等之外，还需考虑与企业直接相关的政府监管完善程度和执行力。后者需要考虑企业合规风险的财产损失和声誉损失的可能性，以及财产损失和声誉损失的程度。现实中，企业在分析企业合规风险损失时，需要遵循上位法优先下位法、特别法优于一般法和新法优于旧法法律适用规则，找准法律法规、监管规定等对违规行为处罚的有关规定。例如，《行政处罚法》是一部由国家最高权力机关制定的基本法律，也是一部行政处罚领域的基础性法律，其他法律法规和规章有关行政处罚规定与其不一致的，应当优先适用《行政处罚法》有关行政处罚的规定[①]。对于企业违规可能性分析和企业合规风险损失可能性分析，可以综合采用构建模型、专家意见、经验推导等方式予以确定，当

---

① 胡建淼. 论"基础性法律"的地位及其适用——以《行政处罚法》为例［J］. 法律适用，2023：9.

然也要考虑构建模型和专家意见的局限性。值得一提的是，企业合规风险与企业其他经营风险之间往往具有伴生性，能够相互转化，在分析企业合规风险时需要考虑合规风险与其他经营风险之间的影响路径和传递关系。

评价企业合规风险是企业合规风险评估的最后一步，其目的是为企业应对合规风险提供基础性支撑，满足企业应对合规风险的需要。合规风险评价一般可以通过三个步骤实现。第一步是在合规风险分析的基础上，对合规风险进行不同维度的排序，包括合规风险事件发生的可能性、合规风险高低以及合规风险损失大小，以明确不同合规风险对企业的影响程度。第二步是对照企业合规风险准则，对企业合规风险进行分级。第三步是根据企业合规风险等级，确定需要重点关注和优先应对的合规风险，即哪些合规风险需要重点应对、哪些合规风险需要及时关注、哪些合规风险可以暂时不采取专门措施予以应对。

第三章 企业合规风险应对的法则

第一节 企业合规风险应对重心在预防

一、合规风险预防是企业应尽的责任

"规"是维护国家利益、公共利益、相关方利益的直接体现，合规风险是反映企业对国家法律法规、监管规定等遵守程度的"尺子"。在市场经济中，企业遵守体现着国家意志的公权制度和体现社会信用的契约制度是其高效运行的前提，或者说，合规是企业参与市场经济活动应予遵守的游戏规则。防范企业出现合规风险损失，消除企业经营管理活动中出现不合规因素，是企业应尽的责任。

企业合规风险预防是指企业采取一系列措施消除企业违规风险发生和合规风险损失产生的可能性行为，其目的是保证企业在合规经营的轨道运行，防止企业合规风险给企业带来直接或间接的损失。现实中，不少企业对合规风险预防没有予以足够的重视，将合规风险应对等同于合规风险损失发生后企业的危机公关，视企业合规风险预防为可有可无，其背后反映出对合规风险损失发生的"侥幸心理"以及缺乏对秩序之"规"的敬畏之心，更反映出一些企业对合规风险预防的

企业主体责任的淡漠和忽视。

企业的不合规行为不仅可能会给企业带来合规风险损失，还可能产生公共利益损失。因此，法律法规、监管规定等"规"对企业合规风险预防作出直接或间接的规定有其正当性。其中，直接的规定体现在对企业履行主体责任的要求，如食品安全主体责任、生产安全主体责任、产品质量安全主体责任等，这些主体责任通常包含企业预防合规风险相关要求；间接的规定体现对企业经营活动具体行为作出的禁止性规定或义务性规定，如对企业产品生产过程质量控制的要求和规范。可以看出，企业合规风险预防一方面是企业履行合规义务的内在要求，体现着对各类"规"遵守的法定责任或契约履行责任；另一方面是企业履行社会责任的直接体现，在一些语境中做好合规风险预防就是履行社会责任，如环保合规风险预防就承载着对公共环境利益的社会责任。

尽管企业合规风险应对是企业的社会责任，但也不能否认企业合规风险应对本身应具有的"经济人"属性。也就是，企业是否开展合规风险应对、选择什么样的企业合规风险应对方式和应对策略、实现什么样的应对目标，都不能回避企业作为"经济人"的假设，毕竟，追求利益最大化是企业之所以为企业的本质特征。其实，企业合规风险应对蕴藏着对企业合规风险应对的权衡取舍、成本收益、预期、风险偏好、信息不对称、激励，以及与相关方的博弈、卡尔多－希克斯效率标准等经济学原理。正因为如此，我始终坚持认为，企业合规风险应对问题不仅仅是法学问题，也是经济学问题，还是管理学问题。事实上，也只有将企业合规风险应对看成是法学、经济学、管理学的综合体，企业合规风险应对才更容易被作为"经济人"的企业接受。例如，如果忽视企业追求经济利益的本性，单纯依靠威慑性手段促使企业开展合规风险应对，其结果可能事与愿违，现实中单纯依靠重罚主义所引发的"监管失灵"就是一个例证。

二、预防是企业应对合规风险的最优选择

鉴于企业用于合规风险应对的资源有限性，企业对其合规风险应对，一般有3种选择：第一是对企业合规风险进行绝对性的预防，杜绝发生任何企业合规风险及其损失；第二是对企业合规风险进行相对性的预防，容忍发生一定程度的合规风险及其损失，并采取较为积极的措施加以应对；第三是对企业合规风险不进行预防，仅在企业合规风险及其损失发生后予以一定程度上的应对。以企业为劳动者缴纳社保为例，如果企业采取第一种选择，意味着企业需要按照员工实际工资缴纳养老保险，以防范合规风险及其损失的发生；如果企业采取第二种选择，意味着按低于员工实际工资缴纳养老保险，如按照养老最低缴费基数缴纳，容忍一定程度的合规风险及其损失发生，针对合规风险及其损失采取积极措施加以应对；如果企业采取第三种选择，意味着企业不为员工缴纳养老保险，完全容忍合规风险及其损失发生，针对合规风险及其损失采取被动性的措施加以应对。

可以看出，应对企业合规风险通常有两个着力点：一个着力点侧重对合规风险的事前预防，以"零容忍"的态度对待一切不符合"规"要求的行为，使企业没有存在违规风险和合规风险损失的机会。另一个着力点侧重对合规风险的事后处置，将合规风险应对重心放在合规风险损失产生后的处置，其背后的哲学是合规风险损失产生是一种概率性事件，事前为不确定发生的概率性事件去应对被认为是一种不划算的事。选择两个不同着力点的前提是权衡事前预防还是事后应对哪个更具有经济性。

如何看待事前预防合规风险还是事后应对合规风险更具经济性，是个值得探讨的话题。企业合规风险贯穿于企业经营管理全过程，预防合规风险是应对企业合规风险最经济的处理方式。然而现实中，一些中小

微企业或处于生存阶段的企业可能存在事后应对的选择倾向,在这些企业看来,合规预防不仅会产生人员培训、制度建设的额外成本,还会束缚企业经营的手脚,丧失一些灰色地带的机会。不少企业看到周边存在一些不合规企业没有受到处罚或处罚畸轻,甚至看到一些靠不合规经营而赚得盆满钵满的企业,使得其对合规风险发生和合规风险损失缺乏敏感性,不愿意在事前做好合规风险预防,而愿意在合规风险损失发生时靠危机公关来应对,如采用请托、找关系、走后门甚至行贿来谋求监管部门对其减轻、从轻甚至免于处罚。甚至有的企业高层管理者将自身免于刑事处罚作为企业合规风险应对的唯一标准,而不在乎对企业的行政处罚,在这些人眼里,只有刑事处罚才能对自己产生威慑作用,而行政处罚无非是让企业花点钱而已,反正罚的是企业的钱。显然,产生这种现象的原因既有企业重视短期利益、缺乏责任意识等原因,也有企业法治意识、信用意识不高等原因。

尽管如此,"消未起之患、治未病之疾、医之于无事之前"[①],随着国家良法善治不断推进,企业实施不合规行为的空间会大为压缩,特别是随着信用监管力度的加大以及社会监督数字化的拓展,因企业违规带来的损失发生概率将会明显增大,合规风险事前预防相对于合规风险事后应对的经济性更加凸显。例如,在信用监管成为基础性监管制度语境中,企业不合规行为以及其被处罚情况被作为企业信用信息加以公示,这不仅给企业带来商业信誉的损失,也可能引起监管部门的密切关注。可见,企业合规风险带来的信誉损失在信用监管制度中得到了放大。在自媒体时代,企业任何一个不合规行为,都有可能对企业造成难以想象的损失。

---

① 习近平:《习近平谈治国理政》,外文出版社2022年版,第295页,语出东晋葛洪《抱朴子·内篇·地真》.

2023年6月，某高校食堂因学生在鸭脖中吃出疑似为"鼠头"的异物，经自媒体发酵演变为"鼠头鸭脖"事件，社会对该高校食堂的承包企业以及背后的关联企业产生严重的信任危机，引发影响恶劣的合规风险事件。可以看出，预防的要义是让企业不发生合规风险，在特定背景下能让企业获得超过企业合规成本的合规收益。有效的企业合规风险预防符合卡尔多-希克斯效率标准，即企业合规风险应对的收益可以有效补偿企业合规风险应对的成本，从而，合规风险应对是企业的理性选择。由此可见，企业在能采取有效措施防止风险损失发生时，应首选防范合规风险发生的措施，即使在合规风险损失发生后，也不能忽视对合规风险的防范。

三、企业合规风险预防的关键是培育企业合规文化

企业合规文化是企业在经营管理活动中所形成的合规经营的思想观念、价值标准、道德规范和行为方式。由于企业经营管理活动涉及众多的合规义务，企业员工是合规义务的直接履行者，企业合规风险预防本质是对企业员工参与经营管理活动的合规风险预防，这决定了企业合规风险预防必须注重企业合规文化的培育，提升企业员工合规意识和合规能力。值得一提的是，现实中有不少企业受"牟利性职业索赔"困扰。牟利性职业索赔人披着职业打假人的"外衣"，滥用投诉举报、行政复议、行政诉讼、民事诉讼等多种权利救济渠道，甚至采用调包、藏匿、虚构等非法手段进行敲诈勒索，迫使企业对其进行赔偿以及勒索"专家费""顾问费"等，或者，牟利性职业索赔人利用企业的不合规行为进行网络炒作，博取流量，企业因此遭受的损失可能要比前一种情形中遭受的损失要更大。企业合规文化显然对"牟利性职业索赔"具有内生的"免疫力"，让牟利性职业索赔失去滋生的"土壤"，使企业远离牟利性职业索赔困扰。

培育企业合规文化的基础在于全员教育培训，将企业合规意识、企业合规能力等教育培训纳入员工培训内容中。例如，采取"合规+"培训机制，将业务培训与合规培训深度融合。培育企业合规文化还在于依靠绩效管理，将企业不合规行为及其产生的合规风险损失纳入员工绩效管理中，以"绩效"手段激发企业敬畏合规、践行合规。此外，培育企业合规文化离不开"关键少数"的牵引。"关键少数"是对企业经营管理活动产生根本影响的董事会、监事会、高层等人员，这些"关键少数"的合规意识、合规能力直接决定了企业合规文化的形成和发展。现实中，企业出现的不合规行为以及合规风险损失几乎都与"关键少数"的合规意识和合规能力等不高有关。如果"关键少数"重视合规、践行合规，其他企业员工就难以实施不合规行为，或是即使有不合规行为，企业也能通过制度设计隔离企业合规风险、规避或减少企业合规风险损失。因此，加强企业"关键少数"合规意识自我修养、合规能力自我提升，事关企业合规风险预防的效果。当然，合规风险预防是企业全员的责任，不能在抓"关键少数"时忽略对其他员工合规文化的培育。

第二节　企业合规风险应对基础在制度

一、应对企业合规风险需要做好基本制度设计

企业合规风险伴随企业经营管理活动全过程，企业合规风险应对是对企业合规风险的防范，以及对企业合规风险损失产生时的回应，以减少因违规产生的法律责任、造成经济或者声誉损失以及其他负面影响等一系列措施。在企业经营管理活动中，应对企业合规风险是企业不得不

面对的一项工作。因为作为追求利益最大化的企业天生存在为追求利益而突破合规底线的冲动，必须从制度上约束企业突破合规底线的冲动。好的合规风险应对制度可以使企业筑起防范违规风险发生和合规风险损失产生的防护墙，不好的合规风险应对制度会产生违规的"劣币"驱逐合规的"良币"的情形。不难看出，做好企业合规应对制度设计是做好企业合规风险应对的前提。企业合规风险应对一般涉及合规风险应对策略、合规风险应对现状评估、制定和实施合规风险应对计划等三个环节，由此产生了合规风险应对策略制度、合规风险应对现状评估制度、合规风险应对计划执行制度等三个基本制度的需求。

企业合规风险应对策略制度是指企业对选择规避合规、降低合规风险、转移合规风险、接受合规风险作出的规定，以及策略制定和实施的具体场景、具体目标、主要措施以及相应保障作出的规定。制定企业合规风险应对策略制度时应考虑以下因素：企业经营战略目标、核心价值观和社会责任；企业对合规风险应对的目标、价值观、资源、偏好和容忍度等；应对企业合规风险成本与收益的评估；监管部门以及其他利益相关者对合规风险的容忍程度等。

企业合规风险应对现状评估制度是指企业对合规风险应对现状如何进行评估的制度，重视合规的企业一般会对企业合规治理体系进行制度上的设计，但这些制度是否适用于合规风险应对要求，需要进行有针对性的评估。企业合规风险应对现状评估制度一般涉及以下内容：机构设置、岗位职责、人员、经费等资源配置与企业合规风险应对的匹配性评估；对经营管理活动进行监督、控制、资料留痕、信息沟通等过程管理的评估；企业合规风险应对绩效管理体系建设的评估；企业合规风险应对相关人员资质与能力要求的评估；企业及其部门的内部合规风险审查的评估；企业员工的合规风险应对意识和能力的评估等。企业通过对这些合规风险应对相关的评估制度的构建，为其开展企业合规风险治理提供理性的合规风险应对预期。值得一提的是，企业合规应对事关企业合规自身的利益，理论上讲，企业对合规风险应对的预期应是理性预期。但是现实中，一些企业对合规风险应对的预期往往不能做到真正的理性，更多的是适应性预期，常受既往经验和感知影响，只有经过若干次试错后才有趋向理性的预期。例如，一些企业一开始低估企业合规风险应对的价值，在经受较大的合规风险损失后，才开始认识到合规风险应对的真正价值，进而调整对企业合规风险应对价值的利益预期。

企业合规风险应对计划制度是指企业对合规风险进行应对的具体措施安排，一般需要考虑：设立或调整合规风险应对相关机构、人员、经费等资源配置措施；合规风险应对相关制度、流程的调整与完善；相关人员遵守的合规标准和规范性文件；规避、降低、转移合规风险的技术手段；合规风险事件信息的预警；开展规避、降低、转移合规风险的专项活动；提高合规风险和合规技能的合规培训等。

总之，企业通过对企业合规风险的应对策略、现状评估、计划执行等进行制度设计，保障企业在确定应对策略、开展现状评估、计划执行等内容上与程序上规范，确保企业合规风险应对的科学性和合理性。

二、将企业合规风险应对制度嵌入其他制度中

企业合规风险应对制度虽然从环节上包括应对策略、现状评估、计划执行共三个层面的制度，但该项制度并不是完全独立制度，而是需要嵌入其他相关制度中才能履行其使命。实践中，企业可以就应对策略、现状评估、计划执行各自制定基本制度，或将三者综合而制定综合性基本制度，对企业合规风险应对策略、现状评估、计划执行进行基本规

范，或在其他相关制度中对这些企业合规风险应对基本制度相关规范和要求纳入其中。也就是说，企业合规风险应对制度应在企业治理制度体系中处于相对较高的效力位阶。此外，企业也可以将企业合规风险应对制度纳入企业章程中，以企业章程形式对企业合规风险应对作出原则性安排，赋予企业合规风险应对的"企业宪法"地位，为企业其他相关制度落实企业合规风险应对要求提供方向上的指引和方法的指导。

之所以将企业合规风险应对制度嵌入其他制度中，主要有三个方面的原因：一是合规风险源存在于企业经营管理活动中，应对企业合规风险离不开对企业合规风险源的管控，而企业合规风险源大多嵌入企业其他制度中。例如，产品质量合规风险源往往在于企业采购不符合质量标准的原材料和设备，或者没有按照质量标准要求生产产品，这些风险源的合规性要求往往在企业相关质量制度中得到体现。二是企业合规性义务涉及面广，涵盖企业经营管理活动方方面面，企业合规风险应对应基于企业经营管理活动而不能脱离于企业经营管理活动，很明显，基于企业经营管理活动的合规风险应对制度必须与企业经营管理活动相关制度相互衔接。三是将企业合规风险应对制度嵌入其他制度中有利于提升企业合规应对效能，制度的嵌入意味着执行上的协同，承担企业合规风险应对的职能部门与业务部门可以在此语境中容易实现行动上的一致性，形成企业合规风险应对的全员参与的格局。

三、执行企业合规风险应对制度需因势而为

企业合规风险具有动态性，易随主客观因素、内外部环境、资源保障等变化而变化。现实中，有不少企业实施的不合规行为长时间没有引起利益相关者关注，但因为某个网络舆情引发社会关注而引发合规风险

事件。有些行业在发展初期，监管部门为鼓励行业发展而对一些不合规行为采取"包容"性监管，一些企业虽然实施了不合规行为，但在一定时间内没有发生合规风险损失，一旦行业跨过了发展初期或问题引起了社会关注，促使相应的"规"的供给，其合规风险损失的可能性会显著增加。如监管部门对P2P企业野蛮扩张后规范性监管，使得一些企业遭受了巨大的合规风险损失，还如，因社会对职业索赔、职业闭店、欺诈性预付式消费等乱象的关注，监管部门对此类问题选择加强监管，涉入其中的企业所面临的合规风险显然较以前会有变化。

显而易见，执行企业合规风险应对制度必须因势而为。企业在制定企业合规风险应对计划后应评估合规风险是否可以承受，如不在可以承受的合规风险范围，应调整和制定新的合规风险应对计划，评估新的合规风险应对措施的实施效果，直至评估结果在可以承受的合规风险范围。同时，合规应对措施也会引起企业合规风险的变化，需要及时跟踪合规风险应对措施的实施效果，评估变化的合规风险，据此及时调整合规风险应对措施。可以说，合规风险应对是一个动态的渐进过程，企业需要根据影响合规风险的各类因素变化，对依据合规风险制度制定的合规措施进行评估调整，实现企业合规风险应对的及时性和有效性，确保企业合规风险应对制度得以高效执行。

第三节　企业合规风险应对根本在协同

一、在发展战略协作中实现企业合规风险应对协同

企业合规风险应对的重要目的是保证企业战略得以顺利实施，避免

因合规风险累及企业战略目标的实现。企业合规风险应对必须保障企业发展方向、发展速度与质量、发展点及发展能力的重大选择、规划及策略等战略在合规轨道上运行，排除战略实施过程中不在承受范围内的合规风险因素，充当企业战略实施的助推器。这就要求企业合规风险应对需发挥两个方面作用：一方面确保企业战略制定的合规，确保战略方向、战略目标、战略措施等内容不能违规。在对战略相关内容进行合规风险评估后，对存在合规风险的战略方向、战略目标、战略措施进行调整，使其在合规风险可承受范围。另一方面，确保企业合规战略实施的合规，对企业战略实施过程中评估的合规风险进行应对，及时纠正企业战略实施过程中的合规偏差。

企业合规风险应对不仅体现在其服务于企业战略的实施，或者说，企业合规风险应对应以企业战略为立足点，同时，企业战略也应考虑保证企业合规风险应对能得以有效开展。一方面，企业合规战略制定应与企业合规风险应对进行密切配合，确保各项战略要素合规风险在可以承受的范围，调整存在较大合规风险的相关内容。另一方面，企业战略实施应将合规风险应对纳入其中，实现企业战略实施与企业合规风险应对"两条腿"走路，践行在合规中发展、在发展中合规的哲学逻辑。不难看出，企业合规风险应对与企业战略之间的协同是企业对合规风险进行有效应对的内在要求，两者之间的协同水平是决定企业能否走远的重要因素。可以说，有远见战略的企业往往是合规风险应对有效的企业。

二、在制度协作中实现企业合规风险应对协同

企业需要靠制度来维系自身经营管理活动的运转，确保自身及其员

工共同遵守既定的办事规程和行动准则。协同应对企业合规风险离不开企业合规风险应对制度与企业其他相关制度的协作，通过两者之间的协同，将企业合规风险应对相关要求贯穿于企业经营管理相关制度中。由于制度带有全局性、稳定性的特点，如果在企业各项制度中企业合规风险应对能得以体现，协同应对企业合规风险就有了制度上的保障，也就有了体制机制上的保障。现实中，不少企业合规应对制度脱节于企业其他相关制度，企业经营管理相关制度没有体现合规风险应对的要求，企业合规风险应对制度相关要求也没有很好渗入到其他相关制度中，而是简单地将企业合规风险应对视作合规部门的事，对自身参与的重要性缺乏认识。这种现象反映了一些企业将合规风险应对独立于企业经营管理活动，没有认识到企业合规风险应对的系统性、全员性的要求。

企业要想有效应对合规风险、最大程度减少不合规行为对其生存和发展的危害，就要在制定企业各项制度时充分考虑合规风险应对在其中的地位，将企业合规应对的相关要求纳入相关制度中。以反虚假宣传合规风险应对为例，反虚假宣传合规风险通常出现在企业销售环节，虚假宣传的行为易发生在一线销售人员身上，企业在制定销售管理制度中就需要将反虚假宣传合规风险应对纳入其中，与企业合规风险应对基本制度相衔接。在现实中，由于企业制度都是基于解决特定问题而制定的，常出现各项制度间的"碎片化"现象，企业合规风险应对制度也是如此。正是因为企业合规风险应对制度与其他制度之间的"碎片化"，企业合规风险应对失去了协同上的制度保障，造成一些企业合规风险应对难以发挥有效作用。可见，在制度协作中实现企业合规风险应对协同对保障企业合规风险应对有效性意义重大。

三、在部门协作中实现企业合规风险应对协同

在企业合规风险应对过程中，制度层面上的协作是保障，部门层面上的协作是关键。合规风险应对是项复杂的工作，单靠企业合规职能部门应对是难以开展好的，并且合规风险主要来源于企业高层和有关部门及其员工的履职行为，单靠企业风险应对职能部门难以解决其中的信息不对称问题。此外，有不少合规风险的来源不是单一的。以食品安全合规为例，食品安全风险涉及食用农产品采购、添加剂采购、设备采购、食品生产、食品包装、食品销售等多个部门，每个部门都有可能因为某一环节出现问题而造成食品安全风险事件，引发食品安全合规风险损失。因此，企业合规风险应对的跨部门协作十分重要。企业要建立企业合规风险应对职能部门牵头、相关部门密切配合的协同工作机制，摒弃那种认为合规风险应对是合规职能部门的事的错误认识。

提高企业合规风险预防跨部门协作是企业合规风险应对部门协同最为重要的一环。防止合规风险转化为合规风险损失是企业合规风险应对的"最高境界"，也是企业合规风险应对的着力点。由于企业各个部门是合规风险的"生产部门"，预防企业合规风险的责任主体也就在可能产生合规风险的企业各部门。企业各部门应根据合规风险评估的结果，对涉及自身领域或环节的合规风险需承担预防的实施责任。企业应该在部门的职能设置以及人员岗位的职责设置中，明确应承担预防的合规风险类别、合规风险内容、合规风险预防措施。以药品企业销售部门的反商业贿赂合规风险预防为例，由于药品销售领域的商业贿赂合规风险高，容易给企业带来合规风险损失。因此，反商业贿赂合规风险的预防责任就依赖这类企业的销售部门。也就是说，这类企业的销售部门在企业合规职能部门的指导下，开展反商业贿赂合规风险的自我预防。在通

常情况下，企业合规职能部门在对企业自身的合规风险评估后，按照各部门职能所存在的合规风险点进行分类，将处于合规风险点上的合规风险预防事项分配到相应的部门，由相应的部门在企业合规风险应对职能部门统一安排下开展合规风险预防。对涉及多部门的合规风险预防事项，或者由承担主要职责的部门牵头负责预防的统一组织协调，或者由企业合规风险应对职能部门直接负责预防的统一组织和协调。

此外，企业对正在或已经产生合规风险损失的事件要建立常态化协作应对机制，及时对发生合规风险损失的事件进行响应，涉及对合规风险事件对外的危机公关、对内的合规风险事件调查、对监管部门的配合、对相关责任人员的处置、对防范同类合规风险事件发生的机制建设等，这些都涉及相关部门的协同。可以说，如果企业对发生合规风险损失事件的应对有一套职责明确、运转良好的协同应对机制，就能在合规风险损失发生后降低损失。例如，对监管部门的行政处罚，企业能主动或按照监管部门要求及时在部门之间建立合规整改机制，便能在一定程度上防范合规风险由处罚风险向企业信誉风险转化。

第四节　企业合规风险应对应坚持"两点论"

一、坚持"两点论"是应对合规风险的方法论

企业从注册登记到开展经营管理活动再到注销都会受到各种不同"规"的约束。一般来说，无论从企业追求利润最大化来看，还是从企业员工追求个人收入最大化来看，企业都有突破"规"的内在动机。正是由于这种动机，企业及其员工都有不遵守国家法律法规、监管规定等

"规"的可能，涉外经营的企业还有不遵守国际条约和规则的可能，这种不遵守"规"的可能便是合规风险。可以说，合规风险无时无刻不在，这决定了对合规风险的应对必须坚持"两点论"。也就是说，企业既要应对可能存在的一切合规风险，也要有的放矢，善于抓住重点，聚焦对企业影响较大的合规风险，做到对合规风险的应对有所侧重。

企业需要应对可能存在的一切合规风险，任何合规风险在一定条件的触发下都有可能引发合规风险损失，这种损失在全媒体时代容易因舆论发酵而放大。例如，2023年6月，某高校学生在该校食堂吃出疑似鼠头的异物的事件，经网络舆情发酵，引起大量转载与负面评论，造成恶劣影响，承包该校食堂的企业被监管部门处以10万元的罚款，被列入严重违法失信企业名单，该企业的法定代表人被处以上一年度从该企业取得收入10倍的罚款，达284万余元，该企业的食品安全总监被处以上一年度从该企业取得收入8倍的罚款，达185万余元，该高校食堂运营管理第一责任人被处以上一年度从该企业取得收入9倍的罚款，达226万余元。还如，某直播电商企业因带货一款产品陷入虚假宣传的舆论，其之前涉及的假冒伪劣、虚假宣传、欺诈消费者问题被挖出并经舆论发酵，使得该电商企业面临的合规风险被放大。可以说，在全媒体时代，企业任何一项不合规行为都有可能带来意想不到的合规风险损失，甚至这种合规风险损失会演变为累及整个行业的公信力。可见，不忽视任一合规风险是企业应对合规风险必须坚持的原则。尽管如此，不能否认的是，企业合规风险应对是有成本的，不仅涉及为应对合规风险而承担的人员、资金等直接成本，还涉及应对合规风险而承担的机会成本，甚至有时因为合规风险应对让企业失去交易机会。因此，企业合规风险应对必须有的放矢，分清合规风险应对的重点，集中资源应对合规风险发生概率大、所引发的合规风险损失重的合规风险。通过对企业合规风险应对相关案例的考察，对重点领域重点环节的合规风险应对，不仅能及时规避和减少合规风险损失，还有助于培养企业合规文化，对其他领域、其他环节的合规风险应对起到示范和教育作用。

二、以系统思维全面抓企业合规风险应对

鉴于合规风险多发性，必须以系统思维对企业合规风险进行全面应对。对企业所评估到的合规风险，无论风险大小都需予以关注，有时甚至无需经过合规风险评估就可以采取应对措施。所采取的措施可以归纳为三方面的内容，即立制度、建机制、搞培训。对于立制度，企业要根据自身实际，建立包括合规治理的组织与领导制度、体系规划制度、资源保障制度、过程控制制度、绩效评价制度、持续改进制度等在内的合规制度体系，通过构建完善的制度，为企业全面应对合规风险提供保障。对于建机制，基于企业合规治理体系，建立合规风险应对触发机制、协同履职机制、绩效管理机制等。对于搞培训，企业将合规风险应对基本知识、基本技能、基本方法纳入企业培训体系，通过培训来提升企业员工的合规风险应对素养。

上述中的立制度、建机制、搞培训都不是针对特定的合规风险，而是企业开展包括合规风险应对在内的合规治理体系建设，或者说，企业合规治理体系可以看作是企业合规风险应对的通用性措施。这些通用性措施，能够帮助企业形成合规文化，实现人人重视合规风险应对、人人能够应对合规风险的合规风险应对格局。需要指出的是，全面抓企业合规风险应对不仅体现在以合规体系建设来应对合规风险、不能忽视对任一合规风险的应对上，还体现为注重合规风险内在逻辑上的应对，如对合规风险发生或合规风险损失产生的背后逻辑的挖掘，对企业合规风险

应对采取治标与治本相结合的措施。

三、以问题导向思维重点抓企业合规风险应对

企业面对的"规"既有共性上的一面，如市场准入合规、价格合规、竞争合规、生产安全合规，不同企业经营管理活动都不可能回避"规"，但与此同时，也有"规"的个性方面，企业所处的行业不同，行业监管制度、行业监管部门都存在不同，这种不同决定了企业合规风险应对的个性化，也导致所面对的合规风险以及合规风险损失存在差异。这种差异决定了不同企业可能有不尽相同的合规风险重点。例如，具有市场支配地位的企业合规风险应对的重点可能是反垄断合规，食品生产企业的合规风险应对的重点可能是食品安全合规，特种设备生产企业的合规风险应对的重点可能是特种设备安全合规，医药行业企业的合规风险应对的重点可能是反商业贿赂合规风险，数字经济领域企业的合规风险应对重点可能是数据安全合规等。可见，不同企业有不同合规风险应对的重点，即使是同一企业，也可能因调整发展战略而出现合规风险应对重点的改变。

坚持问题导向是确定合规风险应对重点的基本方法，要求在纷繁复杂的合规风险中坚持有的放矢，坚持以解决合规风险的重点问题为目的、方向和指引，集中全部力量与各类资源，着力解决合规风险发生概率高、合规风险损失后果大的突出问题和主要矛盾。企业可以在有效评估企业合规风险基础上，在全面抓企业合规风险应对的同时，对重点领域重点环节重点人群的合规风险问题要多加关注，配置更多的资源。特别是确定市场交易、安全环保、产品质量、劳动用工、财务税收、知识产权、商业伙伴、涉外经营等领域的合规风险应对重点，确定制度制

定、经营决策、生产运营等环节的合规风险应对重点，确定管理人员、重要风险岗位人员等人群的合规风险应对重点。

企业合规风险应对的重点一般依赖于合规风险评估的结果，但企业有时并不是严格按照企业合规风险大小的排序确定合规风险应对的重点。企业合规风险损失主要表现在四个方面，即法律责任、受到相关处罚、造成经济损失、引发声誉损失。不同企业对四种风险损失的敏感度是不一样的。实力相对雄厚的企业可能并不在乎监管部门的行政处罚，例如，对一个年收入上十亿甚至上百亿的企业来讲，几百万的罚款并不敏感，这类企业在意的是声誉损失，如果这类企业因不合规行为引起行政处罚损失但没有对企业的声誉产生影响，即使此类的合规风险等级很高，一些企业可能也不会投入过多的资源予以应对。再如，对食品生产企业来说，虽然对其的行政处罚不高，但可能引发社会公众对该企业食品安全信心的降低和损失，这类合规风险即使风险等级不高，也应成为企业合规风险应对的重点。以生产经营食用油的企业为例，倘若该食用油的购买方或者为购买方服务的运输方，存在用残留有害物质的油罐车来运输食用油的不合规行为，由于其责任主要在于购买方或为购买方服务的运输方，该企业可能将其合规风险等级确定为较低水平。但因为消费者对食用油安全敏感度较高，一旦该违规行为被发现，就易累及该企业，使得该企业可能面临一定的合规风险损失，消费者对该企业生产经营的产品信任度短期出现断崖式下降。

不难看出，企业合规风险应对的重点由三个因素决定：第一个因素是发生合规风险的大小，或者说是较高的合规风险等级；第二个因素是企业合规风险综合损失产生的大小，这里的合规风险综合损失是法律责任、受到相关处罚、造成经济损失、引发声誉损失等诸多损失的总和；第三个因素是企业对相应损失的敏感度以及产生该类损失的大小。例如，通常情况下企业对刑事方面合规风险敏感度较高，刑事制裁带来的风险损失会相对更大，特别是对于有限责任公司，企业股东或高层管理者对刑事责任的敏感度要远远高于行政责任的敏感度。

通过本章及其前一章对企业合规义务、企业合规风险点、企业合规风险准则、企业合规风险识别、企业合规风险分析、企业合规风险评价、企业合规风险应对策略、企业合规风险应对现状评估、企业合规应对计划等相关阐释，从不同层面回答了企业合规风险与应对相关的内涵、外延、方法等问题。接下来的章节将围绕市场交易、质量、知识产权、安全、劳动用工、财务税收、环保，以及以此为基础的商业伙伴和涉外经营等领域合规风险与应对，从某一方面、某一视角对这些问题作进一步的阐释。

第四章　市场交易领域企业合规风险与应对

第一节　市场交易领域企业合规义务

一、市场交易领域合规义务涉及所有企业

市场交易是企业建立直接的商品（含产品和服务）交换关系所实施的行为，涉及两方面内容，即交易什么和怎么交易。由此，产生了两个层面的合规义务。第一个层面是交易什么方面的合规义务。国家出于经济、政治、安全等方面考虑，会设置不准企业从事经营活动的市场禁入制度，以及准许企业进入市场以从事商品经营活动的条件和程序规则等市场准入制度，这些市场禁入制度和市场准入制度的规制对象既可能是所有企业，也可能是某些特定类别的企业，如专门针对不同所有制企业的市场禁入制度和市场准入制度。市场禁入制度和市场准入制度规定了企业交易什么的合规义务，也就是说，对市场禁入制度涉及的商品，企业有不得从事该商品经营的合规义务；对市场准入制度涉及的商品，企业有按照所要求的条件并遵循所要求的程序规则从事该商品经营的合规义务。如《稀土管理条例》规定了从事稀土开采业务的企业有依照矿产资源管理法律、行政法规和国家有关规定取得采矿权、采矿许可证的合

规义务。第二个层面是怎么交易方面的合规义务。国家出于维护交易公平、维护交易安全、促进交易便捷等方面考虑，对怎么交易进行规制，包括市场交易的纵向规制和市场交易的横向规制。市场交易的纵向规制对象涉及企业与其交易相对方直接相关的交易活动，包括企业为保证自身经营活动正常开展，从供应市场获取商品作为企业所需资源的交易活动，以及企业基于价值实现的目标，将所支配的商品进行销售的交易活动。市场交易的横向规制的对象涉及与企业有直接竞争关系或潜在竞争关系的市场竞争活动，体现国家通过竞争秩序的维护以实现有效市场的治理导向。当然，市场交易纵向规制的对象与市场交易横向规制的对象通常是交织在一起的。市场交易的纵向规制和市场交易的横向规制规定了企业如何进行交易的合规义务。即企业在基于自身经营活动正常开展从供应市场获取商品时的合规义务，以及企业参与市场竞争的合规义务。

  企业自登记注册成立后，只要存在经营活动，就回避不了经营什么、如何经营的问题，回避不了市场禁入与市场准入的合规义务，回避不了从供应市场获取商品作为企业所需资源的合规义务、将所支配商品进行销售的合规义务以及参与市场竞争的合规义务。即使在企业登记注册时，也同样存在相应的合规义务，依据《公司法》《国务院关于实施〈中华人民共和国公司法〉注册资本登记管理制度的规定》等规定，企业不得假冒他人身份，不得假冒国企央企、知名民企和外商投资企业，不得虚报注册资本、提交虚假材料或采取其他欺诈手段隐瞒重要事实取得登记，按规定如实公示有关信息、股东在国家规定的期限内缴纳所认缴的出资额、不能清偿到期债务时股东认缴额加速到期等注册登记方面的合规义务。例如，除法律法规、国务院规定另有规定外，有限责任公司有5年内实缴其认缴的注册资本、股份公司有成立时实缴注册资本的合规义务，对2024年6月30日前登记设立的有限责任公司在3年过渡期内有调整至5年内实缴其认缴注册资本的合规义务，对2024年6月30日前登记设立的有限责任公司有3年过渡期内全额缴纳股款的合规义务。可以说，交易领域的合规义务是任何存在经营活动的企业都应承担的义务，只不过不同企业的市场领域合规义务因所交易的商品不同、企业属性不同、所在行业不同、交易对象不同而存在合规义务上的具体差异。市场交易领域企业合规义务一般都有法律法规层面的依据，以及少数部门规章层面的依据。对于市场禁入与市场准入的合规义务，在"法无禁止皆可为"的语境中，对市场禁入与市场准入的规制一般采取"负面清单"方式，对各类企业或者某一类别企业规定哪些经济领域不开放、哪些领域开放需要满足一定条件、遵循一定程序。市场禁入属于企业经营活动的绝对禁区，市场准入属于企业经营活动的相对禁入，对于后者，也就是在满足一定条件和遵循一定程序下企业经营能涉入的领域。例如，法律法规要求实施行政许可以及监管部门基于法律法规要求的行政备案和行政承诺等属于企业经营活动的相对禁入，只要企业满足法律法规规定的条件、履行相应程序规则就可以开展相应的经营活动。对于从供应市场获取商品作为企业所需资源层面的合规义务，体现为招标的合规义务，采购商品的合规义务，获取管制商品的合规义务等。对将所支配的商品进行销售的合规义务，体现为企业对商品广告的合规义务，对商品销售价格的合规义务，对消费者权益保护的合规义务，对特定资产交易的合规义务等。对于参与市场竞争的合规义务，体现为企业不能有从事不正当竞争的合规义务，企业不能有从事垄断行为以排除和限制市场竞争的合规义务等。

二、自愿、平等、公平、诚信是市场交易领域合规义务的价值导向

通常,市场经济国家对市场交易规制的目的是维护市场交易的安全与效率,自愿、平等、公平、诚信是保障市场交易安全和效率的前提。自愿是指交易相对方在不违背公序良俗的前提下按照自己的意思参与市场交易活动,企业不得以胁迫或者利用对方处于危困状态等手段迫使交易相对方接受违背自身意愿的交易;平等是指市场交易双方享有同等的地位,应在平等协商的基础上进行市场交易,不得利用自身优势地位向交易对方施加压力;公平是指企业公正、平允地确定自身和交易相对方的权利、义务,权利与义务不能相差悬殊,应当对等;诚信是指企业应讲信用、重承诺,不弄虚作假,不欺诈欺骗。虽然市场交易领域对企业经营管理活动约束的"规"非常之多,但是自愿、平等、公平、诚信始终是其价值导向,或者说,市场交易领域合规义务可以看作是对自愿、平等、公平、诚信的具体诠释。

自愿、平等、公平、诚信作为市场交易领域合规义务的价值导向,在我国相关法律法规、监管规定等"规"中得到了充分体现。例如,《招标投标法》确立招标投标活动应遵循公开、公平、公正和诚实信用的原则;《消费者权益保护法》确立了经营主体与消费者交易应遵循自愿、平等、公平、诚实信用的原则;《反不正当竞争法》确立了企业在生产经营活动中应遵循自愿、平等、公平、诚信的原则;《价格法》确立了企业定价应遵循公平、合法和诚实信用的原则;《广告法》确立了广告主、广告经营主体、广告发布主体应诚实信用,公平竞争;《民法典》确立了包括企业在内的民事主体的平等、自愿、公平、诚信的原则。除此之外,其他法律法规以及有关监管对企业合规义务的规定,虽然字面

上没有直接体现自愿、平等、公平、诚信，但其背后大多涉及自愿、平等、公平、诚信的价值导向。例如，《反垄断法》虽仅对国有经济占控制地位的关系国民经济命脉和国家安全的行业以及依法实行专营专卖的行业明确了诚实守信的要求，但该法在其立法目的中明确了保护市场公平竞争，而保护市场公平竞争的价值观基础就是自愿、平等、公平、诚信；《禁止传销条例》在其立法目的中明确防止欺诈的诚实守信要求，《直销管理条例》在其立法目的中也明确防止欺诈的诚实守信要求，并规定直销企业及其直销员从事直销活动时不得有欺骗、误导等宣传和推销行为。

总而言之，市场交易领域合规义务可以看作是国家对企业市场交易中自愿、平等、公平、诚信所做出的要求，以保障市场交易不偏离自愿、平等、公平、诚信的轨道。为了确保市场交易中的自愿、平等、公平、诚信，国家有时会在企业和交易相对方之间进行平衡，赋予一方相对多的合规义务。以《反垄断法》为例，该法对具有市场支配地位的企业规定了不得以不公平方式实施低买高卖，没有正当理由，不得低于成本销售、不得拒绝和限定与交易相对人的交易、不得实行价格歧视等合规义务，而对于不具有市场支配地位的企业，实施低买高卖、低于成本销售、拒绝和限定与交易相对人的交易、价格歧视等在一般情况下属于企业经营策略问题，并不涉及法律法规所禁止的"规"。再以《消费者权益保护法》为例，该法规定对企业实施欺诈行为的应当按照消费者的要求增加赔偿其受到的损失，增加赔偿的金额为消费者购买商品的价款或者接受服务费用的3倍（增加赔偿的金额不足500元的，为500元）。相对《民法典》规定损失赔偿额应相当于因违约所造成的损失，显然，该语境中对企业与交易相对方之间违规后果因交易相对方不同而存在差异，企业如对交易相对方为消费者实施欺诈，其应承担的赔偿责任要求相对较高。对具有市场支配地位的企业的合规义务，以及对交易相对方为消费者的合规义务要求相对较高的原因在于,面对具有市场支配地位的企业,其他企业在平等、公平方面具有相对弱势,面对交易相对方为消费者的企业,消费者具有相对弱势,通过差异性的合规义务,平衡具有市场支配地位的企业与其他企业之间、企业与作为交易相对方的消费者之间平等、公平的价值导向要求。

三、市场交易领域合规义务内容复杂

市场交易领域合规义务是政府与市场之间关系的重要指针,体现有效市场与有为政府相结合的程度,反映政府监管权、市场自主权之间的平衡。基于自愿、平等、公平、诚信的价值导向,市场交易领域合规义务内容繁多,涉及交易什么、如何交易等各个方面。

(一)交易什么方面的合规义务

交易什么方面的合规义务包括市场禁入的合规义务和附条件市场准入的合规义务。市场禁入的合规义务是所有企业或特定类型的企业不能从事经营的行业或领域,市场禁入的合规义务具有明确的政策导向,具有较强的变动性,随着政府与市场关系的变化而调整。以某个特定的时间段为例,这个时间段上某个领域属于禁入领域,在该时间段之前或之后,该领域可能变为附条件市场准入的领域甚至是自由进入的领域。当然,某些禁入领域属于长久性禁入的领域,不随时间变化而改变。再以某类企业为例,出于维护产业安全、社会安全等原因,国家对某类企业设置禁入的领域,而允许其他类企业市场附条件准入。譬如,国家发展改革委、商务部发布的《外商投资准入特别管理措施(负面清单)(2024年版)》就规定了外资企业禁止投资图书、报纸、期刊、影像制品和电子出版物的编辑、出版、制作等共20个业务类别的合规义务。附条件市场准入的领域一般属于依靠行政许可才能进入的领域，或者说，对某一领域需要经过行政许可，企业才具有经营资格，由此产生了企业必须获证才能经营的义务。例如，企业开展经营保险相关业务时，需践行取得经营保险业务、经营保险代理业务、经营保险经纪业务等资质的合规义务。还如，《外商投资准入特别管理措施（负面清单）（2024年版）》对某些领域规定了外资企业允许投资但要求中方入股比例、外资入股比例、治理结构等合规义务。在一些特定的场景中，监管部门为了减少企业制度性成本，将之前实施行政许可的领域改为备案制或承诺制，企业市场准入的合规义务也就从之前获证经营的合规义务，转变为向监管部门备案或承诺的合规义务。

为适应"充分发挥市场在资源配置中的决定性作用，更好发挥政府作用"要求，政府监管部门依据法律法规、国务院规定等对市场禁入领域和附条件市场准入领域以"市场准入负面清单"的形式进行了明确。"市场准入负面清单"之外企业可以自由进入，"市场准入负面清单"成为企业市场禁入和附条件市场准入的合规义务。政府可能会结合经济的发展与改革实际，对市场准入负面清单进行更新调整。例如，截至2024年9月底，国家发展改革委、商务部先后联合发布了《市场准入负面清单（2018年版）》（发改经体〔2018〕1892号）、《市场准入负面清单（2019年版）》（发改体改〔2019〕1685号）、《市场准入负面清单（2020年版）》（发改体改规〔2020〕1880号）、《市场准入负面清单（2022年版）》（发改体改规〔2022〕397号）等。由于市场准入负面清单的更新调整，相应的企业合规义务会存在一定的差异。下面以国家发展改革委、商务部联合发布的《市场准入负面清单（2022年版）》（发改体改规〔2022〕397号）为例，对市场准入相关合规义务进行进一步阐释。

在市场禁入方面，企业对市场禁入的合规义务包括3个方面。一是执行法律、法规及国务院规定等明确设立的市场禁入合规义务。一般来说，这类合规义务体现在企业经营活动相关的法律、法规、国务院规定等"规"中，涉及企业不能进入的领域和特定情形下企业不能进入的领域。例如，《渔业法》规定了禁止制造、销售、使用禁用的渔具，以及禁止在禁渔区或禁渔期内销售非法捕捞渔获物等合规义务；《枪支管理法》规定禁止制造、销售仿真枪等合规义务；《土壤污染防治法》规定禁止生产、销售、使用国家明令禁止的农业投入品等合规义务；《药品管理法》规定疫苗、血液制品、麻醉药品、精神药品、医疗用毒性药品、放射性药品、药品类易制毒化学品等国家实行特殊管理的药品不得在网络上销售等合规义务；《邮政法》规定禁止快递企业经营由邮政企业专营的信件寄递业务，以及禁止快递企业寄递国家机关公文等合规义务。二是执行国家产业政策明令淘汰的产品、技术、工艺、设备及行为的市场禁入合规义务。产业政策是引导国家产业发展方向、推动产业结构升级、协调国家产业结构的政策，体现国家对产业发展的战略意图，对消耗高、污染重、危及安全生产、技术落后等符合产业政策目标的产品、技术、工艺、设备及行为等，实施强制淘汰制度。虽然涉及强制淘汰的产品、技术、工艺、设备及行为没有在法律、法规及国务院规定中直接明确，但是都以法律、法规及国务院规定作为其依据。由此产生了企业有着禁入强制淘汰的产品、技术、工艺、设备及行为等合规义务，这类合规义务一般体现在国家发展改革委《产业结构调整指导目录》中的淘汰类目录中。三是执行不符合主体功能区建设要求的各类开发活动的市场禁入合规义务。一般情况下，监管部门通过负面清单或禁止限制目录的形式，对国家重点生态功能区、农产品主产区的禁入产业作出规定。同样，此类的市场禁入是以法律、法规以及国务院规定为依据，由此产生了企业执行国家重点生态功能区产业禁入、农产品主产区产业禁入的合规义务。

在市场准入方面，主要依靠设置行政许可为企业准入设定条件来体现国家意图，企业市场准入合规义务涉及的情形一般包括：直接涉及国家安全、公共安全、经济宏观调控、生态环境保护以及直接关系人身健康、生命财产安全等特定活动；有限自然资源开发利用、公共资源配置以及直接关系公共利益的特定行业的市场准入等；提供公众服务并且直接关系公共利益的职业、行业；直接关系公共安全、人身健康、生命财产安全的重要设备、设施、产品、物品等。企业从事上述情形的经营活动，需要获取许可证后才能具有经营资格，由此产生了企业的市场准入合规义务。例如：未获得许可，不得从事农林转基因生物的研究、生产、加工和进口；未获得许可，不得从事特定食品生产经营和进出口；未获得许可或履行规定程序，不得从事烟草专卖品生产；未获得许可，不得从事民用爆炸物品、烟花爆竹的生产经营及爆破作业；未获得许可，不得从事建筑业及房屋、土木工程、涉河项目、海洋工程等相关项目建设；未获得许可，不得设立金融机构营业场所、交易所等。此类市场准入一般散落在相关法律、法规以及国务院规定中，尤其是行业相关的法律、法规以及国务院规定中。值得一提的是，市场准入领域合规义务往往不是一成不变的，例如，出于保障某些工业产品质量安全、突出产品准入管理和源头治理等考虑，国家会对工业产品生产许可证管理目录内的产品进行调整，企业在该语境中的准入合规义务会因该调整发生相应的变化；还如，国家根据经济发展和反垄断等情势变化，调整经营者集中申报的标准，企业在该语境中的并购合规义务因该调整发生相应的变化。

（二）如何交易方面的合规义务

如何交易方面的合规义务涉及三个环节：从供应市场获取商品作为

企业所需资源层面的合规义务；将所支配的商品进行销售层面的合规义务；与企业有直接竞争关系或潜在竞争关系层面的竞争合规义务。也就是，企业在参与市场经济活动过程中，基于买什么、卖什么以及怎样对待竞争者等方面的合规义务。

从供应市场获取商品作为企业所需资源层面的合规义务，由于企业与交易相对方一般是以合同方式建立交易关系，这种交易关系体现为民事上的契约关系，该契约关系成立以不违反法律法规的强制性规定以及不违背公序良俗为条件。由此，涉及交易标的的法律法规方面的强制性规定以及公序良俗的要求构成了此种语境下的企业合规义务。一是涉及管制商品购买的合规义务，国家出于发展与安全等考虑，对一些商品购买实行管制管理，企业购买这类商品需要遵守管制要求。例如，对属于第一类非药品类易制毒化学品、剧毒化学品、民用爆炸物品、武器装备、枪支及其他公共安全相关产品，麻醉药品、精神药品、国家重点保护野生动物或其制品等购买需要获得审批，企业需承担未经审批不得购买上述商品的义务。也就是，企业在购买原材料、设备等生产要素时需要承担管制商品合规购买的义务。二是涉及招标的合规义务。在工程建设中，对大型基础设施、公用事业等关系社会公共利益、公众安全的项目；全部或者部分使用国有资金投资或者国家融资的项目；使用国际组织或者外国政府贷款、援助资金的项目等企业有进行招标的要求，涉及不能以任何方式规避招标、不得以不合理的条件限制或者排斥潜在投标人等合规义务。三是涉及购买行为的合规义务。对一些风险较高的商品，企业有履行采购行为的合规义务，例如，食品生产企业执行食品原料、食品添加剂、食品相关产品进货查验记录的合规义务；购买剧毒化学品、易制爆危险化学品的企业及时将所销售、购买的剧毒化学品、易制爆危险化学品的品种、数量以及流向信息报所在地县级人民政府公安机关备案的合规义务。

在将所支配的商品进行销售的合规义务方面，由于将所支配的商品进行销售与从供应市场获取商品作为企业所需资源一样，属于民事上的契约关系，该契约关系成立以不违反法律法规的强制性规定以及不违背公序良俗为前提。因此，将所支配的商品进行销售的合规义务体现在法律法规的强制性规定以及公序良俗要求。一是价格合规义务，价格是企业价值实现的载体，企业在销售商品时需遵循价格合规的要求。例如，明码标价，不得相互串通，操纵市场价格，不得为排挤竞争对手或者独占市场实施低价倾销，不得哄抬物价，不得实施价格欺诈、价格歧视，不得采取抬高等级或者压低等级等手段，变相提高或者压低价格等合规义务。二是产品合规义务，销售的产品应符合质量、安全等要求。三是消费者权益保护合规和义务。在企业将可支配的商品销售给消费者以满足消费者的生活需要的语境中，企业承担维护消费者权益的合规义务。例如，不得设定不公平、不合理的交易条件，不得强制交易，符合保障人身、财产安全要求，公共场所经营的安全保障，标明其真实名称和标记，不得侵犯人身自由，消费者个人信息严格保密，保障个人信息收集知情权和选择权等合规义务。四是广告合规义务。广告是帮助企业推广产品或服务，提高品牌知名度和美誉度，增加价值实现能力的重要途径。广告合规是企业销售可支配商品的义务，包括广告内容合规和广告行为合规两个方面。广告内容合规涉及广告内容真实、符合国家禁止广告和限制广告的要求、不得实施虚假广告等合规义务；广告行为合规涉及订立书面合同、不得实施不正当竞争、不得开展禁止广告和超出限制范围的广告等合规义务。与企业有直接竞争关系或潜在竞争关系的竞争合规义务方面，涉及反不正竞争的合规义务和反垄断的合规义务。对于反垄断合规义务，主要涉及具有市场支配地位的企业不得滥用市场支配地位以排除、限制竞争，具有竞争关系的企业不能达成排除、限制竞争的协议、决定或其他协同行为，以及经营者集中达到国务院规定的申报标准的，企业应当事先向国务院反垄断执法机构申报等合规义务。对于反不正当竞争合规义务，涉及企业不得实施商业混淆以误认为是他人商品或者与他人存在特定联系；不得实施商业贿赂以谋取交易机会或者竞争优势；不得作虚假或引人误解的商业宣传以欺骗、误导消费者；不得侵犯权利人的商业秘密；不得编造、传播虚假信息或者误导性信息以损害竞争对手的商业信誉、商品声誉；不得利用技术手段以妨碍、破坏其他经营主体合法提供的网络产品或者服务正常运行的行为等合规义务。

值得一提的是，《电子商务法》以及以其为上位法的监管规定，对互联网平台企业及其入驻平台的经营主体的合规性义务进行了专门规定。涉及平台企业的专门性合规义务有：对申请入驻经营主体提交的相关信息要核验、登记、更新、保存；对平台内经营主体的身份信息应当定期报送；对平台内经营主体身份信息、商品和服务信息、交易信息进行保存；对平台内经营主体的违法行为采取必要措施；公示平台服务协议和交易规则，平台服务协议和交易规则要提前公示和征求意见；区分标记平台经营主体自营业务和平台内经营主体开展的业务；为消费者提供评价的途径，不得删除消费者的真实评价；对平台内经营主体侵害消费者合法权益行为采取必要措施、对平台内经营主体资质资格进行审核、为消费者提供安全保障；建立知识产权保护规则；以显著方式区分标记已办理经营主体登记的经营主体和未办理经营主体登记的经营主体；及时对外公示对平台内经营主体违法行为采取的处理措施等。涉及入驻平台的企业的合规义务有：不得擅自扩大不适用7日无理由退货的商品范围；不得故意拖延或者无理拒绝消费者的退货请求；依法建立、完善其平台7日无理由退货规则以及配套的消费者权益保护有关制度，在其首页显著位置持续公示；对不能够完全恢复到初始销售状态的7日无理由退货商品，通过显著的方式明确标注商品的实际情况等。对于平台企业以及平台内经营主体，除了《电子商务法》以及以其为上位法的监管规定所涉及的交易领域合规义务外，其他法律法规、监管规定有关交易领域合规义务同样适用。例如，不得实施虚假宣传或引人误解的宣传、违法广告、价格欺诈、刷单炒信等合规义务。

此外，有些法律法规、监管规定对企业的经营模式进行了禁止性规定，这些禁止性规定同样构成了市场交易领域企业合规义务的来源。以传销为例，依据《禁止传销条例》及2013年公布的司法解释《最高人民法院、最高人民检察院、公安部关于办理组织领导传销活动刑事案件适用法律若干问题的意见》，符合"交入门费""拉人头""组成层级团队计酬"等要件为传销经营行为，参与传销经营行为的人员达30人以上且层级在3级以上可构成组织、领导传销活动罪，即企业有不得从事传销经营行为的合规义务。以直销为例，依据《直销管理条例》，企业有未经许可不得从事直销经营行为的合规义务，直销企业不得超出规定区域、超出直销产品范围从事直销经营行为等合规义务。

第二节　市场交易领域企业合规风险点

一、市场交易领域企业合规风险点具有复杂性

市场交易领域企业合规风险点源于市场交易领域企业合规义务，是企业在从事市场交易活动时不履行合规义务的可能性，或者说，市场交

易领域企业合规风险点与市场交易领域合规义务具有相对性，市场交易领域某一企业合规义务对应某一合规风险点。例如，具有市场支配地位的企业有不得滥用市场支配地位以排除、限制竞争的合规义务，与此相对应，企业在市场交易过程中便存在滥用市场支配地位来排除、限制竞争的合规风险点。一般说来，相对于市场交易领域合规义务，市场交易领域合规风险点较为具体。以具有市场支配地位的企业不得滥用市场支配地位以排除、限制竞争的合规义务为例，该合规义务的合规风险点包括以不公平的高价销售商品或者以不公平的低价购买商品，以及没有正当理由，以低于成本的价格销售商品、拒绝与交易相对人进行交易、限定交易相对人只能与其进行交易或者只能与其指定的经营主体进行交易、搭售商品或者附加其他不合理的交易条件、对条件相同的交易相对人在交易价格等交易条件上实行差别待遇等合规风险点。不难看出，企业在从事市场交易活动中，相对于企业合规义务，企业合规风险点实际上是由若干个合规风险点构成的合规风险点集，即同一个合规义务可能对应若干个合规风险点，或者说，企业合规风险点对应企业合规义务的具体表现。由于市场交易领域企业合规义务内容是复杂的，作为企业合规义务具体表现相对应的企业合规风险点便更具复杂性。

确立市场交易领域企业合规风险点是从市场交易领域企业合规义务确定到评估、应对市场交易领域企业合规风险的连接点。一般来说，企业能够从市场交易活动相关的法律法规对企业合规义务的具体描述中，找出市场交易领域企业合规风险点。但由于我国多数法律、法规对企业合规义务的具体表述采用了兜底条款，也就是在对合规义务进行具体描述时没有穷尽，而是采用较为原则的表述方式予以收尾。例如，《广告法》对禁止企业广告的情形进行具体列举，对没有列举的情形，采取了"法律、行政法规规定禁止的其他情形"的兜底表述方式，也就是说，《广告法》对禁入广告的合规义务相对应的合规风险点并没有穷尽，企业要全面掌握禁入广告的合规风险点还需要从其他法律法规中找出答案。此外，有些法律法规对市场交易领域企业合规义务的具体描述较为抽象甚至没有进行具体描述，为实施法律法规需要，相关监管部门在以其为上位法的部门规章、其他规范性文件等中对法律法规涉及的合规义务进行具体描述。在此语境中，企业合规风险点就需要从落实相应法律法规的部门规章、其他规范性文件等去寻找与企业合规义务相对应的企业合规风险点。以《招标投标法》设置的招标人不得以不合理的条件限制或者排斥潜在投标人的合规义务为例，该法没有对不合理的条件进行具体描述，在以其为上位法的《招标投标法实施条例》中对该合规义务进行了具体描述，如不得就同一招标项目向潜在投标人或者投标人提供有差别的项目信息，与此相对应的合规风险点是企业就同一招标项目向潜在投标人或者投标人提供有差别的项目信息。

市场交易领域企业合规风险点涉及颗粒度大小的问题，以《反垄断法》中的具有市场支配地位的企业没有正当理由拒绝与交易相对人进行交易的合规风险点为例。以该法为上位法的《禁止滥用市场支配地位行为规定》对该风险点进行了细化，也就是在没有正当理由的前提下，实质性削减与交易相对人的现有交易数量、拖延、中断与交易相对人的现有交易、拒绝与交易相对人进行新的交易、通过设置限制性条件使交易相对人难以与其进行交易、拒绝交易相对人以合理条件使用其必需设施等合规风险点。可见，如何统一市场交易领域企业合规风险点的颗粒度是确立该领域的合规风险点必须要面对的问题。对这一问题，需要考虑两个基本原则，即法律位阶递减原则和具体化原则。所谓的法律位阶递减原则是指对市场交易领域合规风险点确立依次从法律、行政法规、部门规章、部委其他规范性文件进行确定（涉及地方的，依次从法律、行政法规、地方性法规、地方性政府规章、其他地方规范性文件进行确定）。即先从市场交易领域法律中的合规义务确定企业合规风险点，行政法规对法律中的合规义务有进一步细化的，从行政法规中的合规义务确定企业合规风险点；部门规章对法律、行政法规中的合规义务有进一步的细化的，从部门规章中的合规义务确定企业合规风险点；其他规范性文件对法律、行政法规、部门规章的合规义务有进一步的细化的，从其他规范性文件中的合规义务确定企业合规风险点。所谓的具体化原则是指对市场交易领域合规风险点颗粒度确立以具体明确为前提，倘若从法律中确定的合规风险点具体明确，无论以其为上位法的行政法规、部门规章对相对应的合规义务有无具体的描述，都可以基于法律对合规义务的确立来确定合规风险点。以《价格法》确立的企业进行明码标价的合规义务为例，其对应的合规风险点是企业对价格不进行明码标价，明码标价就是要公开标明商品价格或收费标准，该语境中的企业合规风险点较为具体明确，即企业不进行明码标价的合规风险点。

二、市场交易领域常见的企业合规风险点

由于市场交易领域企业合规风险点非常复杂，难以在本书中逐一涉及，本书仅涉及市场交易领域常见的企业合规风险点。

（一）交易什么方面的合规风险点

由于交易什么方面的合规义务包括市场禁入的合规义务和市场准入的合规义务，交易什么方面的合规风险点包括两个层面内容，即企业从事属于市场禁入领域的风险点和企业经营从事附条件市场准入但本身不具备该条件领域的风险点。对于市场禁入领域，企业交易触及该领域，

轻则承担行政责任的风险，重则承担刑事责任的风险。例如，依据《宗教事务条例》，投资、承包经营宗教活动场所或者大型露天宗教造像是企业合规风险点，对于该风险点，涉及被责令改正、没收违法所得、吊销宗教活动场所登记证书等行政处罚风险。依据《枪支管理法》，制造、销售仿真枪是企业合规风险点，对于该风险点，涉及没收非法财物、行政罚款、吊销营业执照、警告、行政拘留等行政处罚风险，还涉及违规制造、销售枪支罪。对于附条件市场准入领域，企业交易涉及该领域，比较多的是行政责任风险，但也有可能是刑事责任风险。例如，依据《邮政法》，无快递业务经营许可从事快递业务是合规风险点，涉及没收违法所得、行政罚款等行政处罚风险。依据《刑法》，未经许可经营法律、行政法规规定的专营、专卖物品或者其他限制买卖的物品，以及未经国家有关主管部门批准非法经营证券、期货、保险业务的以及非法从事资金支付结算业务等是合规风险点，涉及拘役、有期徒刑、罚金、没收财产等刑事制裁风险。可见，对于无证经营，除了经营业务涉及法律、行政法规规定的专营、专卖物品或者其他限制买卖，以及未经国家有关主管部门批准从事金融相关业务外，无证经营的合规风险点一般涉及的是行政责任风险。

在市场禁入领域，企业合规风险点的确定通常依据三个渠道，一是法律、法规、国务院决定等明确设立且与市场准入相关的禁止性领域，企业一旦涉及所禁止的领域，就产生了基于该领域的合规风险点。例如，依据《档案法》，禁止买卖属于国家所有的档案，由此可以确立企业买卖属于国家所有的档案的合规风险点。也就说，对于法律、法规、国务院规定禁入的领域，企业就存在合规风险点。因此，企业应对所涉及的业务以及间接相关业务是否属于律、法规、国务院决定明确的禁入领域有着辨别能力，一旦涉及禁入领域，便存在相对应的合规风险点。二是国家产业政策明令淘汰和限制的产品、技术、工艺、设备及行为相关的禁入领域。国家发展改革委依据《促进产业结构调整暂行规定》不定期公布产业结构调整指导目录,其中,涉及需要淘汰的发展项目,由此产生了不从事淘汰项目相关经营的合规义务,由此确立企业从事淘汰项目的合规风险点。此外,监管部门会依据法律、行政法规确定涉及市场禁入的部门规章。例如,《汽车产业投资管理规定》禁止新建独立燃油汽车企业,禁止现有汽车企业跨乘用车和商用车类别建设燃油汽车生产能力,由此,便产生了新建独立燃油汽车企业、现有汽车企业跨乘用车和商用车类别建设燃油汽车生产能力的合规风险点。三是不符合主体功能区建设要求的各类开发活动相关的禁入领域。企业依据国家重点生态功能区产业准入负面清单(或禁止限制目录)、农产品主产区产业准入负面清单(或禁止限制目录)所列有关事项,可以确立市场禁入的合规风险。例如,某企业存在可能暗自生产国家明令淘汰的地条钢,由此产生相应的合规风险点。总而言之,市场禁入领域合规风险点确立依据企业所直接涉及的业务以及间接涉及的业务。

在附条件市场准入领域,企业合规风险点的确定通常依据两个渠道,第一个渠道是法律法规有关设立许可的规定,第二个渠道是产业政策、主体功能区对市场准入赋予条件的要求。对于来源于法律法规规定设立许可的领域,企业有持证经营的合规义务,与此相对应的是企业无证经营的合规风险点。例如,《建筑法》规定建筑工程开工前建设企业应当申请领取施工许可证,倘若从事建筑活动的专业技术人员没有依法取得相应的执业资格证书,由此产生了从事建筑活动的专业技术人员无施工许可证上岗的合规风险点。对于产业政策、主体功能区对市场准入附条件的领域,如果不具备相应的条件就会产生相应的合规风险点。再如,在重点生态功能区限制开发的领域,实行相对于其他地区更严格的产业准入环境标准，由此产生了企业没有在这类严格的产业准入环境标准下进行经营活动的合规风险点。再如，依据《汽车产业投资管理规定》，现有汽车企业扩大燃油汽车生产能力投资项目的应具备上两个年度汽车产能利用率均高于同产品类别行业平均水平等条件，由此，产生了不具备上两个年度汽车产能利用率均高于同类别行业平均水平而扩大燃油汽车生产能力投资的合规风险点。

交易什么方面的合规风险点具有明显的个性化特点，这类的合规风险点与企业经营业务密切相关。也就是说，企业所从事的经营业务一旦涉及市场禁入或附条件市场准入的领域，就产生了与此相对应的合规风险点。

（二）如何交易方面的合规风险点

如何交易方面的合规义务涉及从供应市场获取商品作为企业所需资源、将所支配的商品进行销售、参与市场竞争等合规义务，由此产生了与合规义务相对应的合规风险点。从供应市场获取商品作为企业所需资源方面，企业合规风险点的确立可围绕招标的合规义务，采购商品的合规义务，获取管制商品的合规义务等展开。在将所支配的商品进行销售方面，企业合规风险点的确立主要围绕企业对商品广告的合规义务，对商品销售价格的合规义务，对消费者权益保护的合规义务，对特定资产交易的合规义务等来展开。在参与市场竞争方面，企业合规风险点的确立主要围绕反不正当竞争、反垄断等合规义务等展开。现以在一般企业普遍存在的竞争合规风险点、价格合规风险点、广告合规风险点为例，对如何交易方面的合规风险点进行阐释。

1.竞争合规风险点。竞争合规风险点是不少企业面临的合规风险点，如2023年国家市场监管总局在民生领域查处不正当竞争案件12,496件，查处重大市场垄断案件27件[①]。现行《反垄断法》以及以其为上位法的行政法规《国务院关于经营者集中申报标准的规定》、部门规章《禁止垄断协议规定》《禁止滥用市场支配地位行为规定》《经营者集中审查规定》，《反不正当竞争法》以及以其为上位法的行政法规、部门规章等是确立企业合规风险点的来源依据。

在禁止垄断协议方面，涉及企业与其有竞争关系垄断协议风险点，以及企业与其交易相对方垄断协议风险点。对于企业与其有竞争关系垄断协议，涉及固定或者变更商品价格；限制商品的生产数量或者销售数量；分割销售市场或者原材料采购市场；限制购买新技术、新设备或者限制开发新技术、新产品；联合抵制交易；国务院反垄断执法机构认定的其他垄断协议等合规风险点。例如，生产同样原料药的三家企业，可能利用市场优势，达成并实施垄断协议，提价向下游厂家出售原料药，由此产生了通过垄断协议固定或者变更商品价格的合规风险点。对于企业与其交易相对方垄断协议，涉及固定向第三人转售商品的价格；限定向第三人转售商品的最低价格；国务院反垄断执法机构认定的其他垄断协议等合规风险点。例如，某生产企业和销售代理企业可能达成协议，限定某商品转售的最低价格，由此产生了限定向第三人转售商品的最低价格的合规风险。

在禁止滥用市场支配地位方面，涉及以不公平的高价销售商品或者以不公平的低价购买商品；没有正当理由，以低于成本的价格销售商品；没有正当理由，拒绝与交易相对人进行交易；没有正当理由，限定交易相对人只能与其进行交易或者只能与其指定的经营主体进行交易；没有

---

① 数据源于《市场监管总局2023年法治政府建设年度报告》，载国家市场监管总局官网.

正当理由搭售商品，或者在交易时附加其他不合理的交易条件；没有正当理由，对条件相同的交易相对人在交易价格等交易条件上实行差别待遇；国务院反垄断执法机构认定的其他滥用市场支配地位的行为等合规风险点。例如，某互联网平台企业具有市场支配地位的情形下可能要求本平台内的经营主体不得再在其他平台开设店铺，由此便产生了限定交易相对人只能与其进行交易或者只能与其指定的经营主体进行交易的合规风险点。

在经营者集中审查方面，涉及达到国务院规定的申报标准或反垄断部门要求申报而不进行申报；不执行反垄断执法机构作出的禁止集中或附条件集中的决定等合规风险点。由于有专门针对禁止垄断协议、禁止滥用市场支配地位行为、经营者集中审查的部门规章，而上述合规风险点是基于《反垄断法》有关合规义务而确定的。在具体实践中，需要按照相关部门规章对上述合规风险点进行进一步的具体化。例如，对于经营者集中的申报合规义务，体现在以《反垄断法》为上位法的《国务院关于经营者集中申报标准的规定》中，即在上一会计年度，参与集中的所有企业在全球范围内营业额合计达120亿元且至少两个企业在我国境内营业额均超8亿元，或参与集中的所有企业在我国境内营业额合计达40亿元人民币且至少两个企业在我国境内营业额均超8亿元，在集中之前有向国务院反垄断执法机构申报并经批准的合规义务。如果企业在实施并购时，存在应向反垄断部门申报而没有申报的合规风险点，会被处以500万元的行政罚款。倘若该并购存在或者可能存在排除、限制竞争，除了被处以上一年度销售额10%以下的罚款外，还会面临被责令停止并购、限期处分股份或资产、限期转让营业等恢复到并购前的风险。

现行《反不正当竞争法》以及以其为上位法的地方性法规，银行业、医药行业、卫生行业等行业准则，禁止商业贿赂行为等特定不正当竞争行为的部门规章等也是确立企业合规风险点的来源依据。基于反商业混淆、反商业贿赂、反虚假宣传、反侵犯商业秘密、反不当有奖销售、反商业诋毁等合规义务，产生了与此相对应的合规风险点。涉及的合规风险点有：擅自使用与他人有一定影响的商品名称、包装、装潢等相同或者近似的标识，如存在类似于"太白兔""治治瓜子""拼夕夕""康帅傅""克比克"等各类"傍名牌""搭便车"的混淆行为；擅自使用他人有一定影响的企业名称、社会组织名称、姓名；擅自使用他人有一定影响的域名主体部分、网站名称、网页等在内的商业混淆合规风险点。采用财物或者其他手段贿赂交易相对方的工作人员，受交易相对方委托办理相关事务的单位或者个人，利用职权或者影响力影响交易的单位或者个人等在内的商业贿赂风险。对其商品的性能、功能、质量、销售状况、用户评价、曾获荣誉等作虚假或者引人误解的虚假宣传合规风险，如将小企业产品宣传为国内外知名企业产品、将产品的实际生产地宣传为其他生产地以误导消费者。以盗窃、贿赂、欺诈、胁迫、电子侵入或者其他不正当手段获取权利人的商业秘密，披露、使用或者允许他人使用以不正当手段获取的权利人的商业秘密，违反保密义务或者违反权利人有关保守商业秘密的要求，披露、使用或者允许他人使用其所掌握的商业秘密，教唆、引诱、帮助他人违反保密义务或者违反权利人有关保守商业秘密的要求，获取、披露、使用或者允许他人使用权利人的商业秘密等在内的侵犯商业秘密合规风险。如企业员工违反保密义务，携带原公司的商业秘密资料到新任职的公司，为新任职的公司谋取利益。所设奖的种类、兑奖条件、奖金金额或者奖品等有奖销售信息不明确，影响兑奖，采用谎称有奖或者故意让内定人员中奖的欺骗方式进行有奖销售、抽奖式的有奖销售、最高奖的金额超过五万元等在内的有奖销售合规风险点。如某企业举行有奖销售活动，一等奖奖品为一款超过五万元的热门电动汽车。编造、传播虚假信息或者误导性信息，损害竞争对手的商业信誉、商品声誉的商业诋毁合规风险，如毫无根据地宣称与其有竞争关系的经营主体商品存在质量问题、被有关部门查处。上述合规风险点是基于《反不正当竞争法》而得出的，由于存在以该法为上位法的地方性法规，银行业、医药行业、卫生行业等行业准则，禁止商业贿赂行为等特定不正当竞争行为，实践中，企业需要基于上述风险点，对相应风险点的颗粒度进行进一步细化。

2.价格合规风险点。现行《价格法》以及以其为上位法的行政法规《价格违法行为行政处罚规定》和地方性法规，部门规章《明码标价和禁止价格欺诈规定》《水利工程供水价格管理办法》《城镇供水价格管理办法》《国际航空运输价格管理规定》等是确立企业合规风险点的依据。基于《价格法》所规定的合规义务，涉及的企业价格合规风险点有：不遵守法律、法规，执行依法制定的政府指导价、政府定价和法定的价格干预措施、紧急措施的合规风险点。不按规定注明商品的品名、产地、规格、等级、计价单位、价格或者服务的项目、收费标准等有关情况的明码标价合规风险点。相互串通，操纵市场价格，损害其他经营主体或者消费者的合法权益；为了排挤竞争对手或者独占市场，以低于成本的价格倾销，扰乱正常的生产经营秩序，损害国家利益或者其他经营主体的合法权益；捏造、散布涨价信息，哄抬价格，推动商品价格过高上涨；用虚假的或者使人误解的价格手段，诱骗消费者或者其他经营主体与其进行交易；提供相同商品或者服务，对具有同等交易条件的其他经营主体实行价格歧视；采取抬高等级或者压低等级等手段收购、销售商品或者提供服务，变相提高或者压低价格；违反法律、法规的规定牟取暴利等不正当价格合规风险点。不如实提供价格监督检查所必需的账簿、单据、凭证、文件以及其他资料的合规风险点。例如，某转供电企业不执行政府定价，向用户加价收取电费，由此产生了不遵守法律、法规，执行依法制定的政府指导价、政府定价和法定的价格干预措施、紧急措施的合规风险点。再如，在重大疫情传播期间，某药品销售企业在购进成本基础上大幅度提高价格对外销售对症药物，由此产生了哄抬价格的合规风险点。实践中，企业应结合自身经营业务、经营区域，依据《价格违法行为行政处罚规定》等行政法规、有关地方性法规，以及部门规章《明码标价和禁止价格欺诈规定》《水利工程供水价格管理办法》《城镇供水价格管理办法》《国际航空运输价格管理规定》等部门规章，对上述合规风险点颗粒度进行进一步细化，这样可以在很大程度上提升企业对自身合规风险评估与应对的精准度。

3.广告合规风险点。现行《广告法》以及以其为上位法的行政法规《广告管理条例》，部门规章《互联网广告管理办法》《房地产广告发布规定》《农药广告审查发布规定》《兽药广告审查发布规定》《药品、医疗器械、保健食品、特殊医学用途配方食品广告审查管理暂行办法》等是确立企业合规风险点的依据。由于广告合规风险点涉及庞杂，基于《广告法》所规定的合规义务，对具有代表性的合规风险点进行说明。例如，使用或者变相使用中华人民共和国的国旗、国歌、国徽，军旗、军歌、军徽；使用或者变相使用国家机关、国家机关工作人员的名义或者形象；使用"国家级""最高级""最佳"等用语；损害国家的尊严或者利益，泄露国家秘密；妨碍社会安定，损害社会公共利益；危害人身、财产安全，泄露个人隐私；妨碍社会公共秩序或者违背社会良好风尚；含有淫秽、色情、赌博、迷信、恐怖、暴力的内容；含有民族、种族、宗教、性别歧视的内容；妨碍环境、自然资源或者文化遗产保护等在内的合规风险。商品或者服务不存在；商品或者服务等信息，以及与商品或者服务有关的允诺等信息与实际情况不符，对购买行为有实质性影响；使用虚构、伪造或者无法验证的科研成果、统计资料、调查结果、文摘、引用语等信息作证明材料以虚假或者引人误解的内容欺骗、误导消费者的合规风险点。此外，《广告法》还涉及对麻醉药品、精神药品、医疗用毒性药品、放射性药品等特殊药品，药品类易制毒化学品，以及戒毒治疗的药品、医疗器械和治疗方法；医疗、药品、医疗器械；保健食品；农药、兽药、饲料和饲料添加剂；酒类；教育培训；招商等有投资回报预期的商品或者服务；房地产；农作物种子、林木种子、草种子、种畜禽、水产苗种和种养殖等行业合规风险点。企业应结合经营领域、经营业务，对《广告法》涉及的合规风险点进行分析，并结合其下位法的《广告管理条例》，部门规章《互联网广告管理办法》《房地产广告发布规定》《农药广告审查发布规定》《兽药广告审查发布规定》《药品、医疗器械、保健食品、特殊医学用途配方食品广告审查管理暂行办法》等对广告合规风险点的颗粒度进行细化。

此外，由于《电子商务法》对平台企业及其入驻的经营主体的合规义务进行了专门规定，企业存在不履行或不足履行相应的合规义务时，便存在了相应的合规风险点。例如，由于企业具有对平台内经营主体侵害消费者合法权益行为采取必要措施、对平台内经营主体资质资格进行审核、为消费者提供安全保障的合规义务，该平台企业便存在相应的合规风险点。再如，由于企业具有不得擅自扩大不适用7日无理由退货的商品范围的合规义务，倘若平台内经营主体可能存在明示其产品不适用7日无理由退货，但该产品不属于法定的不适用情形，从而排除了消费者享有7日无理由退货的权利，该平台内经营主体便存在相应的合规风险点。值得一提的是，除了依据《电子商务法》确定电商领域企业合规义务相对应的合规风险点之外，电商领域企业的合规风险点所依据的法律法规、监管规定非常多，凡是规制传统商业行为的法律法规、监管规定，都有可能成为电商领域企业合规风险点确立的依据。

第三节　市场交易领域企业合规风险评估

一、市场交易领域企业合规风险准则

监管部门对企业的监管可分为经济性监管和社会性监管两类。前者是指为防止市场对资源的无效率配置而采取的监管行为，"比例原则最适合经济性监管，因为经济性监管的收益和成本相对容易评估，而且不存在绝对和不可剥夺的'权利'保护问题"[1]；后者是指为保障人的健康、安全以及生态环境而采取的监管行为。从监管实践来看，放松经济性监管、加强社会性监管是当今市场经济国家监管的鲜明特点。在交易什么方面，无论是市场禁入领域还是附条件准入领域，都可能涉及经济性监管和社会性监管，但在如何交易领域，大多数涉及经济性监管，当然也有一些属于社会性监管。在市场交易领域，企业对合规风险的容忍程度与属于经济性监管还是社会性监管密切相关。例如，对于涉及人的健康、安全以及生态环境的社会性监管，一旦企业有不合规行为，不仅会面临监管部门的严格监管，还会招来社会的强烈反感和抵触，引发难以想象的声誉损失。不难看出，市场交易领域的合规风险准则的确定需要考虑产生合规风险领域是属于经济性监管对象还是属于社会性监管对象。或

---

[1]　托尼·普罗瑟.《政府监管的新视野——英国监管机构十大样本考察》[M]. 马英娟，张浩，译. 北京：译林出版社，2020.

者说，对于社会性监管，企业采取低容忍度的合规风险准则，对于经济性监管，企业可以采取较高容忍度的合规风险准则。值得一提的是，基于社会性监管和经济性监管确立合规风险准则只是确立合规风险准则的一个维度，企业确立合规风险准则还需考虑自身发展水平和发展阶段、行业发展水平、外在环境。例如，对一个成熟的公众型企业，任何一个不合规行为都有可能经过发酵，产生"千里之堤，溃于蚁穴"的后果。一个处于发展初期的企业，对合规风险的容忍度可能相对高一点。再如，企业合规风险准则与行业发展也有一定关系，回顾我国一些行业发展史可以看出，像快递、电商领域的一些企业能获得成功与其对市场禁入和附条件市场准入合规风险的较高容忍度有关。总而言之，在市场交易领域确定企业风险准则应基于综合考虑监管属性，以及自身发展水平和发展阶段、行业发展水平、外在环境等基础上确立。

其实，我国法律、行政法规以及有关监管规定对企业实施不合规行为的法律责任进行了规定，这些规定反映了企业合规风险损失。例如，《反垄断法》对滥用市场支配地位、垄断协议、实施排除或限制竞争的经营者集中等行政处罚力度很大，企业对此类的合规风险一般应采取低容忍度的风险准则。当然，如果企业通过滥用市场支配地位、垄断协议获得的收益的预期大于为此付出的行政处罚等合规风险损失，企业有可能采取较高容忍度的合规风险准则的动机。再如，《招标投标法》规定对以不合理的条件限制或者排斥潜在投标人、对潜在投标人实行歧视待遇、强制要求投标人组成联合体共同投标的、限制投标人之间竞争等不合规招标行为，设置责令改正、处1万元以上5万元以下罚款。基于这样的法律责任，企业对上述不合规招标的行为存在采取高容忍度的合规风险准则的动机。当然，市场交易领域的合规风险准则的确立不仅与上述因素有关，还与企业对"规"的敬畏、社会责任感等相关。对"规"

有高度敬畏感的企业或者有强烈责任感的企业，其对任何不合规行为都会采取低容忍度甚至是零容忍度的风险准则。

二、市场交易领域企业合规风险识别

在市场交易活动中，企业应根据交易什么、怎么交易涉及的合规风险点，结合企业发展规模和阶段、企业自身资源配置情况、所处行业属性和行业阶段、发展的外在环境等，对可能会对企业产生影响的合规风险点进行识别。如果说市场交易领域企业合规风险点是企业在交易活动中所有可能产生的潜在风险点集，这类风险点集是基于企业交易活动所涉及的法律法规、监管规定等对合规义务的推演，除了对企业所从事的行业、领域有所涉及之外，一般不涉及企业经营活动其他方面内容。以医药行业为例，对医药企业合规风险点的确立一般仅需考虑该企业所经营的药品相关法律法规、监管规定等"规"，以及交易什么、怎么交易其他方面的"规"。市场交易领域合规风险识别就是从企业经营实际着眼，从庞杂的企业合规风险点集中识别出可能对该企业产生影响的合规风险点。或者说，企业合规风险识别就是对企业合规风险点集的进一步限缩。以垄断协议合规风险为例，垄断协议合规风险点涉及固定或者变更商品价格、限制商品的生产数量或者销售数量、分割销售市场或者原材料采购市场、限制购买新技术新设备或者限制开发新技术新产品、联合抵制交易等合规风险点，其目的是排除和限制竞争。如果企业与其竞争者虽然以协议方式实现了上述行为，但参与协议的企业根本就不具备排除和限制竞争的能力。此时，企业与其竞争者之间的协议只能算是一般意义的契约，并不会给该企业带来垄断协议的合规风险。因此，企业在风险识别时应将此类合规风险点予以排除。

在企业合规风险识别过程中，企业可以先将明显可以排除的合规风险点直接排除，对不能直接排除的合规风险点，采取问卷调查的方式，如围绕合规风险点是否存在设计调查问卷。对调查问卷反映存在合规风险的风险点进行访谈调研，确定与合规风险点相对应的合规风险事件。例如，经过问卷调查和访谈调研得知，企业在竞争合规领域存在与擅自使用与他人有一定影响的商品名称、包装、装潢等相同或者近似标识的合规风险点相一致的合规风险事件。该事件反映出企业的商品包装与某一知名品牌有着很大的相似性，据此，企业对该事件描述、涉及的合规风险点、涉及的法律责任、可能产生的其他后果进行依次列明。按照上述方式，企业确定其他方面的合规风险，将所有列明的合规风险汇总在一起便形成企业合规风险清单。不难看出，从众多的合规风险点中采用逐项排除不对企业产生影响的合规风险点，能有效保证企业合规风险全面而不被遗漏。当然，对市场交易领域的合规风险识别不止上述方式，还可采用脑风暴法、德尔菲法、情景分析法、检查表法等，企业可以根据实际情况加以选择。

为了确保企业合规风险识别的系统性，企业可以基于市场交易活动来识别企业合规风险，即依次从供应市场获取商品作为企业所需资源、将所支配的商品进行销售、参与市场竞争来对合规风险点进行排除性识别。特别一提的是，在企业交易什么方面，企业合规风险识别相对容易。一般情况下，只要企业涉及市场禁入领域、附条件市场准入但不具备相应条件，所存在的合规风险点等同于企业合规风险。例如，对要求获得许可才能从事的经营活动，企业无证经营的风险点就是企业面临的合规风险，对一些事关国家利益、风险程度高的领域无证经营甚至面临刑事制裁的风险。

三、市场交易领域企业合规风险分析

分析市场交易领域中识别到的企业合规风险在合规风险评估中处于承上启下的地位。如果说市场交易领域企业合规风险识别是企业对交易过程中存在违规风险和合规风险损失的可能性判断，相应的企业合规风险分析则是对违规风险和合规风险损失的进一步判断，明确有发生违规风险的概率、产生合规风险损失的概率。或者说，市场交易领域的合规风险识别是对企业所面临的违规风险和合规风险损失的粗略判断，而相应的合规风险分析则是对企业所面临的违规风险和合规风险损失的进一步判断。对市场交易领域的合规风险分析的必要性在于企业往往不能仅因粗略的判断就作出企业违规与否、企业合规风险损失与否的结论，否则企业可能因为合规风险评估的不准确影响合规风险应对的"时""度""效"，甚至丧失可能存在的发展机会。

显然，市场交易领域企业合规风险分析必须遵循个案原则，也就是，企业要结合交易什么、怎么交易，以及企业自身实际等来综合分析企业合规风险。由于企业交易什么、怎么交易、企业自身实际等存在差别，不同企业合规风险难免存在差异。相比于质量领域、劳动用工、财务税收、知识产权等领域的合规风险分析，市场交易领域企业合规风险更具个性化特点。市场交易领域企业合规风险分析至少要考虑三个层面，即制度层面上企业对合规风险的防范机制、执行层面上企业员工对合规风险的防范能力和防范水平、外部层面上对企业合规风险的态度。以企业与其竞争者实施垄断协议的合规风险为例，如果企业在协议签署上建立一套防范垄断协议的合同审查制度，其员工对垄断协议有着很强的防范能力和防范水平，企业交易相对方和监管部门对垄断协议具有较高的宽容度。在此种场景下，企业及其员工实施垄断协议以及因垄断协议带来合规风险损失的可能性就会很小。反之，如果企业没能建立一套防范垄断协议的合同审查制度，其员工没有对垄断协议有着一定的防范能力和防范水平，企业交易相对方和监管部门对垄断协议宽容度也很低，企业及其员工实施垄断协议以及因垄断协议带来合规风险损失的可能性就会很高。由此可见，企业对交易过程中的合规风险分析，需要从企业制度层面、执行层面、外部层面对识别到的合规风险进行分析。

在市场交易领域企业合规风险分析方法上，企业可以采用定性优先、定性与定量相结合，模型构建、专家意见、经验推导相结合的分析方法。以企业滥用市场支配地位合规风险分析为例，企业可以从定性的角度分析企业及其员工实施滥用支配地位的动机与可能性，可以通过同类企业、同类行为被处罚的概率来定量分析企业因违规行为被处罚的概率；此外，构建基于利益相关方、利益冲突方对滥用市场支配地位的偏好程度的模型，分析某一利益相关方、利益冲突方对滥用市场支配地位的容忍临界点，分析触发容忍临界点的可能性；综合有关专家对滥用市场支配地位风险的综合研判，等等。通过上述方式，对企业滥用市场支配地位的合规风险进行全方位分析。以价格合规风险分析为例，企业通过价格合规风险识别，确定企业有相互串通、操纵市场价格以损害其他经营主体或者消费者合法权益的合规风险。对此，企业需对相互串通、操纵市场的可能性进行定性分析，确定企业有没有类似的行为，或者企业通过同行企业、既往历史在同一类似场景下发生的概率进行定量分析，以此来确定企业发生相互串通、操纵市场价格的可能性；在此基础上，企业对发生类似行为的合规风险损失进行定量分析，以此推导确定这一违规行为给企业带来的损失大小；

最后，企业基于对企业自身经营实际、外在环境对这一不合规行为的容忍度，借此来确定发生风险损失的概率。在按照既定的违规可能性、合规风险损失产生可能性进行精准分析基础上，对企业相互串通、操纵市场以损害其他经营主体或者消费者的合法权益的合规风险进行精准阐释。

四、市场交易领域企业合规风险评价

由于市场交易领域企业合规风险点较多，由此导致同一企业可能面临众多的合规风险。同一企业在市场禁入领域、附条件市场准入领域、从供应市场获取商品作为企业所需资源的领域；将所支配的商品进行销售的领域；与企业有直接竞争关系或潜在竞争关系的领域都有可能存在合规风险。例如，不具备准入的条件开展经营活动、以不合理的条件限制或者排斥潜在投标人、不按要求经营管制商品、虚假宣传、违规广告、不明码标价、向消费者提供存在安全隐患的商品等。虽然企业合规风险众多，但不同领域、不同类别的违规风险、合规损失风险存在差异，有的违规行为高发频发，有的合规风险损失大，有的不合规行为给企业带来影响较大。值得一提的是，有的企业合规风险常伴随着其他方面的合规风险。例如，禁止传销方面的企业合规风险往往和偷税漏税、制售假冒伪劣商品、走私贩私、非法买卖外汇、非法集资、虚假宣传、侵害消费者权益等其中的一种或数种合规风险联系在一起。因此，企业需要对经分析得出的合规风险结果并结合企业合规风险的特性进行排序，基于企业经营管理的实际，确定哪些风险属于高风险、哪些风险属于中风险、哪些风险属于低风险，进而按照企业合规风险的高低进行排序。

企业对所面临的合规风险进行排序是基于风险应对的"两点论"原则要求，追求利益最大化是企业最直接的经营目标，企业合规风险应对需要耗费一定的资源，有时为应对合规风险，企业承担着较大的机会成本。因此，企业应将有限的合规风险应对资源放在较高风险等级的合规风险应对上，由此产生了对企业合规风险进行排序的需求。例如，对具有垄断支配地位的企业来说，一旦监管部门对其滥用支配行为进行行政处罚，其将可能面对上一年度销售额1%至10%的处罚，而该企业对损害竞争对手商业信誉、商品声誉的行政处罚上限是300万元。不难看出，对于垄断企业来说，对滥用市场支配地位合规风险的排序一般要优于对损害竞争对手商业信誉、商品声誉合规风险的排序。

企业对交易活动中存在的合规风险进行排序后，需要基于合规风险准则对合规风险进行评级。由于企业合规风险准则反映了企业对合规风险的容忍度，企业合规风险评级也就体现了企业对合规风险的容忍程度。不同企业对风险的总体容忍度以及对各个风险容忍度上的不同，决定了不同企业即使合规风险排序相同，其所呈现的合规风险等级也可能存在不同。例如，A、B两个企业，A企业对商业贿赂的合规风险的容忍度低，B企业对商业贿赂的合规风险容忍度高，即使A、B两家企业对商业贿赂合规风险排序处于同一位次，A企业也可能对商业贿赂风险等级评价较高。企业对合规风险等级评价是基于合规风险应对措施不同而确立的，对处于最高的合规风险等级，企业应尽可能采取一切措施和资源加以应对；对处于中间的合规风险等级，企业应采取必要的应对措施和资源加以应对；对处于较低的合规风险等级，企业可以用既有的合规风险措施和资源加以应对，不需要采取其他专门措施。

第四节　市场交易领域企业合规风险应对

一、市场交易领域企业合规风险应对既是技术也是艺术

市场交易领域合规风险应对涉及企业在交易活动中的合规风险应对策略、合规风险应对现状评估、制订和实施合规风险应对计划。企业合规风险应对属于管理行为，管理既是技术也是艺术的特点在企业合规风险应对方面得到了很好的阐释。

在交易领域企业合规风险应对策略方面，合规风险应对包括违规风险应对和合规风险损失应对。前者是企业对自身及其员工不合规行为发生的应对，后者是企业不合规行为发生后遭遇监管部门处罚的应对。因此，交易领域企业合规风险应对策略包括企业对自身及员工违规行为的应对策略，以及企业对因不合规行为遭受处罚的应对策略。现实中，不合规行为与因不合规遭受行政处罚之间存在不完全对等关系。一方面，不合规行为能否被监管部门发现存在一定的概率，另一方面，即使监管部门发现到企业不合规行为，对其进行立案调查，但最终是否处罚、处罚到什么程度都存在未知的可能。这在"确保罚款决定符合法理，并考虑相关事理和情理"[①]的语境中有所体现。以企业实施垄断协议的合规风险应对策略为例，企业一般会对外界的各种协议进行审核，这种审核机制能在一定程度上对企业与其竞争者实施垄断协议起到一定的预防作

---

① 参看《关于进一步规范和监督罚款设定与实施的指导意见》（国发〔2024〕5号），来源于中央人民政府官网．

用，使得企业实施垄断协议的违规行为成为一个概率事件。即使企业实施了垄断协议，这种垄断协议被监管发现需要两个渠道：一个是被竞争者等利益相关方投诉举报，另一个是监管部门主动发现，显然，通过这两个渠道发现企业合规风险也是个概率事件。此外，现行《反垄断法》对垄断协议的行政处罚的自由裁量权较大，对其罚款的幅度是上一年度营业额的1%至10%，上限与下限相差10倍。可见，无论是企业实施垄断协议还是因垄断协议带来行政处罚、声誉损失等都属于概率性事件。这种概率性事件决定企业对合规风险应对需要讲究策略。企业在市场交易过程中确定合规风险应对策略需要在违规概率和合规风险损失概率之间制定相匹配的合规应对策略，可考虑以下4种情形：一是违规概率大但合规风险损失概率小的情形；二是违规概率大且合规风险损失概率大的情形；三是违规概率小但合规风险损失概率大的情形；四是违规概率小且合规风险损失概率小的情形。对于作为"经济人"的企业来说，企业倾向于对合规风险损失概率大的情形赋予更多的资源，特别是对违规概率大且合规风险损失概率大的情形更是如此，而对合规风险损失概率小的情形赋予相对少的资源，特别对违规概率小且合规风险损失概率小的情形更是如此。如何在以上4种情形中选对最适合企业的策略，不是件容易的事，考验着企业对合规风险应对的智慧。选对了策略，不仅能有效降低甚至避免合规风险，还可能将合规风险转化为企业的经营机遇。

交易领域合规风险应对现状评估也考验着企业合规风险应对的智慧。以商业贿赂为例，《反不正当竞争法》对商业贿赂实施主体实行了推定为企业的原则。该法规定对企业的工作人员实施商业贿赂行为推定为企业的行为，但对企业有证据证明该工作人员的行为与为经营主体谋取交易机会或者竞争优势无关的情形作为例外。在此语境中，对商业贿赂合规风险应对现状的评估，就需要考虑企业有没有对商业贿赂能给企业带来交易机会和竞争优势进行制度上隔离。或者说，如果企业已经建立完善并执行严格的商业贿赂隔离制度，表明企业对商业贿赂有着较强的应对能力。现实中，企业合规风险产生除了部分是属于决策层面的合规风险，大部分是属于执行层面的合规风险，是企业一般员工在开展业务时实施的，特别对于市场交易更是如此。企业对合规风险应对能力的评估不仅涉及决策层的合规风险应对能力，更要考虑一般员工的合规风险应对能力；不仅要考虑制度层面的应对能力，更需要考虑机制建设层面的应对能力。

制定和实施合规风险应对计划能考验企业的管理智慧。企业合规风险应对有时与企业经营短期目标之间存在冲突，这种冲突有可能让企业合规风险应对计划难以得到有效实施。现实中，有些企业对企业合规风险应对存在抵触情绪，认为合规风险应对工作束缚了企业手脚，这种抵触情绪在一些经营不好的企业中尤是如此。不可否认，一些企业在合规和短期利益中选择时，倾向于选择短期利益抛弃合规。

因此，企业在制定和实施合规风险应对计划时，要考虑企业可以接受的程度、可以执行的能力、让企业接受的方式，否则可能招致一部分员工的抵触，或者发展成为一种形式主义。制定和实施合规风险应对计划时企业需要多和员工沟通，让员工理解合规风险应对与企业发展和自身利益的一致性，而做到这一点，离不开企业合规风险应对的智慧。

二、从企业内外部着手应对市场交易领域企业合规风险

无论是市场禁入的合规风险、附条件市场准入的合规风险，还是从供应市场获取商品作为企业所需资源的合规风险，将所支配的商品进行销售的合规风险，或是与企业有直接竞争关系及潜在竞争关系的竞争合

规风险，都可能涉及企业与交易相对方、利益相关方、竞争者之间的利益实现。因此，市场交易领域的合规风险应对需要走"内因"与"外因"相结合的路子。在"内因"方面，企业通过建立合规自我治理制度、建立合规自我治理机制、提升员工合规自我治理意识和治理能力，管控企业合规风险源、阻断合规风险传导渠道。在"外因"方面，企业通过与交易相对方建立良好的信任关系，增加企业与交易相对方之间不合规交易的"摩擦"成本，降低企业与交易相对方之间合规交易的"润滑"成本。企业还需要将监管部门的监管态度、监管理念、监管能力、监管效率纳入企业合规风险应对的考虑范畴。例如，在监管部门对价格采取谦抑监管理念情况下，企业被监管部门价格处罚的概率和被监管部门处罚额度就可能相对较小。还如，《公平竞争审查条例》虽然不直接针对企业，但其反映着国家对行政性垄断治理的态度，基于该条例及其落实情况可以判断监管部门对企业竞争合规风险应对的态度。可见，企业应对合规风险必须弄清楚监管部门监管理念、监管能力、监管效率。

企业从内外部着手应对市场交易领域企业合规风险的一般逻辑如下：一方面，企业通过对内部建立防范和应对企业合规风险的制度、机制、文化等，防止企业及其员工出现不合规行为，由于市场交易在企业经营过程中扮演着非常重要的角色，防范和降低企业在市场交易活动中发生违规行为是企业必须应对的重要工作；另一方面，通过建立与外部的交易相对方、竞争者、监管部门以及其他利益相对方的沟通机制，防止合规风险损失发生、降低合规风险损失传导能力。被监管部门处罚的企业很多是由于交易相对方、竞争者甚至是职业打假人、职业索赔人等投诉举报而引发的，当然，企业也可从监管部门对职业打假人、职业索赔人的态度，来判断被职业打假人、职业索赔人投诉举报所引发的合规风险。由于监管部门对监管对象实施"双随机、一公开"的监管机制，监管部门对企业实施飞行检查的方式一般限制在事关安全的少数场合。

由此可见，企业应对因违规行为产生的合规风险损失时需考虑外部的相关态度和相关反应。以具有市场支配地位企业没有正当理由以低于成本的价格销售商品的合规风险应对为例，如果企业的竞争者感到该企业实施低于成本的价格销售商品对其自身生存发展产生不利影响，该竞争者可能对企业这一不合规行为收集证据并向监管部门举报，从而引发被监管部门立案、调查、处罚以及相应的声誉损失、经济损失。如果企业能在其竞争者向监管部门举报之前与竞争者进行和解，则可以降低被监管部门处罚的风险。其实，在反垄断等诸多行政处罚案件中，监管部门立案查处的不少案件线索来源于企业外部的投诉举报。例如，A经营者与B经营者同时计划对C经营者进行并购，在并购C经营者方面，A经营者与B经营者存在竞争关系，如果A经营者成功实现对C经营者的并购，其达到经营者集中申报标准但未向反垄断部门申报，B经营者有可能向反垄断部门举报A经营者违规并购。现实中，监管部门为鼓励相关人员对企业违规行为的投诉举报设置了投诉举报奖励机制，如2021年7月市场监管总局、财政部联合出台的《市场监管领域重大违法行为举报奖励暂行办法》规定了上限为100万元的案件举报奖励制度。在此语境中，企业违规行为被监管部门立案、调查、处罚的概率有了提升。可见，基于应对市场交易领域合规风险的需要，企业应与外部建立有效的沟通机制，及时对企业可能存在的违规行为进行纠正，以避免违规行为转化为企业合规风险损失。

第五章　质量领域企业合规风险与应对

第一节　质量领域企业合规义务

一、质量领域企业合规义务是企业质量主体责任的体现

根据ISO9000标准的定义，质量是指客体的一组固有特性满足要求的程度，包括产品质量、建设工程质量、服务质量等。质量领域合规事关消费者合法权益、事关社会经济秩序，直接关系到企业生存与发展。质量领域企业合规义务是指法律法规、监管规定等基于保障客体的一组固有特性满足要求而对企业所作出的要求。我国《产品质量法》《农产品质量安全法》《建设工程质量管理条例》《棉花质量监督管理条例》《武器装备质量管理条例》《乳品质量安全监督管理条例》《铁路设备质量安全监督管理办法》《铁路运输服务质量监督管理办法》《水利工程质量管理规定》《食品相关产品质量安全监督管理暂行办法》等法律法规、监管规定是质量领域企业合规义务的直接来源。由于质量存在企业所生产的商品中，或者说，企业是商品质量的生产者，因而，保障商品质量是企业的责任。从企业的质量责任来看，包括基于民事契约的质量责任和基于行政约束的质量责任。前者是企业与交易相对方对商品质量责任作

出的要求，后者是监管部门对商品质量责任作出的要求。在"充分发挥市场在资源配置中的决定性作用，更好发挥政府作用"的语境中，监管部门对商品质量责任作出的要求大多是与安全有关，即对影响到人民群众生命健康安全、公共安全等与质量直接相关的安全责任作出要求。在质量领域法律法规、监管规定等"规"中，大多数涉及企业质量安全责任，甚至还有针对企业质量安全主体责任的专门规范性安排。例如，《工业产品销售单位落实质量安全主体责任监督管理规定》《工业产品生产单位落实质量安全主体责任监督管理规定》《特种设备生产单位落实质量安全主体责任监督管理规定》等。

企业履行质量主体责任最直接体现是践行质量领域企业合规义务。质量领域企业合规义务可以概括为3个类别：一是质量安全义务类。企业应确保所经营的商品不存在危及人身、财产安全的不合理危险，涉及保障人体健康和人身、财产安全的国家标准、行业标准的，所经营的商品应符合相应标准。二是质量性能保障义务类。除对商品使用性能瑕疵作出说明外，企业应确保所经营的商品具备产品应当具备的使用性能，如所经营的保温杯应有保温功能。三是符合质量承诺义务类。企业所经营的商品符合商品公开承诺的标准，符合以商品说明、实物样品等方式表明的质量状况。

我国对质量采取"综合监管+行业监管"监管方式，对产品质量，国务院市场监管部门主管全国产品质量监管工作，行业主管部门在业务领域依据职能负责质量相关工作。例如，除了涉及市场监管部门之外，对化肥产品质量的监管还涉及农业农村部门；对消毒产品质量的监管还涉及卫生健康部门；对公共安全产品质量的监管还涉及公安部门；对公路水路行业产品质量的监管还涉及交通运输部门；对铁路专用产品的监管还涉及国家铁路部门；对消防产品的监管还涉及应急管理部门，等等。此外，对于工程建设质量，住房和城乡建设部门承担统一管理，铁路、交通、水利等部门负责专业建设工程质量监管。可以说，综合监管部门和行业监管部门或多或少涉及质量监管的职责，相应的质量领域合规义务呈现多样性，但一般都可归纳为质量安全、质量性能保障、符合质量承诺中的一类或几类。

二、合乎标准是质量领域企业合规义务鲜明的特点

标准是质量概念中所指的"一组固有特性满足要求"，包括国家标准、行业标准、地方标准和团体标准、企业标准。除国家强制性标准外，国家推荐性标准、行业标准、地方标准属于推荐性标准，团体标准、企业标准属于自愿性标准。国家强制性标准是企业必须执行的强制性义务，对其他类别标准一旦企业声明采用，便产生了具有约束力的类强制性义务。可以说，标准是质量领域的主线，企业质量主体责任在很大程度上体现为企业对相关标准的遵守。因此，质量领域合规义务围绕企业所经营的商品是否合乎标准展开的，合乎标准与否成为企业在质量领域是否履行合规义务的重要表征。

合乎标准是质量领域合规义务的核心。在强制性标准领域，企业所经营的商品必须遵守强制性标准要求，企业不能采购、生产、销售不符合强制性标准商品。我国《标准化法》就对不符合强制性标准的产品、服务做出了不得生产、销售、进口或者提供的要求。在推荐性标准和自愿性标准领域，企业对所采用标准进行自我声明公开，实现推荐性标准、自愿性标准向企业合规义务的转变，产生企业对标准自我声明公开的合规义务和按照自我公开声明标准开展经营活动的合规义务。强制性标准的合规义务体现企业对国家公权意志的服从义务，推荐性标准和

自愿性标准则既体现对国家公权意志的服从义务，还体现企业对标准公开声明的诚信合规义务。在"充分发挥市场在资源配置中的决定性作用，更好发挥政府作用"的语境中，企业不履行强制性标准的合规义务，不仅要承担相应的民事责任，更要承担行政责任甚至是刑事责任；企业不履行推荐性标准和自愿性标准，所承担的责任更多的是民事责任，以及必要的行政责任和刑事责任。标准属于技术性要求，由于我国没有采取技术性法规的立法模式，即使是国家强制性标准，其法律位阶严格上来讲是一般规范性文件。但我国质量领域相关法律法规等对标准作出相应的规定，实质上在法律上赋予对相关标准遵循的合规义务。例如，《产品质量法》规定了生产、销售不符合保障人体健康和人身、财产安全的国家标准、行业标准的产品的行政责任，而行业标准一般属于推荐性标准。也就是说，我国有关技术上的要求，不论其法律位阶，一旦公开声明或被强制要求采用，就产生了相应的合规义务。

三、质量领域企业合规义务横跨商品全生命周期

质量是生产出来的，是生产过程的产物，质量领域企业合规义务首先体现在生产领域，同时，质量与商品流通过程有关。因此，质量领域合规不仅仅体现在生产领域，流通领域或多或少也存在着质量合规义务。以产品质量合规义务来说，企业采购的原材料、生产设备与企业最终生产出来的产品质量密切相关，一旦原材料或者生产设备采购过程中没有履行好质量合规义务，即使生产过程质量控制做得再好，所生产的产品质量也难以保障。工程建设质量更是如此。工程建设企业在建设工程使用的建筑材料、建筑构配件和设备的采购中，如果企

业在采购相关产品时没有履行质量合规义务，工程建设质量难以不受其影响。在销售端同样如此。以产品销售为例，如果企业在销售某产品时没有履行符合在产品或其包装上注明采用的产品标准的合规义务，其经营的产品就存在质量问题。从商品生命周期来看，质量领域合规义务包括采购环节质量合规义务、生产环节质量控制义务、检验检测合规义务、认证合规义务、计量合规义务，以及销售环节质量合规义务等。

（一）采购环节质量合规义务。现行法律法规、监管规定对用于生产领域的原材料、生产设备采购的质量合规义务虽然不多见，但在一些质量安全风险比较高的领域，会涉及采购环节的质量合规义务。例如，《乳品质量安全监督管理条例》对生产乳制品使用的生鲜乳、辅料、添加剂等，规定生产企业应当符合乳品质量安全国家标准的合规义务。《建设工程质量管理条例》规定了设计单位在设计文件中选用的建筑材料、建筑构配件和设备，其质量要求必须符合国家规定的标准。可见，建设工程企业在建筑材料、建筑构配件和设备采购时存在质量合规义务。例如，2017年3月某市发生的地铁问题电缆事件，涉事企业没有履行采购合格电缆产品的合规义务。《棉花质量监督管理条例》规定棉花经营企业收购棉花应当建立、健全棉花收购质量检查验收制度的合规义务。《缺陷汽车产品召回管理条例》规定了生产者对缺陷汽车产品有召回的合规义务，销售、租赁、维修汽车产品的经营主体有协助生产者召回缺陷汽车产品的合规义务。

（二）生产环节质量控制义务。生产环节质量控制是确保质量的关键，也是企业应予承担的合规义务。生产环节质量控制在绝大多数质量相关法律法规、监管规定有所涉及。《产品质量法》规定企业建立健全内部产品质量管理制度，严格实施岗位质量规范、质量责任以及相应的考核办法等合规义务；《建设工程质量管理条例》规定了建设单位、勘察单位、设计单位、施工单位、工程监理单位依法对建设工程质量负责的合规义务。《棉花质量监督管理条例》规定了棉花经营企业应当建立、健全棉花质量内部管理制度，严格实施岗位质量规范、质量责任及相应的考核办法等合规义务。

（三）检验检测合规义务。商品检验是企业所生产的商品从生产领域转向流通流域的前提条件，也是验证商品质量合格水平的基本前提。在产品质量领域，对所生产的产品进行检验并保证转向流通领域的产品检验合格是企业的合规义务。《产品质量法》规定产品质量应当检验合格，不得以不合格产品冒充合格产品的合规义务，同时规定企业有配合监管部门进行抽查的义务并对抽查不合格产品进行改正的合规义务。在工程建设领域，按要求开展检验检测是相关企业应尽的合规义务。《建设工程质量管理条例》规定施工单位对建筑材料、建筑构配件、设备和商品混凝土进行检验，建立、健全施工质量的检验制度，涉及结构安全的试块、试件以及有关材料检测等合规义务。

（四）认证合规义务。认证由国家认可的认证机构证明企业的产品、服务、管理体系符合相关标准、技术规范或其强制性要求的合格评定活动，包括强制性认证和自愿性认证。强制性认证是国家基于保护国家安全、防止欺诈行为、保护人体健康或者安全、保护动植物生命或者健康、保护环境等考虑，规定企业在相关产品出厂、销售、进口或者在其他经营活动中使用必须以获取认证为前提条件；自愿性认证是企业基于得到市场认可等考虑，而根据自愿原则取得认证。强制性认证本身体现了国家意志，企业应予遵守的合规义务；对自愿性认证，企业一旦选择，就要遵守自愿性认证的相关合规义务。《产品质量法》对企业认证的合规义务进行多方面的规定，例如，禁止伪造或者冒用认证标志等质量标志；生产企业不得伪造或者冒用认证标志。《认证认可条例》规定了获证企业应当在认证范围内使用认证证书和认证标志的合规义务。《强制性产品认证管理规定》对企业获取强制性认证进行了规范，规定企业生产和销售获证产品的合规义务，如获证产品及其销售包装上标注认证证书所含内容应当与认证证书的内容一致。

（五）计量合规义务。计量，古称"度量衡"，往往和政权统治密切相关。可以说，在市场经济中只要有政权统治的存在，企业就回避不了计量合规义务。在企业生产活动中，计量是不可或缺的质量工作，涉及能源管理、材料测试、质量检验、过程监控、环境测试、安全保护、测量数据管理等诸多方面。企业在商品生产销售过程中，需要遵守计量领域的合规义务。《计量法》规定使用计量器具不得破坏其准确度，损害国家和消费者的利益等合规义务。《计量法实施细则》对制造、修理、销售、使用计量器的合规义务进行了规定。例如，对计量标准器具等使用条件进行了要求，规定企业应当配备与生产、科研、经营管理相适应的计量检测设施，制定具体的检定管理办法和规章制度，规定本单位管理的计量器具明细目录及相应的检定周期，保证使用的非强制检定的计量器具定期检定等合规义务。再如，对使用实行强制检定的工作计量器具应当申请周期检定的合规义务进行了规定。还如，对不得制造、销售、使用以欺骗消费者为目的的计量器具，不得经营销售残次计量器具零配件，不得使用不合格计量器具或者破坏计量器具准确度和伪造数据等合规义务进行了规定。

（六）销售环节质量合规义务。质量领域合规不仅是商品生产企业的义务，也是商品销售企业的义务。现行的法律法规、监管规定等对销售环节质量合规义务多有涉及。《产品质量法》规定了企业应当采取措施以保持销售产品质量的合规义务。例如，建立并执行进货检查验收制度，验明产品合格证明和其他标识；不得销售国家明令淘汰并停止销售的产品和失效、变质的产品；不得伪造产地，不得伪造或者冒用他人的厂名、厂址；不得掺杂、掺假，不得以假充真、以次充好，不得以不合格产品冒充合格产品；产品或者其包装上的标识必须真实并符合法定上的要求。《农产品质量安全法》规定销售的农产品应当符合农产品质量安全标准的合规义务；在包装、保鲜、储存、运输中所使用的保鲜剂、防腐剂、添加剂、包装材料等应当符合国家有关强制性标准以及其他农产品质量安全规定的合规义务。《棉花质量监督管理条例》规定棉花经营企业销售棉花应符合每批棉花附有质量凭证，棉花包装、标识符合国家标准，棉花类别、等级、重量与质量凭证、标识相符，附有经公证检验的棉花公证检验证书等合规义务。

不难看出，质量领域企业合规义务涉及企业商品全生命周期。由于企业所从事的行业不同、所经营的商品不同，而质量领域合规义务所涉及的标准与行业特性、产品属性密切相关，企业在确定质量领域合规义务需要从确定经营领域所涉及的商品出发，按照由高到低的法律位阶递减的次序，确定自身的质量合规义务。也就是，遵循由法律到行政法规再到部门规章的思路，确定企业所从事领域的合规义务。此外，由于质量领域企业合规义务的合乎标准特点，厘清企业合规义务还要对所经营商品的国家标准、行业标准、地方标准等有着清楚的把握。如果涉及自我公开声明的团体标准和企业标准，还需要对所经营的商品的团体标准和企业标准有着清楚的把握。一言蔽之，质量领域合规义务具有系统性，涉及商品采购质量控制、生产过程质量控制、销售过程质量控制等环节，企业在任何一个环节的合规义务都对企业所经营的商品质量产生着影响。

第二节　质量领域企业合规风险点

一、质量领域企业合规风险点呈现全链条性

质量领域企业合规风险点是指企业经营管理过程中在质量方面可能存在的违规行为以及因违规遭受损失的风险点。质量领域合规风险点源于质量领域企业合规义务，质量领域企业合规义务横跨商品全生命周期的特点，决定了质量领域企业合规风险点的全链条特点。由于质量附着在企业所经营的商品上，而商品需要经过生产要素采购过程、生产过程、销售过程才能体现其价值使命，从而产生了生产要素采购过程的质量合规风险点、商品生产过程的质量合规风险点、商品销售过程的质量合规风险点。现有质量相关的法律法规、监管规定等涉及商品生产过程和销售过程的"规"比较多，而对生产要素采购过程的"规"相对较少。如《产品质量法》对生产企业的产品质量责任和义务没有涉及采购环节，对销售企业的产品质量责任和义务虽然涉及执行进货检查验收、验明产品合格证明和其他标识等，但与用于生产目的的采购存在差别。对生产要素采购过程的"规"仅出现质量安全风险比较高的领域或者具有其他政策意图的领域，如《武器装备质量管理条例》规定武器生产企业应当按照标准和程序进行进货检验。究其原因，主要考虑企业承担质量主体责任，企业在生产要素采购方面属于企业从事经营管理活动的私权，监管部门对企业生产要素采购的干预应限制在必要范围内。并且，通过在商品生产过程和销售过程"规"的约束能倒逼企业在采购阶段采购符合质量要求的原材料、生产设备等。鉴于此，企业一般都会通过自

身相关规章制度对原材料、生产设备等采购进行"规"方面的约束。可见，即使存在法律法规、监管规定等对企业用于生产的原材料、生产设备等生产要素缺乏明确"规"的情形，企业也要重视对商品生产过程、销售过程质量领域合规风险产生影响的合规风险点梳理。也就是说，对质量领域企业合规风险点，企业应树立全链条思维，找准全链条环节中每个可能的风险点。

由于我国对质量监管采取"综合监管+行业监管"的方式，涉及产品质量监管、工程建设质量监管、服务质量监管，这三类监管又有各自的商品类别，对质量领域企业合规风险点确立，需要遵循法律位阶依次递减的原则。首先，确定企业所经营商品是属于产品质量监管范畴，还是属于工程建设质量监管范畴，或是服务质量监管范畴。其次，根据所经营商品的监管范畴，确定相关法律法规、监管规定等对合规义务的规定。再次，梳理分析与质量领域合规义务相对应的具体场景，根据具体的场景确定相对应的合规风险点。以属于产品质量监管范畴的产品或者其包装上的标识合规义务为例。《产品质量法》对该合规义务的5类情形进行了列明，相应产生了5类合规风险点，即企业所经营的产品没有合格证明；没有中文标明的产品名称、生产厂厂名和厂址；对限期使用的产品没有在显著位置清晰地标明生产日期和安全使用期或者失效日期；对使用不当、容易造成产品本身损坏或者可能危及人身、财产安全的产品，没有警示标志或者中文警示说明；对需要标明产品规格、等级、所含主要成份的名称和含量的，没有用中文相应予以标明；对需要事先让消费者知晓的，没有在外包装上标明，或者没有预先向消费者提供有关资料。再以经营的产品应当符合保障人体健康和人身、财产安全的国家标准、行业标准的合规义务为例。企业应根据所经营的产品类别，梳理与产品类别相关的国家标准、行业标准，所经营的产品存在不符合相应的质量标准即为相对应的合规风险点。譬如某企业生产的可分解致癌芳香胺染料不符合《GB18401-2010国家纺织产品基本安全技术规范》相关要求，某企业生产的安全帽经检验不符合国家标准《GB2811-2019头部防护安全帽》，由此产生了相应的合规风险点。

概括说来，质量领域合规风险点确定应与企业所经营的商品密切相关，企业应根据所经营商品的特点，从商品的生产要素采购、生产、销售等环节出发，在梳理相应的合规义务情形下，确立质量领域引发企业违规行为和合规风险损失的风险点。

二、质量领域常见企业合规风险点

确立质量领域企业合规风险点是质量领域企业合规风险评估与应对的前提，企业应根据所处的行业特点、所经营的商品属性确定质量领域合规风险点，即企业在从事商品相关经营活动中可能出现的违规行为和可能因违规行为产生的合规风险损失。理论上讲，任何存在违反质量相关"规"的行为，都会产生相应的合规风险点。涉及质量的"规"不仅涉及法律法规、监管规定，还涉及数量众多的各类标准，可见，质量领域合规风险点内容具有丰富性和复杂性的特点。下面以企业在经营过程中常见的合规风险为例，对质量领域合规风险进行特定维度的阐释，涉及采购环节、生产环节、检验检测、认证、计量以及销售环节等方面的常见合规风险点。

（一）采购环节质量合规风险点。由于现行法律法规、监管规定等对用于生产领域的原材料、生产设备采购的质量合规义务不多见，仅在一些质量安全风险比较高的领域涉及采购环节的质量合规义务，故此，采购环节质量合规风险点仅涉及法律法规、监管规定等对采购有明确的质量要求等场景。例如，《乳品质量安全监督管理条例》规定对生产乳制品使用的生鲜乳应当符合乳品质量安全国家标准的义务，相应产生了乳制品生产企业购进兽药等化学物质残留超标，含有重金属等有毒有害物质、致病性的寄生虫和微生物、生物毒素以及其他不符合乳品质量安全国家标准的生鲜乳的合规风险点。再如，《棉花质量监督管理条例》规定了企业收购棉花的合规义务，由此产生如下合规风险点：没有建立健全棉花收购质量检查验收制度；不具备品级实物标准和棉花质量检验所必备的设备、工具；没有按照国家标准和技术规范，排除异性纤维和其他有害物质后确定所收购棉花的类别、等级、数量；没有对所收购的棉花超出国家规定水分标准的，进行晾晒、烘干等技术处理，保证棉花质量；没有分类别、分等级置放所收购的棉花等合规风险点。此外，除了法律法规、监管规定等对采购环节的"规"，不少生产企业对生产要素采购的质量有要求，这种要求源于生产端和销售端对质量的国家干预，也属于质量领域质量合规范畴，由此产生相对应的合规风险点。

（二）生产环节质量合规风险点。该环节质量合规风险点源于企业在生产过程中对合规义务的不履行以及履行不足等原因所导致。生产环节质量合规是质量领域企业合规的关键环节，质量相关的法律法规、监管规定等"规"绝大多数都涉及生产环节的质量合规义务，以及质量合规义务相对应的合规风险点。《农产品质量安全法》规定了农产品生产企业建立农产品生产记录的合规义务，由此产生了相应的合规风险点，如没有记录使用农业投入品的名称、来源、用法、用量和使用、停用的日期；没有记录动物疫病、农作物病虫害的发生和防治情况；没有记录收获、屠宰或者捕捞的日期，以及伪造、变造农产品生产记录，或者农产品生产记录没有保存两年以上等合规风险点。《工业产品生产单位落实质量安全主体责任监督管理规定》规定了产品质量安全管理的合规义务，由此产生了相应的合规风险点，如没有依法配备与单位规模、产品类别、风险等级相适应的质量安全总监和质量安全员，没有明确生产单位主要负责人、质量安全总监和质量安全员的岗位职责等合规风险点。《食品相关产品质量安全监督管理暂行办法》对食品相关产品生产企业质量安全的合规义务进行了规定，与此相对应的合规风险点有：没有建立并实施原辅料控制；没有生产、贮存、包装等生产关键环节控制；没有过程、出厂等检验控制；没有运输及交付控制等合规风险点。《缺陷汽车产品召回管理条例》对缺陷汽车产品生产者的合规义务进行了规定，与此相对应的合规风险点有：生产者没有按照规定保存有关汽车产品和车主的信息、备案有关信息和召回计划、有关召回报告；没有配合产品质量监督部门缺陷调查、按照已备案的召回计划实施召回、将召回计划通报销售者；没有停止生产、销售或者进口缺陷汽车产品；隐瞒缺陷情况；经责令召回拒不召回等合规风险点。总的看来，与企业所经营的商品质量直接相关的法律法规、监管规定等直接规定了企业相应的质量合规风险点。

（三）检验检测合规风险点。检验检测既是企业控制质量的手段，也是验证企业所经营商品质量水平的工具，企业在产品检验检测过程中存在影响偏离检验检测程序和检验检测结果的行为，由此产生了相应的合规风险点，出现诸如无资质认定证书检测、超资质认定范围检测等检验检测乱象。依据《农产品质量安全法》，存在农产品生产企业没有根据质量安全控制要求自行或者委托检测机构对农产品质量安全进行检测，对经检测不符合质量安全标准的农产品没有及时采取管控措施的合规风险点。《建设工程质量检测管理办法》对建设工程相关企业的检验检测合规义务进行了规定，与此相关的合规风险点有：委托未取得相应资质的检测机构进行检测；明示或暗示检测机构出具虚假检测报告，篡改或伪造检测报告；弄虚作假送检试样等合规风险点。此外，由于检验检测大多由企业委托专门的检验检测机构实施，检验检测合规风险点不仅涉及企业端，也涉及检验检测机构端。如果检验检测机构本身属于企业，针对专门的检验检测机构的合规义务也就是企业的合规义务，相应的合规风险点也就是企业合规风险点。依据《产品质量法》，存在产品质量检验机构伪造检验结果或者出具虚假证明；产品质量检验机构不具备相应的检测条件和能力；向社会推荐生产者的产品；以对产品进行监制、监销等方式参与产品经营活动等合规风险点。

（四）认证合规风险点。认证是指由认证机构证明产品、服务、管理体系符合相关技术规范或者标准的合格评定活动。企业通过产品、服务、管理体系认证，可以实现为企业传递信任的目的。正因为如此，容易产生企业违规获证的风险点，出现诸如"未经批准非法开展认证活动，买卖认证证书，对关键的认证环节走过场"等认证乱象。依据《强制性产品认证管理规定》，企业在委托认证机构进行强制性产品认证时存在以下合规风险点：没有委托经指定的认证机构进行认证；提供的样品与实际生产的产品不一致；没有按照具体产品认证规则向认证机构提供相关技术材料；没有向认证机构申请扩展其获证产品覆盖范围等合规风险点。依据《有机产品认证管理办法》，企业在获取有机产品认证时存在以下合规风险点：没有按照有机产品认证实施规则向认证机构提交相关申请资料和文件；没有建立完善的产品质量安全追溯体系和生产、加工、销售记录档案制度；提供虚假信息、违规使用禁用物质、超范围使用有机认证标志；没有按照要求变更和注销认证证书等合规风险点。此外，依据该办法，企业有不得伪造、冒用、非法买卖认证标志的合规义务，如企业未获得有机产品认证而在生产的大米产品标签上标注含有"有机"字样，由此便产生了与此相应的合规风险点。认证由企业委托专门的机构来实施，认证合规风险点不仅涉及企业端，也涉及认证机构端。由于认证机构多属企业，针对专门的认证机构的合规义务也就是企业的合规义务，相应的合规风险点也就是企业合规风险点。依据《认证认可条例》，存在的合规风险点如下：超出批准范围从事认证活动；增加、减少、遗漏认证基本规范、认证规则规定的程序；对其认证的产品、服务、管理体系没有实施有效的跟踪调查；对发现其认证的产品、服务、管理体系不能持续符合认证要求，不及时暂停其使用或者撤销认证证书并予公布；聘用未经认可机构注册的人员从事认证活动；出具虚假的认证结论，或者出具的认证结论严重失实等。例如，某认证机构在认证服务中减少认证程序，由此产生出具的认证结论严重失实的合规风险点，企业可能面临被处以罚款、没收违法所得，直至责令停业整顿，甚至撤销批准文件的责任。

（五）计量合规风险点。生产要素的采购、商品生产、商品销售都离不开计量，如商品重量、商品大小、主要成份含量等。依据《计量法》，企业涉及如下计量合规风险点：对实行强制检定的计量器具，未按照规定申请检定或者检定不合格而使用；对各项最高计量标准，未经有关人民政府计量行政部门考核合格而开展计量检定；存在破坏计量器具准确度的行为，损害国家和消费者的利益；使用以欺骗消费者为目的计量器具等。例如，企业使用电子计价秤实施计量作弊，即所谓的"鬼秤"，实际上，无论是生产企业还是销售企业，倘若涉及计量事项，类似于"鬼秤"的计量合规风险点就需要予以重视。依据《计量法实施细则》，存在没有配备与生产、科研、经营管理相适应的计量检测设施；在工作岗位上使用无检定合格印、证或者超过检定周期以及经检定不合格的计量器具等计量合规风险点。此外，对于从事计量器具制造、修理、销售的企业，从《计量法》《计量法实施细则》可以找出相应的合规风险点，譬如制造、销售和进口非法定计量单位的计量器具；制造、销售未经型式批准或样机试验合格的计量器具新产品；制造、修理的计量器具未经出厂检定或者经检定不合格而出厂；经营销售残次计量器具零配件等合规风险点。例如，某加油站存在破坏计量器具准确度，或者使用经检定不合格的加油机给顾客加油，由此产生破坏计量器具准确度行为、损害国家和消费者利益相对应的合规风险点。

（六）销售环节质量合规风险点。销售环节是商品进入消费阶段或使用阶段的最后一关，保障商品质量是企业的合规义务，基于这一义务，企业存在相应的合规风险点。依据《产品质量法》，企业在销售产品时存在如下合规风险点：没有建立并执行进货检查验收制度，没有验明产品合格证明和其他标识；没有采取措施保持所销售产品的质量；销售明令淘汰并停止销售的产品和失效、变质的产品；伪造或者冒用产地、厂名、厂址以及认证标志等质量标；掺杂、掺假，以假充真、以次充好，以不合格产品冒充合格产品等合规风险。依据《农产品质量安全法》，存在销售国家禁止使用的农药、兽药或者其他化合物；农药、兽药等化学物质残留或者含有的重金属等有毒有害物质不符合农产品质量安全标准；致病性寄生虫、微生物或者生物毒素不符合农产品质量安全标准；使用的保鲜剂、防腐剂、添加剂、包装材料等不符合国家有关强制性标准以及其他质量安全规定等农产品合规风险点。

由于质量领域企业合规对标准的依赖性，法律法规、监管规定等"规"的要求需要结合相应的标准来体现。故此，质量领域不少合规风险点的确立需要结合具体的标准来体现，特别是涉及标准的合规风险点，企业需要结合具体的标准来确定合规风险点。

第三节　质量领域企业合规风险评估

一、质量领域企业合规风险准则

质量是企业的生命成为社会共识，然而，质量往往也是企业合规风险点的重灾区。据国家市场监管总局关于2023年产品质量国家监督抽查结果显示，抽查检验26,472家企业生产经营的28,265批次产品，发现并处理3,302家企业的3,476批次不合格产品，涉及不合格产品的企业占抽查企业总数比重为12.5%，抽查不合格率为12.3%。其中，儿童学生用品抽查不合格率为15.6%，家用电器抽查不合格率为20.7%，建筑材料抽查不合格率为7.4%，化肥抽查不合格率为10.1%，安全技术防范产品抽查不合格率为14.5%[①]。质量领域企业合规风险包括三个方面内容，一是质量领域违规行为的风险；二是因质量领域违规行为产生的商品质量风险；三是因商品质量问题产生的合规风险损失。商品的质量问题往往与企业的质量违规行为有关，因商品质量问题产生的合规风险损失不仅包括监管部门对其的处罚，更包括因相应的处罚带来的经济损失。一旦企业所经营的商品因质量问题被监管部门处罚，交易相对方容易对其产品质量失去信任感，从而使企业丧失交易机会。现实中，因监管部门对企业因质量问题处罚导致企业遭受巨大损失的案件非常多，涉案企业的合规风险损失，不仅包括没收违法所得、处货值金额倍数的罚款、

[①] 数据来源于《市场监管总局关于2023年产品质量国家监督抽查情况的公告》及其附件《部分重点工业产品监督抽查结果分析》，载国家市场监管总局官网.

吊销营业执照，甚至还包括追究刑事责任。如《刑法》专门设置了生产、销售伪劣商品罪，其刑罚上限是无期徒刑甚至是死刑，对企业判处罚金并对直接责任人处以相应的刑罚，以及伴随监管处罚的民事赔偿责任和信誉损失等。鉴于此，较低容忍度应是质量领域合规风险的基本准则，即企业应尽可能采取的有效措施预防和应对质量领域合规风险。

质量是分层次要求的，第一个层次要求是企业所经营的商品必须以不损害人体健康和人身、财产安全为首要前提；第二个层次要求是具备产品应当具备的使用性能；第三个层次要求是在第一个层次要求、第二个层次要求之上有着更佳的获得感。监管部门对质量的监管资源配置和监管处罚力度遵循上述依次递减的原则，因此，在质量领域企业合规风险容忍度方面，也应遵循上述中依次递减的原则。对因质量涉及人体健康和人身、财产安全的第一个层次要求，采取最低甚至是零容忍度的合规风险准则；对具备产品应当具备的使用性能的第二个层次要求，采取相对较低容忍度的合规风险准则，而对第三个层次要求，采取较第二个层次高容忍度的合规风险准则。可见，虽然质量领域企业合规风险是企业经营管理活动中容忍度较低的风险，但是企业可以根据监管部门对质量监管的重心，在较低的合规风险容忍度区间内根据所经营商品的质量层次要求，采取有所偏重的质量领域合规风险准则。

现实中，质量领域企业合规风险准则需要结合企业发展阶段、产品属性、经营战略、质量方针等确定，在合规风险应对成本与合规风险应对收益中寻找平衡点。例如，对于将质量视为生命的企业，往往会确立与相对较低合规风险容忍度相匹配的风险准则；而对于更加注重低价格策略的企业，可能倾向于建立与相对较高合规风险容忍度相匹配的风险准则。

二、质量领域企业合规风险识别

质量领域企业合规风险识别是企业结合自身实际对质量领域企业合规风险点作出判断,确定企业是否存在可能触发质量领域企业合规风险点的事件。以涉及《食品相关产品质量安全监督管理暂行办法》中的没有建立生产、贮存、包装等生产关键环节控制合规风险点为例,企业倘若没有建立生产、贮存、包装等生产关键环节控制制度,或者相关人员不执行生产、贮存、包装等生产关键环节控制制度,或者生产、贮存、包装等生产关键环节控制效果差等都可能触发该合规风险点,该合规风险点可能成为企业需要面对的合规风险。可以说,质量领域企业合规风险识别就是在企业经营管理活动中,寻找可能触发质量领域合规风险点的事件。在以企业生产经营全过程为对象、以依靠全体职工为动力的全面质量管理的语境中,质量领域合规风险点识别需要深入企业经营管理全过程、触及商品生产经营所有相关人员。前者是指质量领域合规风险点识别要从商品原材料等生产要素采购、商品生产全过程、商品销售全过程等寻找可能触发合规风险点的风险事件;后者是指质量领域合规风险点识别要从全员着手,既要考虑企业质量决策的合规风险,也要考虑商品生产经营一线员工的合规风险。企业要从经营管理全过程每一个对质量可能产生影响的环节、从经营管理活动中每一个对质量可能产生影响的岗位等出发,分析可能产生触发合规风险点的风险事件。

鉴于商品质量与质量领域合规之间的逻辑联系,质量领域企业合规风险点识别还可以采取商品质量问题倒推法。企业对所经营的商品质量进行检验,一旦检验出质量问题,查找造成该质量问题的原因,分析原因是否与质量领域违规行为有关。如果确定造成质量问题的原因与质量领域违规行为有关，则该原因成为触发合规风险点的风险事件。以商品的使用性能瑕疵问题为例，企业经过检验发现该商品存在某一性能上的瑕疵，通过查找发现该性能上的瑕疵与原材料不符合要求有关，企业据此查找在原材料采购环节是否存在质量领域的违规行为，倘若存在相关的违规行为，则该违规行为成为识别该企业合规风险的风险事件。企业也可以从市场上同类商品所存在的问题出发，分析问题背后的原因，分析企业是否存在相关违规行为，如果存在相应违规风险，则该违规行为成为企业触发合规风险的风险事件。

对质量领域合规风险点识别可以采用问卷调查、访谈调研、头脑风暴、德尔菲法、检查表等工具，企业可以根据自身实际选择合适的合规风险识别工具。例如，通过问卷调查收集相关岗位可能存在的质量领域合规风险事件；通过对质量关键人员的访谈，了解商品质量问题的主要表现以及背后的不合规因素。值得一提的是，企业一线员工是商品的生产者，对质量具有相对优势的发言权，企业在识别质量领域合规风险时，可以采取激励一线员工参与的方式来畅通收集合规风险事件的渠道。例如，面向企业一线员工征集质量相关不合规信息，收集可能触发质量领域合规风险点的风险事件，以此种方式来识别质量领域合规风险不仅可以提升工作效率，还可以减少企业可能存在的合规风险损失。一些监管部门为提升监管效率，出台了鼓励企业内部人员举报的"吹哨人"制度。例如，《市场监督管理投诉举报处理暂行办法》就提到鼓励经营主体内部人员依法举报经营主体涉嫌违反市场监督管理法律、法规、规章的行为。在此背景下，企业采取激励员工参与质量领域合规风险识别工作，不仅可以提升工作效率，还能及时对企业存在的合规风险进行应对，减少合规风险损失发生的概率。

三、质量领域企业合规风险分析

质量领域企业合规风险分析是对质量领域企业合规风险识别到的风险进一步加工，涉及质量领域违规行为发生的可能性、因质量违规行为产生质量问题的可能性、因质量问题产生合规风险损失的可能性。相比其他领域的合规风险，质量领域合规风险往往借助商品的载体来体现，商品质量是质量领域合规风险的直接体现。从这个角度来看，即使企业存在质量领域不合规行为，所经营的商品不存在法律法规、监管规定所规定的质量问题，则其不合规行为转为合规风险损失的可能性是较低的，或者说，质量领域合规风险具有质量问题导向的属性。质量领域合规风险分析体现为以质量风险分析为中心的特点，也就是说，质量领域违规行为发生的可能性分析需要结合出现质量问题的可能性来分析。在《产品质量法》关于不生产存在危及人身、财产安全的不合理危险产品的合规义务语境中，以企业生产的保温杯为例，倘若企业所生产的保温杯不存在危及人身、财产安全的危险，但其在生产过程存在没有严格履行配备质量安全总监和质量安全员的合规风险，则该企业在质量领域合规风险损失可能会比较低。只有在该企业所生产的保温杯存在质量安全时，上述的合规风险才可能成为合规风险损失的引发因素。

不难看出，质量领域合规风险分析需在对所经营商品的质量风险进行技术分析的基础上，对识别到的质量风险进行依次排除。第一步对质量领域违规行为发生概率的分析，企业需要结合自身的发展战略、质量管理制度、员工质量合规意识合规水平、企业质量合规文化水平等分析企业及其员工存在质量领域违规的可能性，倘若企业不存在违规的可能性，就可以从列明的合规风险点中予以排除。例如，《产品质量法》规定了产品或者其包装上必须有产品质量检验合格证明的合规义务，假如该企业在这一方面有一套非常健全的制度和机制，不可能在其产品或者其包装上出现没有合规证明的情形，则企业应从所列风险点集中予以剔除该风险点。第二步是对因质量违规行为产生质量问题的概率进行分析。质量违规行为可能会产生质量问题，但质量问题未必是由违规行为产生的，因为质量问题的产生不仅与企业违规行为有关，还与其他因素有关，如技术因素。即使企业不存在违规行为，也可能因技术因素产生质量问题。因此，企业需要对质量领域违规行为与质量问题之间的作用机理进行分析，分析质量违规行为带来质量问题的概率，如果质量违规行为产生的质量问题概率小，则意味着违规行为带来质量问题的风险较小。第三步是对质量问题带来合规风险损失概率的分析。即使企业所经营的商品存在质量问题，其遭受的合规风险损失概率也不会是百分之百。例如，在"双随机、一公开"的监管语境中，企业因质量问题被监管部门发现属于概率性问题，即使在质量监督抽查的语境中，也是属于概率性问题。因此，企业所经营的商品从出现质量问题到被监管部门立案、调查、处罚等都属于概率性问题。通过以上的三个步骤分析法，企业可以对质量领域合规风险有着较为全面的把握。

在质量领域企业合规风险分析方法上，企业可以采用定性优先、定性与定量相结合，模型构建、专家意见、经验推导相结合的分析方法。以对因质量问题带来合规风险损失为例，可以通过收集分析与企业经营商品相类似的监管处罚案件，以及相应的监管处罚规定，结合企业外部监管部门、交易相对方、竞争者等对质量违规行为的态度，甚至是质量相关的社会舆情等，分析质量问题带来合规风险损失的可能性和大小，从而实现对因质量问题带来合规风险损失的准确把握。

四、质量领域企业合规风险评价

质量领域企业合规风险评价可看作在质量领域企业合规风险分析基础上，对企业需要应对的质量领域合规风险确定偏好次序。虽然质量领域合规风险众多，但对于特定的企业讲，其在质量领域合规风险往往并不复杂。企业在质量领域企业合规义务确立、企业合规风险点识别、企业合规风险分析的基础上，对自身在质量领域违规风险、因质量违规产生质量问题风险、因质量问题产生合规风险损失等发生概率、相应后果有了精准地把握。由于质量领域从违规行为发生到质量问题产生再到合规风险损失产生，都属于概率性事件，而企业对质量领域合规风险应对需要成本，甚至在靠价格取胜的市场竞争语境中，对质量领域合规风险应对可能会伴随交易机会的丧失。因此，企业需要将有限的质量领域合规风险应对资源放在能实现企业最大利益的地方。由于质量涉及质量底线和质量高线，质量底线是质量应达到安全要求，质量高线是在安全要求之上的品质要求。在实践中，质量安全是监管部门对质量监管的重点，企业对涉及人体健康和人身、财产安全的质量问题应予以重点关注。

企业在对质量领域合规风险进行评价时，在重点关注因质量问题产生安全风险领域的基础上，综合考虑质量违规风险、因质量违规产生质量问题风险、因质量问题产生合规风险损失，从而对企业在质量领域合规风险进行排序。对照质量领域合规风险准则，确定企业在质量领域合规风险等级。由于质量领域企业合规风险准则反映了企业对质量领域合规风险的容忍度，企业合规风险评级也就体现了企业对合规风险的容忍程度。质量领域合规风险等级高的领域，就是企业对质量违规风险、因质量违规产生质量问题风险、因质量问题产生合规风险损失的容忍度低的领域，对容忍度低的质量领域合规风险，需要进行专门或特别的关注。也就是说，企业可以基于合规风险等级，确定需要重点关注和优先应对的质量领域合规风险，即哪些合规风险需要重点应对，哪些合规风险需要及时关注，哪些合规风险可以暂时不作专门处理。现实中，企业可以结合法律法规、监管规定等对质量违规行为的处罚情况进行考量。例如，对《刑法》与质量相关的质量合规风险要特别关注，对《产品质量法》《农产品质量安全法》《建设工程质量管理条例》中处罚力度大的合规风险要特别关注，对涉及惩罚性赔偿的合规风险要特别关注。总而言之，企业应根据质量领域合规风险评价结果，对风险等级高的企业合规风险，需要采取专门的风险应对措施、配备相应的风险应对资源。

第四节 质量领域企业合规风险应对

一、做好质量领域企业合规风险应对是企业生存之道

质量领域企业合规风险应对是对质量领域企业合规风险评估结果作出的回应，其目的是防范和减少质量领域企业违规风险、因违规风险产生的质量问题风险、因质量问题风险等对企业利益实现的不利影响。企业所经营商品的质量不仅是利益实现的保障，也是企业保持可持续发展的保障，而质量领域企业合规风险应对正是基于企业所经营的商品质量的一种治理手段。一是质量领域企业合规风险应对能防范和减少企业在质量领域违规风险，此类违规风险一旦发生，就可能直接导致质量问题的出现，进而造成质量领域合规风险损失。二是质量领域企业合规风险应对还能防范和降低企业所经营产品的质量风险，这种质量风险不仅使企业在市场竞争中处于不利位置，也可能引发一系列因质量问题带来的

损失。三是质量领域企业合规风险应对能防范和降低企业因质量问题带来的合规风险损失。质量问题给企业带来的影响既有行政责任，也有民事责任，甚至有刑事责任，此外，还有因质量问题带来信誉损失、潜在机会损失。例如，依据《缺陷汽车产品召回管理条例》，没有停止生产、销售或者进口缺陷汽车产品的生产者可能面临缺陷汽车产品货值金额1%以上10%以下的罚款、没收违法所得甚至被吊销有关许可等合规风险损失；不配合产品质量监督部门缺陷调查的销售、租赁、维修汽车产品的经营主体可能面临处50万元以上100万元以下的罚款、没收违法所得乃至被吊销有关许可等合规风险损失。因此，从某种程度上看，质量领域企业合规风险应对是企业价值实现的一种手段，企业通过质量领域合规风险应对，可以帮助企业维护质量竞争优势、维系质量品牌价值、实现可持续发展。

作为"经济人"的企业在质量领域开展合规风险应对时，需要考虑合规风险应对的成本，包括质量领域合规风险应对所需的资源配置成本和可能存在的机会成本。由于质量领域合规风险的发生概率以及相应的损失都属于概率性事件，一些风险偏好的企业在质量领域合规风险应对成本较高或者预期成本大于可能收益时，可能会放弃对质量领域合规风险应对。确实，在"双随机、一公开"的监管语境中，由于质量信息的不对称，如消费者不可能对企业所经营商品的质量有着全面的了解，企业在质量领域从被发现实施违规行为到因违规行为被处罚是概率性事件。正是由于上述原因，导致一些企业对质量领域合规风险的偏好性，即对质量领域合规风险有着较高的容忍度。然而应该看到，质量是企业的生命，也是企业的责任，况且，质量违规往往伴随严重的法律责任，如面临货值的倍数罚款、吊销营业执照，面临不确定的民事赔偿责任，甚至面临刑事责任。企业要想赢得市场、赢得未来，就要做好质量领域合规风险应对，依照质量领域合规风险评估结果做好应对。事实上，一个被社会尊敬的企业，毫无例外，都是在质量领域企业合规风险应对做得较好的企业。

二、质量领域企业合规风险应对基础在全员

质量最大的特点是全员参与性，从原材料采购到商品生产再到商品销售都与质量有关。虽然质量是生产出来的，原材料采购和商品生产决定着质量，但商品销售与质量也密切相关。如《产品质量法》对销售者应当采取措施保持销售产品的质量进行了规定；《农产品质量安全法》明确农产品在包装、保鲜、储存、运输中所使用的保鲜剂、防腐剂、添加剂、包装材料等应当符合国家有关强制性标准以及其他农产品质量安全规定；《乳品质量安全监督管理条例》规定乳制品销售者应当采取措施，保持所销售乳制品的质量。不难得出，质量领域企业合规风险应对需要企业全员参与，从原材料采购到商品生产再到商品销售，任一环节，员工都可能成为质量领域合规风险的制造者。例如，在原材料采购环节，如果员工存在不合规行为，采购了不符合质量要求的生产原材料，即使在生产环节和销售环节相关人员做到合规，也难以保障所经营商品的质量达到要求。还如，在销售环节，如果员工没有履行采取措施保持所销售商品质量的合规义务，难以保障所经营商品在到达消费端时符合质量要求。再如，在生产环节，如果员工没有执行法定的生产规程，就难以保障所经营商品的质量。可见，质量领域企业合规义务具有全员性，企业员工需要共同参与质量领域合规风险应对。

预防合规风险是质量领域企业合规风险应对的全员参与性的直接体现。无论质量领域合规风险等级如何，预防合规风险始终是质量领域合

规风险应对的首要法则。质量领域预防合规风险关键是提升全员的质量合规意识和质量合规技能，培育企业的质量合规文化。对此，企业可以通过制度建设、机制建设和教育培训来实现质量领域合规风险预防的目标。首先，企业可以将质量合规相关要求融入企业相关制度，通过制度明确企业员工的质量合规要求。例如，在原材料采购制度中，明确相关采购人员的质量合规义务，包括对不遵守相应义务的处理办法。还如，明确企业员工在从事商品生产过程中保证商品符合相关标准的要求，以及对不符合要求的处理办法。其次，企业可以建立引导员工参与质量领域企业合规风险应对机制，对员工参与质量领域合规风险应对形成约束和激励。例如，将员工参与质量领域合规风险应对纳入绩效考核体系，对质量领域合规风险应对工作表现突出的予以奖励，树立企业在质量领域合规风险应对的先进典型。再次，企业可以对员工开展质量领域合规风险应对培训。通过教育培训，增强员工对质量合规风险点的认识，增强员工对质量领域合规风险应对意义的认识，提升员工质量领域合规风险应对技能水平。不难看出，一旦企业在制度建设、机制建设和教育培训等方面对全员应对质量领域合规风险作了系统性安排，提升全员的质量合规意识和质量合规技能、培育企业的质量合规文化，便能为质量领域企业合规风险应对打下一定的基础。或者说，提升全员对质量领域合规风险应对的参与意识和参与能力，是质量领域企业合规风险应对的基本策略，也是企业防范和减少质量领域合规风险最经济的方式。

三、质量领域企业合规风险应对要因企制宜

质量领域企业合规风险应对是质量领域企业合规义务确立、企业合规风险点确定、企业合规风险评估的最终目的。由于企业所经营商品的

差异、合规风险应对能力的不同、企业合规风险准则差别等原因，质量领域企业合规风险应对需要结合实际，根据质量领域合规风险评估的结果，选择契合企业发展定位、满足监管部门要求的质量领域企业合规风险应对策略、评估质量领域企业合规风险应对现状、制定和实施质量领域企业合规风险应对计划。

（一）确定质量领域企业合规风险应对策略

质量领域企业合规风险应对策略要与企业的发展战略相一致。对于秉持质量是产品灵魂、质量是一切前提条件、质量是企业核心竞争力等理念的企业来说，一般对质量领域企业合规风险是低容忍度甚至是零容忍度，对质量领域企业合规风险采取较为严格的应对策略。在这类企业看来，质量领域的任何违规行为，因质量违规行为带来的任何质量问题，因质量问题带来的任何合规风险损失都会得不偿失。对质量不太重视的企业，由于倾向采取低价策略来谋取短期利益而不考虑企业长期可持续发展，往往对质量领域企业合规风险是高容忍度的，对质量领域企业合规风险采取较为宽容的应对策略，甚至纵容质量领域违规行为以谋取短期利益。一般来说，质量领域企业合规风险应对策略需要依据企业的质量方针，即由企业最高管理者发布的企业总的质量宗旨和方向。

质量领域企业合规风险应对策略一般可分为激进型质量领域企业合规风险应对策略、稳健型质量领域企业合规风险应对策略、保守型质量领域企业合规风险应对策略。所谓激进型质量领域企业合规风险应对策略，是指企业对评估出的质量领域企业合规风险，无论等级大小，都采取零容忍的措施，杜绝一切质量违规行为、质量问题、质量合规风险损失的出现，该策略对企业树立质量品牌具有非常积极的价值，但该策略可能造成合规风险应对成本过大问题。所谓稳健型质量领域企业合规风险应对策略，是指企业对评估出的质量领域企业合规风险，依据等级大小，对风险等级高的质量合规风险进行重点应对，对中低级的质量合规风险予以适度应对。中低级质量合规风险存在产生质量合规风险损失的可能性，甚至中低级质量合规风险有时会给企业带来较大的合规风险损失。所谓保守型质量领域企业合规风险策略，是指企业对评估出的质量领域企业合规风险，不对风险等级高的风险采取特别措施，或者说，对所有等级合规风险都采取较为宽容的应对策略。以上三种策略有各自的优缺点，企业应基于发展战略、质量方针、商品的属性以及交易相对方、竞争者、监管部门等对质量合规风险应对的态度来确定。以交易相对方是消费者为例，如果消费者对商品质量比较敏感和有较高的质量维权能力，企业宜采取激进型或者稳健型策略，否则一旦出现质量违规行为或质量问题，企业会面临被投诉举报风险及由其引发的其他风险。如果牟利性职业索赔人以"消费者"名义进行所谓的"质量维权"，则其面临被投诉举报的风险以及引发的其他风险可能会加大。

（二）评估质量领域企业合规风险应对现状

质量领域企业合规风险应对现状是指企业对质量领域合规风险的应对能力，涉及相应的合规风险应对制度、合规风险应对机制、合规风险应对资源配置。对质量比较重视的企业，一般会建立一套质量管理体系，有的企业还会对自身的质量管理体系进行认证，《产品质量法》就规定了企业根据自愿原则可以向国务院市场监督管理部门认可的或者国务院市场监督管理部门授权部门认可的认证机构申请企业质量体系认证。在企业质量管理体系中，通常会涉及企业合规风险应对制度、合规风险应对机制、合规风险应对资源配置。企业在对质量领域合规风险进行应对时，需要对这些已经存在的合规风险应对制度、合规风险应对机制、合规风险应对资源配置等合规风险应对现状进行评估，评估合规风险应对现状能否有效解决质量领域的合规风险问题。如果现有合规风险应对制度、合规风险应对机制、合规风险应对资源配置能有效应对质量领域企业合规风险，则企业就不需要在制度、机制、资源配置进行调整，而是在既定的制度、机制、资源配置前提下开展企业合规风险应对。如果现有合规风险应对制度、合规风险应对机制、合规风险应对资源配置不能有效应对质量领域企业合规风险，企业就需要对不能有效应对的方面进行分析，为调整相应合规风险应对制度、合规风险应对机制、合规风险应对资源配置提供依据。

评估质量领域企业合规风险应对现状需要遵循问题导向原则，从质量领域企业合规风险相应的事件着手，分析合规风险事件产生的原因，以及风险事件与违规行为、质量问题产生、合规风险损失之间的作用机理，分析上述原因以及相关制度、机制、资源配置等。此外，企业还需要评估企业合规风险应对的外部环境，这是因为质量领域企业合规风险应对现状都是基于特定环境而实现的。假如，在既定的环境下，企业已具备应对质量领域合规风险的能力，但外部环境发生了变化，原先已具备的能力不能适应变化了的环境。例如，监管部门采用了比之前较为先进的监管手段，对企业质量违规行为、质量问题具备了较高的发现能力。在此种情况下，企业就需要结合监管环境的变化对企业在质量领域合规风险应对现状进行评估。

（三）制定和实施质量领域企业合规风险应对计划

质量领域企业合规风险应对计划是企业根据自身在质量领域合规风险以及自身在质量领域合规风险应对现状，对质量合规风险应对目标、措施、保障、步骤等进行的谋划和部署。制定和实施质量领域企业合规风险应对计划的过程，其实就是落实质量领域合规风险准则、合规风险应对策略的过程，直接体现企业的质量方针和发展战略。

质量领域企业合规风险应对计划需要具有针对性和操作性，即质量领域企业合规风险应对目标、措施、保障、步骤不能脱离企业实际，应与企业具有良好的契合度。例如，对于一个仅靠低价取胜而轻视质量的企业，制定对质量违规、合规风险损失零容忍的目标、措施显然不切实际。可见，质量领域企业合规风险应对计划要遵循既定条件、既定环境下最大程度防范和减轻企业因质量违规带来质量问题和合规风险损失的使命，而不能绝对性避免和杜绝企业因质量违规带来质量问题和合规风险损失。值得一提的是，质量领域合规风险应对计划制定和实施需遵循开放性思路，也就是说，企业要根据外部环境来制定和实施质量领域合规风险应对计划。例如，监管部门对质量监管的重点是质量安全，并且对质量安全一般采取较为严格的监管方式，企业在制定和实施质量领域合规风险应对计划时要回应这种监管方式，将事关身体健康和人身、财产安全的质量领域企业合规风险作为应对目标、措施、保障的重点。还如，现实中质量领域企业合规风险多源于交易相对方、竞争者的投诉举报，这就要求企业在制定和实施质量领域企业合规风险应对计划时将其纳入应对措施的考量范畴。或者说，企业应该将交易相对方、竞争者对其质量违规行为、质量问题的投诉举报纳入合规风险应对范畴，采取措施降低交易相对方、竞争者向监管部门投诉举报的风险。此外，由于监管部门对质量违规行为处罚具有一定的自由裁量权，企业在制定和实施质量领域合规风险应对计划时要将监管部门自由裁量基准考虑其中，争取尽可能减少因违规行为给企业带来的损失。

第六章　知识产权领域企业合规风险与应对

第一节　知识产权领域企业合规义务

一、知识产权领域企业合规是企业应尽的义务

知识产权通常被看作是基于创造成果和工商标记依法产生的权利，客体上的非物质性、权利上的专有性、保护期上的有限性、效力上的区域性等是知识产权的法律特征。按照《民法典》的规定，知识产权涉及版权（著作权）和工业产权，是权利人依法对作品、发明、实用新型、外观设计，商标、地理标志、商业秘密、集成电路布图设计、植物新品种等专有权。知识产权是公共政策产物，其权利范围和内容完全取决于一国的法律法规、监管规定等规定。例如，我国《专利法》《商标法》《著作权法》《反不正当竞争法》《集成电路布图设计保护条例》《植物新品种保护条例》《农产品地理标志管理办法》《地理标志产品保护规定》等对知识产权领域企业合规义务进行了规定。基于法律法规、监管规定等对知识产权的规定产生了知识产权领域合规义务，即企业必须强制性遵守涉及知识产权的要求，以及基于该要求企业自愿选择遵守的涉及知识产权的要求。前者一般来源于法律法规、监管规定等，后者通常源于

行业准则、企业内部规章制度、对外签订的合同和协议，但究其根本，后者也是基于对法律法规、监管规定的遵守。总之，企业应遵守基于法律法规、监管规定等对企业经营管理活动、商品生命周期的知识产权领域各项合规义务的要求。

知识产权是决定我国企业发展质量的重要因素，"创新是引领发展的第一动力，保护知识产权就是保护创新"[①]。我国是知识产权大国，2023年我国授权发明专利92.1万件、实用新型专利209万件、外观设计专利63.8万件，核准注册商标438.3万件[②]。知识产权问题是我国很多企业参与市场竞争不能回避的问题，知识产权领域合规义务是企业在经营管理活动中不可回避的义务，从商品原材料、设备等生产要素，到商品的生产和流动，从人力资源流入到人力资源使用，再到人力资源流出，等等，都可能涉及知识产权领域企业合规义务。知识产权不仅涉及人身权利，即与智力活动成果创造人的人身不可分离的专属权，还涉及到财产权利，即基于智力活动成果而享有的获得报酬或其他物质利益的权利。因此，企业会因不履行知识产权领域合规义务而承担人身权利保护和财产权利保护相关的法律责任，涉及民事赔偿责任、行政责任和刑事责任。例如，《民法典》规定了故意侵害他人知识产权的惩罚性赔偿责任情形；《商标法》规定了责令停止侵权，没收、销毁侵权商品和主要用于制造侵权商品、伪造注册商标标识的工具，处违法经营额5倍以下或一定数额的罚款；《刑法》设立了假冒注册商标罪，销售假冒注册商标的商品罪，非法制造、销售非法制造的注册商标标识罪，假冒专利罪，侵犯著作权罪，销

---

① 习近平：《全面加强知识产权保护工作 激发创新活力推动构建新发展格局》，载《求是》2021年第3期．

② 国家质量强国建设协调推进领导小组办公室：《中国打击侵权假冒工作年度报告》，载中央人民政府官网．

售侵权复制品罪，侵犯商业秘密罪，为境外窃取、刺探、收买、非法提供商业秘密罪等知识产权领域罪名，有些罪名的刑罚可达10年以上有期徒刑。近些年来，国家对知识产权保护力度不断加大。例如，2019年中共中央办公厅、国务院办公厅印发《关于强化知识产权保护的意见》，提出了"加强知识产权保护，是完善产权保护制度最重要的内容，也是提高我国经济竞争力的最大激励"的论断，提出"大幅提高侵权法定赔偿额上限""加大行政处罚力度""加强刑事司法保护"的要求，知识产权领域企业合规越来越成为企业经营管理活动中不可不重视的义务。

二、知识产权领域企业合规义务具有目的和工具两重属性

知识产权领域企业合规义务的目的属性源于知识产权作为生产要素的功能，是指企业对知识产权领域企业合规义务的履行，能引发企业创新能力的提升，增强企业的市场竞争力。或者说，企业通过履行知识产权合规义务，能够帮助企业更为有效地运营知识产权，在知识产权许可、转让、投资入股、质押、证券化等方面实现企业的价值追求。知识产权领域企业合规义务的工具属性可以理解为企业通过履行知识合规义务，防止或降低企业在经营管理过程中因知识产权领域违规行为引发法律责任、造成经济或者声誉损失以及其他负面影响的可能性。知识产权涉及知识产权运营和知识产权保护，前者主要指企业在运营自身知识产权基础上实现知识产权的价值，不直接对他人知识产权产生侵权，后者是指在保护他人知识产权基础上，避免因侵犯他人知识产权给企业带来的各类风险。不难看出，知识产权领域企业合规义务的目的属性侧重体现为知识产权的运营，而知识产权领域企业合规义务的工具属性则侧重体现为知识产权的保护。

在知识产权相关法律法规、监管规定等"规"中，不仅涉及知识产权的确权，还涉及知识产权的保护，与知识产权确权相关的合规义务大多体现知识产权领域企业合规义务的目的属性。例如，《专利法》有关专利的申请、专利审查、专利批准等相关的合规义务；《商标法》有关商标注册的申请，商标注册的审查和核准，注册商标的续展、变更、转让和使用许可，商标使用管理等相关的合规义务；《著作权法》有关著作权归属以及与著作权有关的权利归属等相关的合规义务。与知识产权保护相关的合规义务大多体现知识产权领域企业合规义务的工具属性，例如，《专利法》有关专利权保护的合规义务，《商标法》有关注册商标专用权保护的合规义务，《著作权法》有关著作权和与著作权有关的权利保护的合规义务。

合规义务的目的属性和工具属性是知识产权领域企业合规义务的显著特点，其原因在于知识产权是一种法定的双向性权利，一方面企业可以依法享有其创造成果和工商标记被保护的权利，另一方面企业承担不能侵犯他人创造成果和工商标记的义务。正是由于知识产权领域企业合规义务的目的和工具两重属性，企业要重视对知识产权领域合规义务的履行，通过知识产权运营合规、知识产权保护合规等来提升知识产权运营的价值实现能力。

三、知识产权领域企业合规义务在内容上呈现广泛性

知识产权包括专利权、商标权、著作权、商业秘密权、地理标志权、集成电路布图设计权、植物新品种权等，企业在经营管理活动中，一般可能涉及其中一种或若干种权利。我国知识产权一般通过具有一定法律位阶的制度进行规范，《民法典》《刑法》等基本法分别对民事方

面、刑事方面知识产权合规义务进行了规定；《专利法》《商标法》《著作权法》《反不正当竞争法》等普通法律分别对专利领域、商标领域、著作领域、商业秘密领域等知识产权合规义务进行了规定；《集成电路布图设计保护条例》《植物新品种保护条例》等行政法规分别对集成电路布图设计领域、植物新品种领域知识产权合规义务进行了规定；《农产品地理标志管理办法》《地理标志产品保护规定》等部门规章对地理标志领域知识产权进行了规定。此外，在上述法律法规、监管规定为上位法依据的相关监管制度中，也涉及相关合规义务的规定。以专利为例，就涉及《专利代理条例》《专利法实施细则》《国防专利条例》等行政法规，《专利代理管理办法》《专利实施强制许可办法》《专利行政执法办法》等部门规章。由于知识产权涉及专利权、商标权、著作权、商业秘密权、地理标志权、集成电路布图设计权、植物新品种权等诸多领域，显然，其相应的企业合规义务内容非常广泛。

（一）专利权领域企业合规义务。这一领域合规义务体现在《专利法》以及以其为上位法的相关制度中，涉及不得假冒专利、不得侵犯专利权、不得滥用专利权、不得非正常申请专利、不得压制非职务发明创造专利申请等合规义务。其中，不得假冒专利的合规义务是指不得实施使公众混淆，将未被授予专利权的技术或者设计误认为是专利技术或专利设计的行为。例如，在未被授予专利权的产品或者其包装上标注专利标识，专利权被宣告无效或被终止后继续在产品或者其包装上标注专利标识。不得侵犯专利权的合规义务是指未经发明和实用新型专利权人许可或专利法另有规定外，企业不得实施专利权专利，以及未经外观设计专利权人许可，企业不得实施专利权专利。不得滥用专利权的合规义务是指专利申请和专利权行使应当诚实信用，不得滥用专利权损害公共利益或他人合法权益。不得非正常申请专利的合规义务是指企业在专利申请过程中不得违反诚实信用原则，扰乱正常专利工作秩序的行为，如所提交的专利申请不得有编造、伪造或变造发明创造内容、实验数据或数据效果等行为。对于不得压制非职务发明创造专利申请的合规义务，《专利法》就规定对发明人或者设计人的非职务发明创造专利申请，任何单位或者个人不得压制。

（二）商标领域企业合规义务。这一领域合规义务体现在《商标法》以及以其为上位法的《商标法实施条例》等相关制度中，涉及不得实施不以使用为目的商标恶意注册，不得使用商标禁用标志，不得侵犯注册商标专有权，不得将驰名商标用于广告宣传等合规义务。其中，不得实施不以使用为目的商标恶意注册的合规义务是指不得实施商标恶意抢注、商标恶意囤积等不以使用为目的商标恶意注册申请，如恶意抢注与国家战略、国家政策、重大工程、重大科技项目以及具有较高知名度的重要赛事、重要展会、重要考古发现等相同或相似的标志。不得使用商标禁用标志的合规义务是指企业不得以《商标法》及其相关规定中明确禁止的标志作为商标，如带有欺骗性，容易使公众对商品的质量等特点或者产地产生误认的标志。不得侵犯注册商标专有权的合规义务是指企业未经商标注册人的许可不得实施侵犯注册商标专有权的行为，例如，未经商标注册人的许可，不得在同一种或类似商品上使用与其注册商标相同或者近似的商标。对于不得将驰名商标用于广告宣传的合规义务，《商标法》就对不得将"驰名商标"字样用于商品、商品包装或者容器上，不得用于广告宣传、展览以及其他商业活动中等进行了规定。

（三）著作权领域企业合规义务。这一领域合规义务体现在《著作权法》以及以其为上位法的《著作权法实施条例》《计算机软件保护条例》等相关制度中，涉及不得侵犯著作权、不得侵犯计算机软件著作权、不得销售侵权复制品、不得侵犯网络信息传播权等合规义务。其中，不得侵犯著作权的合规义务是指企业不得实施侵犯著作权人发表权、署名权、修改权、保护作品完整权、复制权、发行权、出租权、展览权、表演权、放映权、广播权、信息网络传播权、摄制权、改编权、翻译权、汇编权等人身权和财产权的行为。例如，未经著作权人许可不得发表著作权人的作品。不得侵犯计算机软件著作权的合规义务是指企业不得实施侵犯软件著作权人的发表权、署名权、修改权、复制权、发行权、出租权、信息网络传播权、翻译权等行为。例如，未经软件著作权人许可，不得发表或登记其软件、在他人软件上署名或者更改他人软件上的署名。对于不得销售侵权复制品，《著作权法》未经著作权人许可向公众传播著作权人作品的合规义务，《刑法》规定了销售侵权复制品罪。

（四）商业秘密权领域企业合规义务。这类合规义务涉及商业秘密确定、商业秘密保护措施、商业秘密信息管理、商业秘密外部管理、商业秘密侵权维权、涉商业秘密人员管理等诸多要素。《民法典》《刑法》《反不正当竞争法》等法律对商业秘密领域合规义务进行了规定，此外，以上述法律为上位法依据的《中央企业商业秘密保护暂行规定》等相关制度中，也从不同角度对商业秘密权领域企业合规义务进行了规定。《反不正当竞争法》明确了商业秘密的范围为技术信息、经营信息等商业信息，该法对商业秘密权领域企业合规义务进行了规定，即企业不得以盗窃、贿赂、欺诈、胁迫、电子侵入或者其他不正当手段获取权利人的商业秘密；不得披露、使用或者允许他人使用以不正当手段获取的权利人商业秘密；违反保密义务或者违反权利人有关保守商业秘密的要求，披露、使用或者允许他人使用其所掌握的商业秘密；教唆、引诱、帮助他人违反保密义务或者违反权利人有关保守商业秘密的要求，获取、披露、使用或者允许他人使用权利人的商业秘密。《民法典》规定企业在订立合同过程中不得泄露、不正当使用知悉的商业秘密或者其他应当保密的信息等合规义务；《刑法》专门设立了侵犯商业秘密罪，为境外窃取、刺探、收买、非法提供商业秘密罪。

（五）其他知识产权领域企业合规义务。地理标志权、集成电路布图设计权、植物新品种权等知识产权领域合规义务体现在《集成电路布图设计保护条例》《植物新品种保护条例》《农产品地理标志管理办法》《地理标志产品保护规定》等制度中。《集成电路布图设计保护条例》规定了企业未经布图设计权利人许可或者未经布图设计人自愿许可，不得复制受保护的布图设计全部或者其中任何具有独创性的部分，不得为商业目的进口、销售或者以其他方式提供受保护的布图设计、含有该布图设计的集成电路或者含有该集成电路的物品等合规义务。《植物新品种保护条例》规定了企业未经品种权人许可，不得以商业目的生产或者销售授权品种的繁殖材料，不得假冒授权品种，销售授权品种应当使用其注册登记的名称等合规义务。《农产品地理标志管理办法》规定了企业不得伪造、冒用农产品地理标志和登记证书，应当建立质量控制追溯体系等合规义务。《地理标志产品保护规定》规定了企业不得擅自使用或伪造地理标志名称及专用标志，不得不按地理标志产品标准和管理规范要求而使用该地理标志产品的名称，不得使用与专用标志相近、易产生误解的名称或标识及可能误导消费者的文字或图案标志；获准使用地理标志产品专用标志资格的生产企业应按相应标准和管理规范组织生产等合规义务。

第二节　知识产权领域企业合规风险点

一、知识产权领域企业合规风险点依赖于企业经营管理活动

作为基于创造成果和工商标记产生的权利，知识产权与企业经营管

理活动密切相关，无论是知识产权的确权、基于确权的知识产权运营，还是知识产权的保护，都是企业经营管理活动的产物。可见，知识产权领域企业合规风险点的确定离不开对企业经营管理活动的考察。知识产权领域企业合规风险点源于知识产权领域企业合规义务，是企业在从事经营管理活动过程中不履行知识产权领域合规义务的可能性，或者说，知识产权领域企业合规风险点与知识产权领域合规义务具有对应性，是知识产权领域企业不履行或履行不足合规义务相应的具体化。一般情况，知识产权领域某一企业合规义务对应于若干个相应的企业合规风险点。以企业不得侵犯商业秘密的合规义务为例，依据《反不正当竞争法》，该合规义务包括四种场景，以盗窃、贿赂、欺诈、胁迫、电子侵入或者其他不正当手段获取权利人的商业秘密便是其中的一种场景。如果企业在经营管理活动中，存在以盗窃、贿赂、欺诈、胁迫、电子侵入或者其他不正当手段获取权利人商业秘密的可能性，这种可能性便成为企业合规风险点。具体来说，如果企业现有相关制度不能有效防范企业及其员工以欺诈手段获取权利人的商业秘密，那么企业就存在以欺诈手段获取权利人的商业秘密的合规风险点。

知识产权领域企业合规风险点存在于企业经营管理活动的各个环节，如在原材料、设备等生产要素采购过程中，企业可能存在购买侵犯他人知识产权的风险点；在商品生产过程中，企业所生产的商品可能存在侵犯他人知识产权的风险点；在商品销售过程中，企业所销售的商品可能存在侵犯他人知识产权的风险点。此外，知识产权领域合规风险点还出现在研发环节和人才流动环节。可见，确立知识产权领域企业合规风险点，应在厘清企业经营管理过程中知识产权领域合规义务的基础上，对企业经营管理进行全过程分析，梳理经营管理过程中可能存在有违知识产权领域合规义务的具体场景，进而确定知识产权领域相关的企业合规风险点。由于知识产权涉及作品、发明、实用新型、外观设计、商标、地理标志、商业秘密、集成电路布图设计、植物新品种等众多客体，企业需要结合自身业务情况，厘清自身在经营管理活动中所涉及的知识产权客体，基于所涉及的知识产权客体来确定相应的知识产权领域合规风险点。

企业在确定知识产权合规风险点时，需要把握好合规风险点的颗粒度。知识产权领域合规风险颗粒度需要遵循法律位阶依次递减的原则，即按照由法律到行政法规再到部门规章及其他规范性文件的先后次序，依次细化相应的合规风险点。以不得滥用专利权损害公共利益或他人合法权益相关的合规风险点为例，企业首先在《专利法》中确定是否对不得滥用专利的具体场景进行具体描述，如果没有具体描述，在其直接下位法如《专利法实施细则》中进行查找，如果还没有具体描述，在次一级的下位法部门规章等中进行查找，以此推之，直至对不得滥用专利具体场景有着具体描述为止。如果在法律法规、部门规章以及其他规范性文件均没有找到具体描述，则《专利法》中的不得滥用专利的合规义务可以近似看成合规风险点。也就是说，对于知识产权领域企业合规风险点颗粒度，应在现有法律法规、监管规定等中遵循能具体化则具体化的原则，使得企业对知识产权领域合规风险点有精准地理解，尽可能避免因描述不清带来认识上的模糊。此外，企业还可以通过监管部门对知识产权领域行政处罚案件和司法裁判案例来确定知识产权领域合规风险点的颗粒度。

知识产权合规风险点涉及可能引发知识产权领域企业合规风险的合规事件、可能存在的法律责任、潜在的经济损失和声誉损失。以企业不得假冒注册商标风险点为例，包括企业假冒注册商标的相关事件，这一事件相对应的法律责任。例如，《民法典》规定的惩罚性赔偿责任，《刑法》规定的假冒注册商标罪，《商标法》规定的假冒注册商标的行政处罚，以及基于法律责任可能给企业带来的交易机会损失、信誉损失以及直接的经济损失等风险。企业可以在对企业经营管理活动进行全过程分析的基础上，厘清企业涉及的所有知识产权领域合规风险点，据此建立知识产权领域企业合规风险点集。

二、知识产权领域常见的企业合规风险点

知识产权领域企业合规风险点既具有个性的一面，也具有共性的一面。不同企业、同一企业在不同发展阶段、企业所从事的不同领域在知识产权领域合规风险点都有可能存在一定的差异。与此同时，有些知识产权领域合规风险点在不同企业、同一企业在不同发展阶段、企业所从事的不同领域存在较为相似的地方，使得企业在知识产权领域存在着常见的企业合规风险点。这些常见的风险点在专利权、商标权、著作权、商业秘密权、地理标志权、集成电路布图设计权、植物新品种权等领域都不同程度地体现，这些常见知识产权领域合规风险点也是企业在经营管理过程中需要重点关注的。

（一）专利权领域企业合规风险点

由于专利权领域企业合规义务涉及不得假冒专利、不得侵犯专利权、不得滥用专利权、不得非正常申请专利、不得压制非职务发明创造专利申请，企业在经营管理活动中存在相应的专利权领域企业合规风险点。相对于不得假冒专利的合规义务，常存在以下企业合规风险点：一是在未被授予专利权的产品及其包装上标注专利标识，专利权被宣告无效后或者禁止后继续在产品及其包装上标注专利标识，以及未经许可在产品及其包装上标注他人专利标识，或者销售上述假冒专利的产品；二

是将未被授予专利权的技术和设计称为专利技术或专利设计，将专利申请称为专利，或者未经许可使用他人专利号；三是伪造或变造专利证书、专利文件、专利申请文件等。相对于不得侵犯专利权的合规义务，常存在以下企业合规风险点：一是对被授予的发明或实用新型专利权，未经许可或者没有法律规定，企业为生产经营目的而制造、使用、许诺销售、销售、进口其专利产品，或使用其专利方法，或使用、许诺销售、销售、进口依照其专利方法直接获得的产品等；二是对被授予的外观设计专利权，未经许可，企业为生产经营目的而制造、许诺销售、销售、进口其外观设计专利产品等。相对于不得滥用专利权的合规义务，常存在以下企业合规风险点：一是滥用专利权损害公共利益或他人合法权益；二是滥用专利权，排除或者限制竞争等。相对于不得非正常申请专利的合规义务，常存在以下企业合规风险点：一是先后或同时提交发明创造内容明显相同，以及由不同发明创造特征或要素简单组合而形成的多件专利申请；二是在专利申请时编造、伪造、变造发明创造内容、技术效果、实验数据，以及抄袭、简单替换、拼凑现有技术或设计；三是不以实施专利技术、设计而倒买倒卖专利申请权、专利权或虚假变更发明人、设计人；四是将实质上与特定单位、地址、个人关联的多件专利申请分散、先后、异地提交以逃避打击非正常申请等。

（二）商标权领域企业合规风险点

由于商标权领域企业合规义务涉及不得恶意申请商标、不得使用禁用标志作为商标、不得侵犯商标专有权等合规义务，企业在经营管理活动中存在相应的商标权领域企业合规风险点。相对于不得恶意申请商标的合规义务，常存在以下企业合规风险点：一是大量注册与公共文化资源、行政区划名称、商品通用名称、行业术语相同或相似标志；二是大量复制、摹仿、抄袭对主体具有较强显著性或一定知名度的商标或其他商业标识；三是恶意抢注具有较高知名度的公众人物姓名，或重大敏感事件、突发事件特有词汇的等。相对于不得使用禁用标志作为商标的合规义务，常存在以下企业合规风险点：一是带有欺骗性，容易使公众对商品的质量等特点或者产地产生误认的标志；二是带有民族歧视性的标志、有害于社会主义道德风尚或者有其他不良影响的标志；三是未经授权，与表明实施控制、予以保证的官方标志、检验印记相同或者近似的标志等。相对于不得侵犯商标专有权的合规义务，常存在以下企业合规风险点：一是未经商标注册人许可，在同一种商品上使用与其注册商标相同或近似的商标，或在类似商品上使用与其注册商标相同或近似且容易使人混淆的商标；二是销售侵犯商标专有权的商品；三是伪造、擅自制造或销售伪造、擅自制造他人注册商标标识；四是为他人侵犯商标专有权提供帮助，等等。

（三）著作权领域企业合规风险点

由于著作权领域企业合规义务涉及不得侵犯著作权、不得侵犯计算机软件著作权、不得侵犯信息网络传播权等合规义务，企业在经营管理活动中存在相应的著作权领域企业合规风险点。相对于不得侵犯著作权的合规义务，常存在以下企业合规风险点：一是未经著作人许可，发表其作品，或未经著作人许可或法律另有规定外，以展览、摄制视听作品、改编、翻译、注释等方式使用他人作品；二是未经合作者许可，将与他人合作的作品当作自己独创的作品进行发表；三是在没有参与创作的作品上署名以谋求个人名利；四是歪曲、篡改、剽窃他人作品；五是未经视听作品、录音录像制品的著作权人、表演者、录音录像制品制作人许可，或法律另有规定外，出租其作品或者录音录像制品的原件或复制件；六是未经表演者许可，现场直播、公开传送、录制其现场表演；七是未经著作权人许可或法律另有规定外，复制、发行、表演、放映、广播、汇编、借助信息网络向公众传播其作品，或未经表演者许可或法律另有规定外，复制、发行录有其表演的录音录像制品，或通过网络向公众传播其表演；或未经录音录像制作者许可或法律另有规定外，复制、发行、借助信息网络向公众传播其录音录像制品；八是未经著作权人及其有关权利人许可或法律另有规定外，避开或破坏技术措施，故意制造、进口、提供用于避开或破坏技术措施的装置或器件或提供技术服务以避开或破坏技术措施；九是未经著作权人及其有关权利人许可或法律另有规定外，删除或改变作品、版式设计、表演、录音录像制品以及广播电视上的权利管理信息等。

相对于不得侵犯计算机软件著作权的合规义务，常存在以下企业合规风险点：一是未经软件著作权人许可，发表或登记其作品，或修改、翻译其软件；二是将他人软件作为自己的软件发表或登记，在他人软件上署名或更改他人软件上署名；三是未经合作者许可，将与他人合作开发的软件作为自己单独完成的软件进行发表或登记；四是复制或部分复制著作权人软件；五是向公众公开发行、出租、通过信息网络传播著作权人的软件；六是避开或破坏著作权人为保护其著作权而采取的技术措施，删除或者改变软件权利管理电子信息等。相对于不得侵犯信息网络传播权的合规义务，常存在以下企业合规风险点：一是通过信息网络擅自向公众提供他人作品、表演、录音录像制品；二是故意避开或破坏技术措施；三是故意删除或改变通过信息网络向公众提供的作品、表演、录音录像制品的权利管理信息；四是故意制造、进口、提供用于避开、破坏技术措施的装置、部件或技术服务等。

（四）商业秘密权领域企业合规风险点。依据《反不正当竞争法》，商业秘密权领域企业合规风险点：一是披露、使用或者允许他人使用以不当手段获取权利人的商业秘密；二是教唆、引诱、帮助他人违反保密义务或者违反权利人有关保守商业秘密的要求，获取、披露、使用或者允许他人使用权利人的商业秘密；三是以盗窃、贿赂、欺诈、胁迫、电子侵入或者其他不正当手段获取权利人的商业秘密；四是违反保密义务或者违反权利人有关保守商业秘密的要求，披露、使用或者允许他人使用其所掌握的商业秘密等。

（五）其他知识产权领域企业合规风险点。在集成电路布图设计权领域合规风险点方面，涉及未经布图设计权利人许可或者未经布图设计自愿许可，复制受保护的布图设计的全部或者其中任何具有独创性的部分；为商业目的进口、销售或者以其他方式提供受保护的布图设计、含有该布图设计的集成电路或者含有该集成电路的物品等。在植物新品种权领域合规风险点方面，涉及未经品种权人许可，以商业目的生产或者销售授权品种的繁殖材料；假冒授权品种；销售授权品种没有使用其注册登记的名称等。在地理标志权领域合规风险点方面，涉及伪造、冒用农产品地理标志和登记证书；没有建立质量控制追溯体系；没有按地理标志产品标准和管理规范要求而使用该地理标志产品的名称；使用与专用标志相近、易产生误解的名称或标识及可能误导消费者的文字或图案标志；获准使用地理标志产品专用标志资格的生产企业没有按相应标准和管理规范组织生产等。

知识产权领域常见的企业合规风险点是企业在经营管理过程中存在的高频合规风险点，但并不意味着是企业合规风险点全部。由于涉及知识产权领域的"规"相对较多，企业涉及的知识产权也尽显差异。企业在确立自身合规风险点时，要从自身实际出发，找准企业在经营管理过程中可能引发风险损失的合规风险点。

第三节　知识产权领域企业合规风险评估

一、知识产权领域企业合规风险准则

知识产权领域企业合规风险准则是企业对自身在知识产权领域企业合规风险容忍度的直接反映，是知识产权领域企业合规风险评估与应对的重要依据。当今时代，知识产权的生产要素性质、资产性质越来越受到监管部门的高度重视。知识产权对激励创新、打造品牌、规范市场秩序、扩大对外开放发挥着越来越重要的作用，有关专利、商标、著作权等知识产权领域之"规"对企业要求越来越高。例如，《民法典》对严重侵害他人知识产权规定了被侵权人请求惩罚性赔偿的权利；《刑法》在破坏社会主义市场经济秩序罪框架下专门规定了侵犯知识产权罪，涉及假冒注册商标罪、销售假冒注册商标的商品罪、非法制造、销售非法制造的注册商标标识罪、假冒专利罪、侵犯著作权罪、销售侵权复制品罪、侵犯商业秘密罪以及为境外窃取、刺探、收买、非法提供商业秘密罪等8个具体罪名；《商标法》对侵权行为规定没收、销毁侵权商品以及制造侵权商品、伪造注册商标标识的工具，处违法经营额5倍以下罚款等行政责任；《专利法》对假冒专利规定没收违法所得，处违法所得5倍以下罚款等行政责任；《专利法》对侵犯著作权规定没收违法所得，没收、无害化销毁处理侵权复制品以及相关制作侵权复制品的材料、工具、设备等行政责任。可见，企业在知识产权领域出现不合规行为，将可能承担巨大的合规风险损失。特别在加强知识产权法治保障、强化知识产权保护等语境中，企业在知识产权领域违规行为被发现、立案、调查、处罚的概率被放

大。不难看出，企业要想赢得市场、赢得竞争、赢得未来，宜对知识产权领域合规风险采取低容忍度的措施，防止企业在知识产权运用、知识产权保护中出现违规行为，以及因违规行为带来知识产权领域合规风险损失。

尽管如此，由于对知识产权领域合规风险采取低容忍度措施，需要承担相应的合规风险治理成本，甚至是面临可能丧失短期利益的机会成本。例如，在对知识产权领域侵权行为打击不够，或者存在滋生知识产权领域侵权行为的"土壤"时，企业所承担的知识产权领域侵权收益大于其相应承担的成本，一些企业可能出于短期利益的逐利，对知识产权领域合规风险持较高的容忍度。现实中，知识产权领域侵权行为屡禁不止，呈现"野火烧不尽，春风吹又生"的态势，与知识产权领域因合规收益不及违规成本，导致企业对知识产权领域合规风险的高容忍度有关。然而，随着我国知识产权法治保障不断加强、知识产权保护不断强化，知识产权领域企业合规在提升市场竞争力、实现自身可持续发展作用不断加强。这就要求必须从自身实际出发，确立与企业发展相适应、符合企业发展战略的知识产权领域合规风险的低容忍度区间，建立能够有效履行知识产权领域企业合规义务的合规风险准则，采取措施来最大程度防范、降低企业在知识产权领域的合规风险。

二、知识产权领域企业合规风险识别

知识产权领域企业合规风险识别是企业对自身经营管理过程中知识产权领域合规风险点的辨认和辨别，或者说是对知识产权领域企业合规风险点的排除和选取。确立知识产权领域企业合规风险点的目的是基于企业经营管理活动而存在的所有可能风险点。例如，企业经营管理活动一般涉及商标申请、保护、质押、融资等，商标领域法律法规、监管规定等合规义务履行的具体场景都可成为企业合规风险点。知识产权领域合规风险识别则是对上述知识产权领域合规风险点进行排除和筛选，确定存在触发知识产权领域合规风险点的事件。或者说，企业只要存在可能触发知识产权领域合规风险点的合规风险事件，该合规风险点便可被确立为知识产权领域合规风险。例如，倘若企业在所经营的商品中使用了他人所注册的商标的行为，并且该行为没有经过商标权利人的许可，这一事件便可触发"未经商标注册人的许可在同一种商品上使用与其注册商标相同的商标"的合规风险点，这一风险点就被识别为该企业在商标权领域的合规风险。还如，倘若企业所经营的商品使用了地理标志，但企业在经营该商品时出现了不符合地理标志产品标准和管理规范要求的行为，则该行为就触发到"不符合地理标志产品标准和管理规范要求而使用该地理标志产品的名称"的合规风险点，这一风险点就被识别为该企业在地理标志权领域的合规风险。

如果说知识产权领域企业合规风险点确立要基于对企业经营管理所涉及领域和环节的初步考察，侧重体现对相关法律法规、监管规定等"规"的考察，那么知识产权领域企业合规风险识别则是对企业经营管理所涉及领域和环节可能出现合规风险事件的进一步考察，体现在对相应"规"的分析基础上，对企业可能触发"规"的事件进行考量。该事件既可能是企业实际存在的合规风险事件，也可能是基于对企业以往合规风险事件和同类企业发生的合规风险事件进行考量基础上，认为有发生可能的合规风险事件。以"未经表演者许可而通过信息网络向公众传播其制作的录音录像制品"的合规风险点为例，企业在经营管理活动中没有出现过触发该合规风险点的合规风险事件，倘若该企业在同类企业较为容易出现且企业现有相关措施也不足以有效防止该合规风险事件发生时，则该合规风险点被识别为该企业的合规风险。

知识产权领域合规风险识别的职责是精准、全面识别企业经营管理过程中所有触发知识产权领域合规风险点的合规风险事件，确保不遗漏存在合规风险事件的知识产权领域合规风险点。对知识产权领域合规风险识别可以采取排除和匹配相结合的方法。首先，对企业不可能存在的合规风险点进行排除，例如，企业没有申请专利的行为，就不可能存在非正常申请专利的合规风险，企业经营业务不涉及著作权相关内容，就不可能存在侵犯著作权的合规风险；其次，企业结合自身实际，考量存在可能触发知识产权领域合规风险点的合规风险事件，根据合规风险事件寻找匹配的知识产权领域合规风险；再次，企业对没有被排除和没有被选到的合规风险点运用排除和匹配相结合的方法，排除不可能存在合规风险事件的合规风险点，确定可能触发知识产权领域合规风险点的合规风险事件，进而确定相应的合规风险。对经过多次排除和多次查找仍保留下的合规风险点，企业可以将其看作需要面对的合规风险。这是因为，知识产权领域违规行为对企业有着较大的影响，需要采取审慎的态度去应对，而将经过多次排除和多次查找仍保留下的合规风险点识别为企业合规风险，体现了企业对知识产权领域合规风险的审慎态度。

三、知识产权领域企业合规风险分析

知识产权领域企业合规风险分析是企业对识别到的知识产权领域合规风险进行的综合分析，确定企业在知识产权领域实施违规行为的概率，以及因违规行为产生合规风险损失的概率。由于判定企业在知识产权领域实施违规行为和因违规产生合规风险损失要基于一定的内外部环境，因此，知识产权领域企业合规风险分析要综合考虑经济和社会发展水平，法律法规和监管环境，企业所处的行业发展环境，企业所涉及技术的发展趋势和核心技术，企业相关的产业政策，企业价值观、发展战略、知识产权合规应对制度建设及相关经验，企业知识产权相关战略，企业知识产权发展状况等。例如，企业可以从监管部门查处的知识产权领域案件来判断相应的监管环境，比如2023年全国市场监管部门查处的商标侵权、假冒专利案件为4.41万件[①]，可以据此判断出监管部门对商标和专利领域违规行为的打击力度。这是因为知识产权领域企业合规风险与内外部环境是密切相关的。比如，当一国经济发展水平相对较低时，可能基于拉动就业、发展经济的考虑，对知识产权领域违规行为的监管采取较为宽容的态度，而当一国粗放型经济增长模式遇到瓶颈时，需要借助创新来驱动经济发展，此时，对知识产权领域违规行为的监管则倾向于采取较为审慎的态度。企业通过对知识产权相关内外部环境分析，来确定触发知识产权领域企业合规风险点的合规风险事件发生的具体概率，进而确定知识产权领域企业实施违规行为的概率，以及因违规产生合规风险损失的概率。

在知识产权领域企业合规风险分析过程中，需要对触发知识产权领域合规风险点的合规风险事件进行分析，剖析合规风险事件产生的原因以及合规风险事件与企业其他经营风险事件之间的关联性。以销售侵犯注册商标专有权的商品的合规风险为例，分析存在销售侵权商品的原因，是主观故意的原因还是非主观故意上的原因，是企业决策上的原因还是企业员工自身的原因。此外，还要分析销售侵权商品的合规风险与企业财务风险、市场风险、运营风险、产品风险、人员风险等之间的关系。以消费者购买力下降的市场风险为例，企业销售侵权商品是否与迎合消费者购买力下降的需求有关，倘若与此相关，就需要对企业销售侵权商品的相关代价进行分析，如相关的民事责任、行政责任甚至是刑事责任。

---

① 《2023年市场监管部门严厉打击侵权假冒取得成效》，载国家市场监管总局官网.

倘若企业通过分析得出销售侵权商品得不偿失时，便可以据此采取相应知识产权领域合规风险应对之策。

知识产权领域企业合规风险分析涉及知识产权运营领域企业合规风险分析和知识产权保护领域企业合规风险分析。由于知识产权运营和知识产权保护之间的相互依存性，即知识产权运营以知识产权保护为前提，没有有效的知识产权保护，知识产权运营就失去了基础；知识产权保护需要知识产权运营来支撑，只有通过知识产权运营来实现知识产权价值，知识产权保护才成为需要。因此，知识产权领域合规风险分析需要综合考虑知识产权运营合规风险和知识产权保护合规风险。也就是，在分析知识产权运营合规风险时要考虑相应的知识产权保护合规风险分析，在分析知识产权保护合规风险时也需要考虑相应的知识产权运营风险，从而精准明晰企业在知识产权领域合规风险应对的收益和成本之间的关系。此外，由于知识产权领域企业合规风险分析较为复杂，企业可以采用定性优先、定性与定量相结合，模型构建、专家意见、经验推导相结合的分析方法来分析知识产权领域企业合规风险。例如，企业在生产商品时，在进行必要专利检索的基础上，对所生产商品的合规风险进行定性上的评估，结合既往类似商品专利违规行为以及因违规承担法律责任的分析，确定因专利侵权被发现、立案、调查、处罚的概率，以及相关法律责任的承担情况，确定企业违规行为以及因违规产生合规风险损失的可能性。在此基础上，组织专家对企业所生产商品的专利合规风险进行分析，验证合规风险分析的结果。

四、知识产权领域企业合规风险评价

知识产权领域企业合规风险评价是知识产权领域企业合规风险评估

的最后一步，其职责在对知识产权领域企业合规风险分析基础上，对企业需要应对的知识产权领域合规风险明确风险等级，确定偏好次序。由于知识产权涉及作品，发明、实用新型、外观设计、商标、地理标志、商业秘密、集成电路布图设计、植物新品种等众多客体，每一客体涉及不同形式的合规义务，因此，企业可能要面对多种场景的知识产权领域合规风险评价。知识产权领域企业合规风险应对需要一定的成本，甚至要承担可能的机会成本，这就要求企业根据知识产权领域企业实施违规行为的概率，因违规行为被立案、调查、处罚的概率，承担民事责任、行政责任、刑事责任等来确定需要应对的知识产权领域合规风险的排序。根据自身对知识产权领域合规风险偏好和合规风险损失的承受能力，对知识产权领域合规风险进行综合排序，确定风险等级。当然，知识产权领域企业合规风险的排序与企业经营战略和知识产权方针密切相关，其排序也是相对性的。例如，对知识产权较为重视的企业，对知识产权领域合规风险容忍度较低，对知识产权不太重视的企业，对知识产权领域合规风险容忍度较高，从而可能导致同一种合规风险在各自合规风险偏好中排序的不同。

知识产权领域企业合规风险评价的目的是为企业应对知识产权领域合规风险提供依据，满足企业应对知识领域合规风险的需要。企业对知识产权领域合规风险评价涉及三个环节。第一个环节是对企业在知识产权领域合规风险分析的基础上，根据知识产权领域企业合规风险进行综合排序，包括知识产权领域合规风险事件发生的可能性、知识产权领域企业实施违规行为风险高低以及知识产权领域合规风险损失大小，以明确知识产权领域不同企业合规风险对企业的影响程度。第二个环节是对照企业在知识产权领域合规风险准则，对知识产权领域合规风险进行分级。第三个环节是根据第二个环节确定的知识产权领域合规风险等级，将知识产权领域合规风险评价结果划分为三个区域，在第一个区域，知识产权领域合规风险损失发生概率较大或者一旦发生其遭受的合规风险损失较大，这个区域的合规风险需要重点应对；在第二个区域，企业采取应对措施时需要考虑知识产权领域合规风险应对措施的成本和收益，权衡机遇与潜在后果，如果成本大于收益或者机遇小于潜在的后果，则可能倾向考虑放弃应对措施，这个区域的合规风险需要及时关注；在第三个区域，企业合规风险损失发生的概率很小或者发生后遭受的合规风险损失很小，这个区域的合规风险可以暂时不予专门考虑，只需依靠既有的制度和机制就可以应对。

第四节　知识产权领域企业合规风险应对

一、知识产权领域企业合规风险应对事关企业发展

随着对知识产权保护"加大执法力度，把违法成本显著提上去，把法律威慑作用充分发挥出来"[1]，知识产权领域侵权惩罚性赔偿、侵权惩罚性处罚成为共识，知识产权领域合规风险应成为企业的"必修课"。知识产权领域企业合规风险应对是企业对知识产权领域企业合规风险评估结果作出的回应，其主要目的是防范或降低企业在知识产权领域合规风险，包括防范或降低知识产权领域实施违规行为的风险，因知识产权违规行为承担法律责任的风险，以及因承担法律责任引起其他相关经济损失和声誉的风险。知识产权领域合规风险对企业发展有着重要影响，

---

[1] 《习近平著作选读》第二卷，人民出版社2023年版，第144页.

一方面，知识产权领域企业合规风险可能引发超出企业预期的合规风险损失，除了承担民事赔偿、行政处罚、刑事处罚等法律责任外，还可能因被责令停止侵权行为而造成企业经营的停滞。现实中，有不少企业因知识产权领域存在违规行为，给企业带来难以承受的灾难，甚至破产。可见，做好知识产权领域企业合规风险应对可以防止和减少企业因知识产权领域合规风险对企业发展的负面影响；另一方面，知识产权具有生产要素性质和资产性质，做好知识产权领域企业合规风险应对可以为企业运营知识产权、实现知识产权价值变现提供保障。例如，企业通过履行知识产权确权的合规义务，防范和减少知识产权确权环节的合规风险，能保障知识产权生产要素效应、知识产权资产效应在知识产权运营中得到有效发挥。倘若企业在知识产权确权阶段存在不合规行为，基于该知识产权确权基础上的知识产权质押、知识产权估值等都面临较大的不确定性。例如，《专利法》规定任何单位或者个人认为该专利权的授予不符合该法有关规定的，可以请求宣告专利权无效，且明确宣告无效的专利权视为自始即不存在。显而易见，做好知识产权领域企业合规风险应对是企业运营知识产权的内在要求。

企业在经营管理过程中都可能或多或少涉及知识产权问题，如商标权、著作权、专利权等，知识产权领域企业合规是企业发展重要保障和竞争优势，而知识产权领域企业合规风险应对正是实现知识产权领域企业合规的治理活动，是确保企业知识产权领域合规的重要方式。在加强知识产权法治保障、强化知识产权保护等语境中，企业要想实现可持续发展，就需要重视知识产权领域合规风险应对问题，对企业所面临的知识产权领域合规风险，采取有效措施去应对，最大程度防止企业在知识产权领域存在违规行为，最大程度预防和降低因知识产权领域违规行为对企业发展的不利影响，最大程度利用知识产权领域合规风险应对工具来提升自身知识产权运营效能。唯有如此，企业才能在激烈的市场竞争中，确保不因知识产权领域违规行为累及自身发展，确保在合规的轨道上更加高效地运营知识产权。

二、将知识产权领域企业合规风险应对摆在战略高度

由于知识产权领域企业合规风险应对与企业发展之间的内在逻辑关系，企业需要从发展战略的高度来谋划知识产权领域企业合规风险应对。一方面，将知识产权领域合规风险应对纳入企业知识产权战略中，将知识产权领域合规风险应对贯穿到知识产权战略目标、战略措施、战略保障中；另一方面，将知识产权合规风险应对融入企业其他相关战略中去，将知识产权领域合规风险应对贯穿于营销战略、品牌战略、融资战略、技术开发战略、人才开发战略、资源开发战略等企业发展相关战略中，针对各类战略中存在的知识产权领域企业合规风险，做好相应的知识产权领域合规风险应对，将知识产权领域企业合规风险应对作为实现企业战略的重要手段，确保能够防范或最大程度减少知识产权领域企业合规风险对各类战略的不利影响。鉴于此，企业应从企业战略高度来谋划专利权、商标权、著作权等知识产权获取的合规风险应对，谋划专利权、商标权、著作权等许可、转让、投融资、并购、重组等知识产权运营的合规风险应对，谋划研发、设计、创作、采购、生产和服务提供、销售和售后、合同管理等环节中专利权、商标权、著作权等合规风险应对，做好合规风险应对相应的制度构建、机制建设、措施出台。

培育知识产权领域企业合规文化是对将知识产权领域企业合规风险应对摆在战略高度的直接体现，或者说，知识产权领域企业合规文化是知识产权领域企业合规风险应对的底层逻辑。无论知识产权领域企业合

规风险等级如何，培育企业知识产权领域合规文化都是应对知识产权领域企业合规风险的"一剂良方"。如果企业在知识产权领域有较好的合规文化，就意味着企业自带应对知识产权领域企业合规风险的"基因"。现实中，那些在知识产权领域存在违规行为、因违规行为遭受合规风险损失的企业，大多是与其知识产权领域合规文化水平不高有关。例如，企业管理层及员工存在知识产权领域合规意识淡薄，对涉及专利权、商标权、著作权、商业秘密等民事侵权及刑事犯罪等规定认识不清，在合同审核、财务审批、采购销售等环节对知识产权相关"规"缺乏了解。可见，要从战略高度做好知识产权合规风险应对，基础在于培育企业在知识产权领域合规文化。而培育知识产权领域企业合规文化就需要在制度、机制、培训上共同发力，提升企业应对知识产权领域合规风险的意识和能力。例如，通过制定知识产权合规方针、明确企业及其员工知识产权合规义务、确立知识产权运营和保护规范等制度，通过建立激励与约束并举的知识产权领域合规考核、企业全员参与知识产权领域合规的岗位职责、宽严相济的知识产权领域合规责任追究等机制，通过开发面向全员的知识产权领域合规培训课程体系、将知识产权领域合规培训纳入企业员工培训体系等培训方式等，多维度来培育企业在知识产权领域的合规文化，通过知识产权领域合规文化培育来筑牢知识产权领域企业合规风险应对的底层逻辑。

三、以系统思维应对知识产权领域企业合规风险

由于知识产权领域企业合规风险涉及从采购到生产再到销售等诸多环节，以及企业所涉及知识产权领域的差异、合规风险应对能力的不同、合规风险准则的差别等原因，企业需要树立应对知识产权领域企业

合规风险的系统性思维,从企业的使命、愿景、价值观等诸多方面系统考虑知识产权领域企业合规风险应对。企业需要立足自身发展实际,依据合规风险评估结果,选择契合自身发展定位、满足监管部门的监管要求、适应知识产权发展趋势的知识产权领域企业合规风险应对策略、评估知识产权领域企业合规风险应对现状、制定和实施知识产权领域企业合规风险应对计划。

(一)确定知识产权领域企业合规风险应对策略

知识产权领域企业合规风险应对策略是企业依据知识产权领域合规风险准则,对知识产权领域合规风险所采取的应对原则或应对方法。知识产权领域企业合规应对策略是知识产权领域企业合规风险准则的具体体现,或者说,企业对知识产权领域合规风险容忍度直接决定了其合规风险应对策略。如果将知识产权领域企业合规应对策略分为激进型应对策略、稳健型应对策略、保守型应对策略,企业在知识产权领域合规风险应对策略方面的选择与企业对知识产权领域合规风险的容忍度有关。即企业对知识产权领域合规风险容忍度偏低时,偏好激进型应对策略,采取严格措施以防止企业在知识产权领域出现任何违规行为,特别是防止企业因知识产权违规行为给企业带来任何合规风险损失。企业对知识产权领域合规风险容忍度相对较低时,偏好稳健型应对策略,在该策略中,企业虽尽可能追求不出现违规行为、尽可能不出现合规风险损失,但允许可以承受范围内的合规风险。企业对知识产权领域合规风险容忍度相对较高时,偏好保守型应对策略,在该策略中,企业对知识产权领域合规风险一般不采取专门的措施,而是依靠企业现有的知识产权管理体系或现有的企业合规自我治理体系来解决。

由于知识产权领域企业合规风险应对需要承担一定的直接成本甚至

是机会成本，因此，作为"经济人"的企业往往偏好选择稳健型应对策略。一方面，采取可以承受或者愿意承受的合规风险应对成本，尽可能防止出现违规行为和因违规行为带来的合规风险损失；另一方面，允许企业存在可以承受或者愿意承受一定的违规风险，在违规行为被监管部门发现、立案、调查、处罚等过程中，积极与知识产权权利人和解，以减轻承担相关的法律责任以及相应的经济损失和声誉损失。采取稳健型应对策略的前提是企业能对知识产权领域合规风险损失有确定的预期，并有一套相应的解决方案。然而在现实中，由于知识产权领域合规风险损失涉及民事惩罚性赔偿、惩罚性行政处罚、严格的刑事处罚，甚至可能因知识产权违规导致企业经营活动停滞、企业破产。可见，知识产权领域企业合规风险稳健型应对策略本身具有一定的风险。在加强知识产权法治保障、强化知识产权保护等语境中，一个想获取长期可持续发展的企业较为理性的选择还是采取激进型应对策略。

（二）评估知识产权领域企业合规风险应对现状

所谓评估知识产权领域企业合规风险应对现状，就是对企业应对知识产权领域合规风险的制度、机制、资源等现状进行评估，以确定在既定合规风险应对策略和既定合规风险应对现状下的知识产权领域企业合规风险应对计划。或者说，要保障知识产权领域企业合规风险应对计划的可行性和有效性，就需要对企业在知识产权领域合规风险应对现状有较为精准的把握。以企业在同一种商品上使用与他人注册商标近似商标为例，该行为存在侵犯注册商标专用权的风险，可能产生民事、行政甚至刑事上的法律责任，以及由此带来的经济损失和声誉损失。对此，企业要对现有应对该合规风险的制度、机制和资源进行评估，准确掌握现有制度、机制、资源是否具有实现既定的知识产权领域合规风险应对策略的能力。如果现有知识产权领域企业合规风险应对制度、机制、资源不能有效应对上述中的合规风险，则需要进一步找出差距和应对之策。如果现有知识产权领域企业合规风险应对制度、机制、资源能有效应对上述合规风险，则需要考虑如何在既定制度、机制、资源上体现相应的知识产权领域合规风险应对策略。

由于知识产权领域企业合规风险很大程度由外部知识产权权利人的权利主张所导致的，因此，知识产权领域合规风险应对现状评估需涉及自身处理外部知识产权纠纷的能力的评估。例如，《专利法》对未经专利权人许可侵犯其专利权引起的纠纷，规定先由当事人协商解决，对不愿协商或者协商不成的，向法院起诉或请求管理专利工作的部门处理。如果企业对专利权人具有较强的协商能力，则可以一定程度阻却因专利侵权产生的行政处罚甚至刑事处罚。再如，在知识产权领域，无论是行政处罚还是刑事处罚，法律都对监管部门赋予了比较大的自由裁量权。例如，《专利法》对假冒专利规定可以处违法所得5倍以下的罚款，《刑法》对假冒注册商标罪规定可处3年以上10年以下有期徒刑。可见，企业与监管部门沟通能力，也直接影响到知识产权领域合规风险损失。因此，企业在对知识产权领域合规风险应对现状评估时，需要同时评估企业在知识产权领域应对外部相关方权利主张、监管部门的监管能力。

（三）制定和实施知识产权领域企业合规风险应对计划

知识产权领域企业合规风险应对计划是企业根据自身在知识产权领域合规风险以及自身在知识产权领域合规风险应对现状，对知识产权领域合规风险应对进行的具体谋划和具体部署，制定和实施知识产权领域企业合规风险应对计划的过程，也是落实知识产权领域合规风险准则、合规风险应对策略的过程。经过知识产权领域企业合规风险评估、企业合规风险应对策略的确立、企业合规风险应对现状的评估等步骤后，企业可以据此制定知识产权领域合规风险应对计划。知识产权领域企业合规风险应对计划一般涉及知识产权领域企业合规风险应对目标、知识产权领域企业合规风险有关信息、知识产权领域企业合规风险应对相关人员、知识产权领域企业合规风险应对有关措施、知识产权领域企业合规风险应对资源保障、知识产权领域企业合规风险应对绩效管理、知识产权领域企业合规风险应对约束机制、知识产权领域企业合规风险应对时间安排等要素。

目标的针对性、措施的可行性、执行的有效性是知识产权领域企业合规风险应对计划的基本要求。目标的针对性是指知识产权领域企业合规风险应对计划的目标要体现问题导向，解决对企业产生影响的知识产权领域合规风险问题。措施的可行性是指知识产权领域企业合规风险应对计划所涉及的措施具有操作性，在企业中能得到有效落实。执行的有效性是指知识产权领域企业合规风险应对计划所涉及的目标、措施能够有效地实现，能够有效防范或降低知识产权领域企业合规风险。知识产权领域企业合规风险应对计划所要求的目标的针对性、措施的可行性、执行的有效性要与企业发展愿景相一致。例如，由于证券监管机构关注企业是否存在知识产权领域合规风险，《首次公开发行股票并上市管理办法》就规定发行人在用的商标、专利的取得或者使用不得存在重大不利变化的风险。对此，企业基于上市的考虑，可以通过制定和实施具有目标针对性、措施可行性、执行有效性的商标、专利领域企业合规风险应对计划，确保企业不产生因在用商标、专利的不利变化而影响其发行股票和上市。

第七章 安全领域企业合规风险与应对

第一节 安全领域企业合规义务

一、安全领域企业合规义务是企业"底线"义务

安全是人的生命健康不受损害威胁或财产不受损失威胁的状态。这种威胁既可能是直接的威胁，如生产安全事故直接造成的人员伤亡、财产损失，也可能是间接的威胁，如个人隐私信息泄露对人的生命健康损害、财产损失产生的间接威胁等。这种威胁既可能是针对特定的个体，如针对特定企业的员工生命健康损害、财产损失的威胁，也可能是针对不特定的个体，如公共利益、国家利益领域人的生命健康损害威胁、财产损失的威胁。安全合规是指企业遵守安全领域法律法规、监管规定等"规"的要求，确保企业在经营管理活动中以及其员工履职中不产生安全上的威胁。在现有法律法规、监管规定中，涉及安全方面的"规"非常多，在法律方面，如《安全生产法》《国家安全法》《核安全法》《生物安全法》《网络安全法》《数据安全法》《矿山安全法》《特种设备安全法》《食品安全法》等，在法规方面，如《建设工程安全生产管理条例》《生产安全事故报告和调查处理条例》《农业机械安全监督管理条例》

《生产安全事故应急条例》《危险化学品安全管理条例》《计算机信息系统安全保护条例》等。此外，还有以安全领域法律法规为上位法的监管规定等数量众多的"规"，这些安全领域法律法规、监管规定等"规"对安全领域企业合规义务规定了要求。由于质量领域的"规"和安全领域的"规"之间存在一定的交集，如《农产品质量安全法》《乳品质量安全监督管理条例》《缺陷汽车产品召回管理条例》，这些与质量有交集的安全领域的"规"在质量领域企业合规风险与应对中已进行阐述，故此，不作为本章探讨的范围。

安全是中国式现代化行稳致远的前提，守住安全底线是监管部门最基本的监管职能。监管部门往往对安全监管采取较为严格的模式，形成"管行业必须管安全、管业务必须管安全、管生产经营必须管安全"监管格局，正是因为如此，《刑法》有多个涉及企业经营管理的安全罪名，如重大责任事故罪、危险作业罪、重大劳动安全事故罪、危险物品肇事罪、工程重大安全事故罪、消防责任事故罪、不报和谎报安全事故罪等。企业在经营过程中，一旦涉及安全合规义务，相应的法律责任可能对企业生存和发展产生严重影响甚至是致命性打击。例如，《安全生产法》针对企业主要负责人未履行该法规定的安全生产管理合规义务，单单在行政处罚的罚款数额方面，对一般事故、较大事故、重大事故、特别重大事故分别规定以上一年年收入的40%、60%、80%、100%的额度进行罚款。企业在经营过程中所产生的安全威胁绝大多数与企业在安全领域的不合规行为有关，或者说，绝大多数的安全事故与企业及其员工不履行或不足履行安全领域合规义务密切相关。可见，在安全领域履行合规义务事关企业生存与发展，是企业应履行的"底线"义务。

二、安全领域企业合规义务更多属于"过程"型义务

企业在安全领域一旦出现威胁状态，往往会产生严重的后果，不仅可能产生财产的损失，甚至还可能产生人员的伤亡，甚至其他难以想象的后果。例如，发生于2015年的"8·12天津滨海新区爆炸事故"，造成165人死亡、8人失踪、798人受伤；发生于2023年的北京长峰医院火灾事故，造成29人死亡。另据国家统计局发布的数据，2023年我国各类生产安全事故共死亡21,242人，工矿商贸企业就业人员10万人安全事故死亡人数达1,244人[①]。不难看出，应对安全威胁特别是对事关人的生命健康的安全威胁，关键是要在经营管理过程中履行安全领域合规义务。从现有涉及安全领域企业合规义务的法律法规、监管规定等"规"来看，安全领域企业合规义务更大程度上属于过程方面义务。例如，《安全生产法》对企业包括主要负责人在内的全员合规义务、安全相关资金保障合规义务、安全相关人员配置合规义务、安全相关设备配置合规义务、安全相关应急预案合规义务等进行了规定；还如，《数据安全法》规定建立健全全流程数据安全管理制度，以及开展数据安全教育培训、采取相应的技术措施和其他必要措施等合规义务，这些合规义务主要体现为企业对经营管理过程控制的要求，因为数据安全威胁一旦生成，就会产生较为严重的后果，对数据安全的过程控制正是体现对数据安全风险的低容忍度。

作为"过程"型义务的安全领域企业合规义务，本质是企业对安全威胁的预防义务，通过履行安全领域合规义务，可以有效防止安全威胁的发生。从企业在安全威胁方面的实践来看，安全威胁的产生大多源于

---

① 国家统计局：《中华人民共和国2023年国民经济和社会发展统计公报》，载国家统计局官网.

企业及其员工对安全领域合规义务不履行或履行不到位有关。或者说，企业在经营管理过程中如果很好履行安全领域"过程"型合规义务，发生在我们身边的绝大多数安全威胁事故或是可以避免发生，或是其安全威胁后果可以显著降低。例如，在"8·12天津滨海新区爆炸事故"中，涉案企业违反了多项法律法规和规章制度，一些"过程"型合规义务没有得到履行或履行不到位。

安全领域合规义务包括通用型合规义务和专门型合规义务。通用型义务是绝大部分企业都可能涉及的安全领域合规义务，如安全生产领域合规义务。专门型安全领域合规义务是特定业务领域才涉及到的业务，如网络安全领域合规义务、数据安全领域合规义务、矿山安全领域合规义务、特种设备安全领域合规义务，这些合规义务一般存在特定的行业中。实践中，有些行业本身具有较高的安全风险，对于这些领域，相关法律法规、监管规定往往对企业合规义务有着专门的规定。例如，《危险化学品安全管理条例》对危险化学品生产、储存、使用、经营和运输的安全管理的合规义务进行了规定。

三、安全领域企业合规义务涉及范围广泛

涉及安全领域企业合规义务的法律法规、监管规定较多，且基于法律法规、监管规定的标准、操作规程更是数量庞杂。这些合规义务既涉及大多数企业需要共同履行的通用型义务，也有涉及特定行业的专门型合规义务。下面对企业较为常见的安全领域合规义务进行阐释。

（一）安全领域通用型企业合规义务。这类合规义务与企业具体的行业没有直接关系，是全部企业或者大部分企业都应履行的合规义务。安全生产合规义务便是其中的一种。《安全生产法》对安全生产管理，建

立全员安全生产责任制和安全生产规章制度，安全生产资金、物资、技术、人员的投入保障，安全生产标准化、信息化建设，构建安全风险分级管控和隐患排查治理双重预防机制等安全领域合规义务进行了规定。例如，承担安全评价、认证、检测、检验职责的机构不得租借资质、挂靠、出具虚假报告的合规义务；决策机构、主要负责人保证安全生产所必需的资金投入的合规义务；企业负责人履行该法规定的安全生产管理职责的合规义务；企业应按照规定设置安全生产管理机构或者配备安全生产管理人员、注册安全工程师的合规义务；按照规定对从业人员、被派遣劳动者、实习学生进行安全生产教育和培训的合规义务，以及记录安全生产教育和培训情况的合规义务；按照规定制定生产安全事故应急救援预案或者定期组织演练的合规义务；在有较大危险因素的生产经营场所和有关设施、设备上设置明显的安全警示标志的合规义务；安全设备的安装、使用、检测、改造和报废应符合国家标准或者行业标准的合规义务；应对安全设备进行经常性维护、保养和定期检测的合规义务；不得关闭、破坏直接关系生产安全的监控、报警、防护、救生设备、设施，或者篡改、隐瞒、销毁其相关数据、信息的合规义务；不得使用应当淘汰的危及生产安全的工艺、设备的合规义务；采取措施消除事故隐患的合规义务；不得将生产经营项目、场所、设备发包或者出租给不具备安全生产条件或者相应资质的单位或者个人的合规义务，等等。

除了《安全生产法》以及以其为上位法的行政法规、监管规定等外，其他有关法律法规、监管规定或多或少也涉及企业的通用型安全领域合规义务。《国家安全法》规定企业有维护国家安全的责任和义务。例如，应当对企业员工进行维护国家安全的教育，动员、组织员工防范、制止危害国家安全行为的合规义务；配合有关部门采取相关安全措施的合规义务；不得有危害国家安全的行为，不得向危害国家安全的个人或者组织提供任何资助或者协助的合规义务。《数据安全法》规定企业在数据的收集、存储、使用、加工、传输、提供、公开等方面的合规义务。例如，开展数据处理活动应当加强风险监测，发现数据安全缺陷、漏洞等风险时，应立即采取补救措施；重要数据的处理者应当按照规定对其数据处理活动定期开展风险评估；应当采取合法、正当的方式收集数据，不得窃取或者以其他非法方式获取数据等。《消费者权益保护法实施条例》规定企业对提供的商品和服务，或经营场所及设施，有符合保障人身、财产安全要求的合规义务。《民法典》从私权的角度对企业安全合规义务进行了规定。例如，企业应当依法取得并确保信息安全，不得非法收集、使用、加工、传输他人个人信息，不得非法买卖、提供或者公开他人个人信息；宾馆、商场、银行、车站、机场、体育场馆、娱乐场所等经营场所、公共场所的经营主体、管理者或者群众性活动的组织者应当尽到安全保障义务，等等。值得一提的是，安全领域通用型企业合规义务有时不仅体现在以"安全"为字眼的法律法规或监管规定中，还体现在一些没有以"安全"为字眼的法律法规或监管规定中。例如，《保守国家秘密法》规定企业有保守国家秘密的合规义务，由于保守国家秘密属于维护国家安全范畴，因此，这一合规义务事实上是国家安全领域通用型企业合规义务的一个表现。例如，依据《保守国家秘密法》，企业有不得将涉密信息系统和设备接入互联网及其他公共信息网络，或与互联网及其他公共信息网络进行信息交换等合规义务。

（二）安全领域专门型企业合规义务。这类合规义务一般出现在安全威胁较高的领域，对这些安全威胁风险较高领域的合规义务进行专门规定，诸如网络安全、矿山安全、特种设备安全、食品安全、核安全、生物安全，以及农业转基因生物安全、煤矿安全、建设工程安全、病原微生物实验室生物安全、放射性同位素与射线装置安全、烟花爆竹安全、放射性物品运输安全、农业机械安全、危险化学品安全、民用爆炸物品安全、放射性废物安全、计算机信息系统安全，等等。

安全领域专门型企业合规义务可以从《网络安全法》《矿山安全法》《特种设备安全法》《食品安全法》《核安全法》《生物安全法》等法律以及以其为上位法的行政法规、监管规定等进行确定。例如，《网络安全法》对网络运营企业的合规义务进行了规定，网络运营企业应当按照网络安全等级保护制度的要求，履行制定内部安全管理制度和操作规程，确定网络安全负责人，落实网络安全保护责任；采取防范计算机病毒和网络攻击、网络侵入等危害网络安全行为的技术措施；采取监测、记录网络运行状态、网络安全事件的技术措施；采取数据分类、重要数据备份和加密等措施；网络运营企业应当制定网络安全事件应急预案，及时处置系统漏洞、计算机病毒、网络攻击、网络侵入等安全风险的合规义务；不得从事非法侵入他人网络、干扰他人网络正常功能、窃取网络数据等危害网络安全，或者为其提供专门程序、工具以及为其提供技术支持、广告推广、支付结算等帮助的合规义务。网络运营企业应当对其收集的用户信息严格保密，并建立健全用户信息保护制度，以及在收集、使用个人信息时遵循合法、正当、必要的原则，公开收集、使用规则，明示收集、使用信息的目的、方式和范围，并经被收集者同意等合规义务。还如，《矿山安全法》对企业涉及矿产资源开采的安全领域合规义务进行了规定，矿山企业应履行矿山建设工程的安全设施必须和主体工程同时设计、同时施工、同时投入生产和使用的合规义务；矿山建设工程的设计文件，必须符合矿山安全规程和行业技术规范的合规义务；矿山开采必须具备保障安全生产的条件，执行开采不同矿种的矿山安全规程和行业技术规范的合规义务；对作业场所中的有毒有害物质和井下空气含氧量进行检测；对冒顶、片帮、边坡滑落和地表塌陷，瓦斯爆炸、煤尘爆炸，地面和井下的火灾、水害，爆破器材和爆破作业发生的危害，粉尘、有毒有害气体、放射性物质和其他有害物质引起的危害等危害安全的事故隐患采取预防措施的合规义务，等等。

安全领域专门企业合规义务还可以从农业转基因生物安全、煤矿安全、建设工程安全、病原微生物实验室生物安全、放射性同位素与射线装置安全、烟花爆竹安全、放射性物品运输安全、农业机械安全、危险化学品安全、民用爆炸物品安全、放射性废物安全、计算机信息系统安全、网络安全等相关行政法规，以及以其为上位法依据的监管规定等来确立。例如，《烟花爆竹安全管理条例》对企业从事烟花爆竹的生产、经营、运输和燃放的合规义务进行了规定，企业应履行按照安全生产许可证核定的产品种类进行生产；生产工序或者生产作业符合有关国家标准、行业标准；生产烟花爆竹使用的原料符合国家标准规定，或者使用的原料不得超过国家标准规定的用量限制；不雇佣未经有关考核合格的人员从事危险工序作业；不使用按照国家标准规定禁止使用或者禁忌配伍的物质生产烟花爆竹；按照国家标准的规定在烟花爆竹产品上标注燃放说明，在烟花爆竹的包装物上印制易燃易爆危险物品警示标志等合规义务。再如，《农业机械安全监督管理条例》对从事农业机械的企业在安全领域合规义务进行规定，如不得生产、销售利用残次零配件或者报废农业机械的发动机、方向机、变速器、车架等部件拼装的农业机械；农业机械销售企业建立、保存销售记录；农业机械维修经营企业应使用符合农业机械安全技术标准的配件维修农业机械，不得拼装、改装农业机械整机或者承揽维修已经达到报废条件的农业机械等安全领域合规义务。还如，《煤矿安全生产条例》对煤矿企业在安全领域合规义务进行规定，如按照规定设置安全生产管理机构并配备安全生产管理人员；主要负责人和安全生产管理人员按照规定经考核合格并持续保持相应水平和能力；按照规定进行安全生产教育和培训，如实告知有关的安全生产事项，如实记录安全生产教育和培训情况；特种作业人员按照规定经专门的安全作业培训并取得相应资格后上岗；进行危险作业时采取专门安全技术措施并安排专门人员进行现场安全管理；按照规定建立并落实安全风险分级管控制度和事故隐患排查治理制度，报告重大事故隐患排查治理情况；按照规定制定生产安全事故应急救援预案并定期组织演练，等等。此外，《网络数据安全管理条例》对网络数据处理者、网络平台服务提供者在网络数据安全方面的合规义务进行了规定。比如，明确大型网络平台服务提供者不得以误导、欺诈、胁迫等方式处理用户在平台上产生的网络数据；没有正当理由不得限制用户访问、使用其在平台上产生的网络数据；不得对用户实施不合理的差别待遇等合规义务。

第二节　安全领域企业合规风险点

一、安全领域企业合规风险点凸显全面性

安全领域企业合规风险点是企业不履行或者履行不足安全领域合规义务，导致发生安全威胁的可能性。或者说，如果企业存在不履行安全领域合规义务的合规风险事件，该合规风险事件便成为该企业在安全领域的合规风险点。例如，企业主要负责人应当履行《安全生产法》所规定的安全生产管理的合规义务，履行该合规义务包括组织制定并实施本企业安全生产规章制度和操作规程、组织制定并实施本企业的生产安全事故应急救援预案等七种场景，每一种场景都存在相应合规风险事件。倘若出现企业主要负责人没有组织制定并实施本企业安全生产规章制度

和操作规程的合规风险事件，或者，没有组织制定并实施本企业的生产安全事故应急救援预案的合规风险事件，这两个合规风险事件就转化为该企业在安全领域的合规风险点。由于安全领域相关法律法规、监管规定等往往对安全采取过程监管的方式，只要企业没有履行安全领域合规义务，即使没有产生实质上的安全威胁，都有可能面临合规风险损失。还以上述企业主要负责人安全生产管理的合规义务为例，倘若企业主要负责人存在没有履行《安全生产法》所要求的安全生产管理的行为，企业就存在被处以罚款甚至停产停业整顿的合规风险损失。可见，对安全领域企业合规风险点的确立应突出对相关法律法规、监管规定的全面考察，深入把握可能存在对安全领域合规义务不履行或履行不到位的任何合规风险事件。

由于安全领域企业合规义务存在通用型合规义务和专门型合规义务之分，企业在确立安全领域合规风险点时，不仅要根据自身经营实际确立通用型合规义务相对应的合规风险点，还要根据自身行业特性确立专门型合规义务相对应的合规风险点。以生产经营危险化学品的企业为例，一方面，该企业要按照《安全生产法》《国家安全法》等对安全领域合规义务的规定，梳理企业可能存在对安全领域合规义务不履行或者履行不足的合规风险事件，确定相应的安全领域合规风险点；另一方面，该企业还需按照《危险化学品安全管理条例》以及以其为上位法的监管规定等对安全领域合规义务的规定，梳理企业可能存在对该条例所规定的安全领域合规义务不履行或者履行不足的合规风险事件，确定相应的安全领域合规风险点。因此，在确立安全领域合规风险点时，企业应该基于自身经营管理活动所涉及的所有相关法律法规、监管规定等所明确的合规义务，从企业安全管理全流程出发，梳理企业可能对安全领域合规义务不履行或履行不足的所有合规风险事件，确保安全领域合规风险点的全面性。

对安全领域企业合规风险点确立作出全面性要求，主要是因为安全事关人身安全、财产安危和企业存亡，是企业稳定发展的基础和员工美好生活的前提。同时，安全威胁的产生往往是由于一些轻微的不合规行为发展到一定程度的结果。对安全领域企业合规风险点确立作出全面性要求，可以及时对轻微的不合规行为在露出苗头时就加以制止。安全领域企业合规风险点通常与企业及其员工的履职行为有关，要全面确立安全领域企业合规风险点，企业就需要立足企业经营管理各个环节、对安全产生影响的员工，梳理其中可能产生不履行合规义务或履行义务不足的合规风险事件。其实，安全领域相关法律法规、监管规定等对安全领域合规义务的规定，往往都体现了对安全治理的全环节、全人群。如《安全生产法》就明确了全员安全生产责任制的合规义务，企业可以从企业主要负责人、安全生产管理机构、安全生产管理人员以及其他人员可能存在的安全领域合规风险事件出发，梳理相对应的合规风险点。

为确保安全领域企业合规风险点的全面性，企业可以按照一定的逻辑对安全领域合规风险点进行考察。以从事烟花爆竹生产经营的企业为例，企业可以从生产、经营、运输和燃放等环节考察相应的合规风险点，每个环节再细分为若干个具体环节。就生产烟花爆竹的环节来说，企业可以从生产烟花的条件、产品生产种类，生产工序和生产作业，生产作业人员教育培训、考核，原材料使用，烟花爆竹产品标注、警示标志，黑火药、烟火药、引火线保管以及购买、领用、销售登记等环节考察企业可能存在的安全领域合规风险事件，继而确定相应的合规风险点。其实，安全领域相关法律法规、监管规定通常也是按照一定逻辑对企业合规义务进行规定，如《烟花爆竹安全管理条例》就对生产、经营、储存、运输、邮寄等环节的安全合规义务进行规定，企业需要在相应的场景下按照相应的逻辑对企业合规风险点进行梳理确立。此外，由于安全威胁的生成遵循一定的路径，企业还可以按照安全威胁的生成路径来确立安全领域合规风险点。例如，对企业内部已经发生的安全威胁和外部已经发生的安全威胁进行考察，剖析安全威胁生成的各类原因，从相关原因来确立本企业相应的合规风险点。值得一提的是，按照安全威胁的生成路径来确立企业合规风险点能确保企业在确立自身安全领域合规风险的针对性，但可能会漏掉或者忽视一些合规风险点，即出现安全领域企业合规风险点确立不全面的问题。

二、安全领域常见的企业合规风险点

对企业的监管一般可分为经济性监管和社会性监管两类，社会性监管是指以确保国民生命安全、防止灾害、防止公害和保护环境为目的的监管，严格监管是社会性监管发展的趋势。显然，安全是属于社会性监管范畴，严格安全监管是各个监管部门普遍偏好的监管理念。正是由于这种监管理念，监管部门对企业安全管理的介入程度较高，相关的合规义务也就比较多，从而涉及安全的合规风险点也就比较多。由于安全领域违规行为与因违规行为产生的合规风险损失之间具有高度一致性，即企业一旦在安全领域出现违规行为，因其违规行为产生合规风险损失的概率较大。因此，严格来说，企业应重视安全领域的每一个合规风险点。

（一）安全领域通用型企业合规风险点

安全领域通用型合规风险点源于安全领域通用型合规义务，这类合规风险点不涉及特定的行业，绝大部分企业都有可能涉及。安全领域常见的通用型企业合规风险点多源于《安全生产法》以及以其为上位法相关监管规定所确定的合规义务，在安全生产教育和培训、安全生产检查、安全风险分级管控、生产安全事故隐患排查治理、劳动防护、生产安全事故报告和处理等环节中都可能存在相应的合规风险点。以安全生产教育和培训为例，如出现企业主要负责人没有组织制定并实施本单位安全生产教育和培训计划；企业安全生产管理机构以及安全生产管理人员没有组织或者参与本企业安全生产教育和培训；没有如实记录安全生产教育和培训情况；未经安全生产教育和培训合格的从业人员上岗作业；没有建立安全生产教育和培训档案，如实记录安全生产教育和培训的时间、内容、参加人员以及考核结果等情况；采用新工艺、新技术、新材料或者使用新设备时没有对从业人员进行专门的安全生产教育和培训；没有安排进行安全生产培训的经费，等等。这些没有履行或者不足履行合规义务的场景，成为该企业在安全生产教育和培训环节的合规风险点。再如，在生产安全事故报告和处理环节中，倘若企业存在没有制定生产安全事故应急救援预案；安全事故发生后事故现场有关人员没有立即报告企业负责人，企业负责人接到事故报告后没有迅速采取有效措施，组织抢救，防止事故扩大，减少人员伤亡和财产损失等没有履行或者不足履行合规义务的场景，这些场景成为该企业在生产安全事故报告和处理环节的合规风险点。

安全领域常见的通用型企业合规风险点还源于《消防法》以及以其为上位法的相关制度所规定的合规义务中。维护消防安全、保护消防设施、预防火灾、报告火警是企业应予履行的合规义务。以预防火灾为例，如果企业没有制定相应的消防安全制度、消防安全操作规程，以及制定灭火和应急疏散预案；没有按照国家标准、行业标准配置消防设施、器材，设置消防安全标志，定期组织检验、维修；对建筑消防设施没有定期进行全面检测并完整准确记录检测情况；没有保障疏散通道、安全出口、消防车通道畅通，没有保证防火防烟分区、防火间距符合消防技术标准；没有组织防火检查，及时消除火灾隐患；没有组织进行有针对性的消防演练等没有履行或者不足履行合规义务的场景，则这些场景成为该企业在预防火灾方面的合规风险点。

尽管安全领域通用性合规风险点是绝大多数企业都可能存在的合规风险点，由于不同企业在安全领域合规风险应对能力上的差异，尽管对安全领域企业合规风险点有着全面性的要求，但这并不等于不加以区分地将所有合规风险点都纳入自身在安全领域的合规风险点体系中。企业需要从自身实际出发，对没有存在可能性安全领域合规风险点予以排除。

（二）安全领域专门型企业合规风险点

不同行业、不同领域发生安全威胁的概率是不同的，对安全威胁易发多发的领域，相关法律法规、监管规定往往设置了专门的合规义务，针对这类合规义务，监管部门对企业的安全领域进行了不同程度的介入，以确保企业在经营管理中维护安全的主体责任。安全领域专门型企业合规风险点除了源于《核安全法》《生物安全法》《网络安全法》《矿山安全法》《特种设备安全法》《食品安全法》等法律以及以其为上位法的相关制度所规定的合规义务，还源于数十部行政法规以及以其为上位法的相关制度所规定的合规义务。例如，截至2024年9月底，名称中含有"安全"的行政法规就有41部，这41部行政法规绝大多数针对特定领域、特定行业的安全治理，进而成为确定安全领域专门型企业合规风险点的源依据。

以从事生物技术研究、开发与应用活动的企业为例，依据《生物安全法》，如果企业存在从事危及公众健康、损害生物资源、破坏生态系统和生物多样性等危害生物安全的生物技术研究、开发与应用活动；没有采取生物安全风险防控措施，没有制定生物安全培训、跟踪检查、定期报告等工作制度，没有强化过程管理；没有遵守国家生物技术研究开发安全管理规范；未经批准或者进行备案，从事高风险、中风险生物技术研究、开发活动等没有履行或不足履行安全领域合规义务的场景，则这些场景便成为企业在生物安全领域的合规风险点。以食品生产企业的过程控制为例，依据《食品安全法》，倘若企业在原料采购、原料验收、投料等原料控制，生产工序、设备、贮存、包装等生产关键环节控制，原料检验、半成品检验、成品出厂检验等检验控制，运输和交付控制等环节存在不履行或履行不足相应合规义务的场景，则这些场景成为企业在过程控制领域的合规风险点。

企业在确立安全领域专门企业合规风险点时，应从自身业务出发，立足与自身业务相关的合规义务，从业务涉及的人员职责、有关环节等入手，寻找影响企业履行安全领域合规义务的合规风险事件，该合规风险事件一旦与安全领域合规义务履行与否或履行程度相关，该合规风险事件便成为企业在安全领域不履行或履行不足相应合规义务的场景，进而确定安全领域相应的合规风险点。值得一提的是，企业在确立安全领域合规风险点时，除了要找出对安全领域合规义务不履行或履行不到位的场景，还要列明相应合规风险点的可能法律责任、经济损失和声誉损失，以及相应法律法规、监管规定等"规"的依据。

第三节　安全领域企业合规风险评估

一、安全领域企业合规风险准则

安全领域企业合规风险准则是企业对安全领域合规风险容忍度的直接反映，也是安全领域企业合规风险评估与应对的重要依据。安全领域企业合规风险涉及安全领域企业实施违规行为的风险和因违规行为产生合规风险损失。有些法律法规、监管规定在安全领域即使没有出现安全威胁但企业只要实施了违规行为就要承担相应的法律责任。例如，依据《安全生产法》《刑法》有关规定，企业只要实施了关闭、破坏直接关系生产安全的监控、报警、防护、救生设备、设施，或者篡改、隐瞒、销毁其相关数据、信息等行为，就需要承担限期改正、罚款、停产停业整顿，甚至是刑事责任。同时，相关法律法规、监管规定对因违规行为产生合规风险损失有着相当严格的界定。例如，安全威胁的发生往往伴随人员伤亡和财产损失，企业难以避免承担民事赔偿责任；可能处以警告、罚款、责令停产停业、吊销证照等处罚，以及包括对相关责任人员处以从业限制、罚款、暂停或者撤销相关资格等处罚甚至行政拘留，有时可能面临被联合惩戒或市场准入限制；触及重大责任事故罪、强令及组织他人违章冒险作业罪、危险作业罪、重大劳动安全事故罪、危险物品肇事罪、工程重大安全事故罪、消防责任事故罪、不报及谎报安全事故罪等罪名，处有期徒刑、拘役、管制、罚金等刑罚。尽管如此，从企业实施安全领域违规行为到因违规行为产生合规风险损失，即从企业实施安全领域违规行为到该行为被发现、立案、调查、处罚，再到承担与此相应的合规风险损失，或者说从企业实施违规行为到因该行为引发安全威胁等，都具有一定的概率性。正因为如此，本应是低容忍度甚至是零容忍度的安全领域合规风险，企业可能由于存在侥幸心理或者出于短期经济利益的考虑，造成在安全领域合规风险容忍度上的差异。

安全领域合规风险应对虽然可以让企业防止、降低违规行为发生的可能性，以及防止、降低因违规行为产生合规风险损失的可能性，但安全领域合规风险应对需要一定的成本，包括需要支付的安全生产费用以及其他与此相关的资源性投入，也包括因应对安全领域企业合规风险所面临的机会成本。可见，企业对安全领域合规风险的容忍度往往取决于企业对安全领域合规风险应对的预期收益与预期成本的比较。当企业预期其对安全领域合规风险应对成本大于应对收益时，企业存在偏好较高容忍度的安全领域合规风险准则，当企业预期其对安全领域合规风险应对收益大于应对成本时，企业存在偏好较低容忍度的安全领域合规风险准则。值得一提的是，在"安全重于泰山，生命高于一切"的语境中，单纯依据安全领域合规风险应对的预期收益与预期成本的比较来确定安全领域企业合规风险准则，存在很大的偏颇性。这是因为安全领域企业合规风险一旦涉及人的生命和身体健康，单纯依靠成本与收益比较的经济信条偏离了企业对社会责任的担当要求。因此，企业在确定安全领域合规风险准则时不仅要考虑经济信条，还需要考虑包括社会伦理要求在内的社会信条。

二、安全领域企业合规风险识别

安全领域企业合规风险识别是企业对自身经营管理过程中安全领域合规风险点的辨认和辨别，或者说是对安全领域企业合规风险点的排除和选取。安全领域企业合规风险点是企业可能面对的安全领域潜在的合规风险，企业只要存在对安全领域合规义务不履行或履行不足的场景，一般都应纳入安全领域企业合规风险点的范畴。安全领域企业合规风险识别就是判断企业是否存在触发安全领域合规风险点的合规风险事件，一旦存在能够触发合规风险点的合规风险事件，则该安全领域合规风险点就成为安全领域企业合规风险。如果说对安全领域企业合规风险点的确立主要依赖于相应的法律法规、监管规定等"规"方面的合规义务，那么安全领域企业合规风险识别则是企业从内外部出发辨认和辨别可能触发安全领域合规风险点的合规风险事件。当然，企业在确立安全领域合规风险点时也会一定程度上涉及企业对安全领域合规义务不履行或履行不足的场景，这种场景也涉及相应的合规风险事件。尽管如此，在确立安全领域企业合规风险点阶段，只要存在合规风险事件，便能确定相应的合规风险点，而不涉及对合规风险事件是否触发合规风险点而产生安全领域企业合规风险的辨认和辨别。

对安全领域企业合规风险的识别，关键是找寻可能触发安全领域合规风险点的合规风险事件。企业可以从经营管理活动各个环节或者从各个岗位履职出发，找寻可能触发安全领域合规风险点的合规风险事件，倘若合规风险事件与相应的安全领域合规风险点存在一定的匹配性，存在触发安全领域合规风险点的可能，由此，便可以确定该合规风险点是企业应予应对的安全领域合规风险。以食品安全领域合规风险识别为例，依据《食品安全法》，企业确定了存在对直接入口的食品没有使用无毒、清洁的包装材料、餐具、饮具和容器的合规风险点，如果企业在生产经营食品过程中，通过企业经营管理相关环节和相关岗位履职的梳理，发现企业用于食品的包装材料、餐具、饮具和容器含有对人有害的物质和存在不清洁的情形的合规风险事件，这一合规风险事件与该合规风险点有着明显的匹配性。据此推断，由于企业在经营管理过程中存在上述合规风险事件，企业所确立的对直接入口的食品没有使用无毒、清洁的包装材料、餐具、饮具和容器的合规风险点，就成为企业需要应对的安全领域合规风险。

由于安全领域企业合规风险的全面性要求，企业在安全领域合规风险识别过程中，可以综合采用问卷调查、访谈调研、头脑风暴、德尔菲法、检查表等多种方法，实现多渠道、多维度查找企业可能触发安全领域合规点的合规风险事件，以确保安全领域合规风险点的全面性。在识别安全领域合规风险时，企业除了将能够触发安全领域合规风险点的合规风险事件作为辨认、辨别安全领域企业合规风险的依据，进而识别出相应的合规风险之外,对没有发现可能触发安全领域合规风险点的合规风险事件,企业在排除相应的合规风险点时也需谨慎。或者说,即使没有找到可以触发安全领域合规风险点的合规风险事件,企业一般也不要轻易排除相应的安全领域合规风险点。只有在确保企业不可能存在触发合规风险点的合规风险事件时,企业才能从安全领域合规风险点集中排除相应的合规风险点。以安全生产教育和培训为例,通过对企业安全生产教育和培训的考查,确保严格执行相关法律法规、监管规定等对安全生产教育和培训的要求,企业不可能存在触发相应合规风险点的合规风险事件。此种情形下,企业才能将相应的合规风险点排除在安全领域合规风险之外。

三、安全领域企业合规风险分析

安全领域企业合规风险分析是企业通过采取头脑风暴法、结构化半结构化访谈、德尔菲法、情景分析法、检查表法等多种方法,对识别到的安全领域合规风险进行的综合分析,确定企业在安全领域实施违规行为的概率,以及因违规行为产生合规风险损失的概率。安全领域企业合规风险意味着企业在经营管理活动中存在实施违规行为风险以及因违规行为产生合规风险损失的风险,至于违规行为以及因违规行为产生合规风险损失到底会不会发生、能以多大的概率发生,则需要对安全领域企业合规风险进行全面综合分析。此外,为做好安全领域合规风险应对,需要对安全领域企业合规风险产生的原因、企业合规风险生成机理、安全领域各企业合规风险之间的关系以及安全领域企业合规风险与企业所面临其他风险之间的关系进行分析。可以说,安全领域企业合规风险分析既是安全领域企业合规风险评价的基础,也是安全领域企业合规风险应对的基础。因此,做好安全领域企业合规风险分析在很大程度上决定了安全领域企业合规风险评价和应对的效能。

　　安全领域企业合规风险分析涉及对企业在安全领域实施违规行为风险的分析，以及因违规行为产生合规风险损失的分析。在对安全领域实施违规行为风险分析的方面，通过对企业实施违规行为动机、条件、表现形式等分析，可以确定企业在安全领域实施违规行为的可能性大小，倘若企业在安全领域实施违规行为能够获取短期上的利益，且企业及其员工具有实施违规行为的条件，则企业在安全领域存在实施违规风险的可能性较大。以安全生产投入为例，依据《安全生产法》，企业有按照规定提取和使用安全生产费用的义务，倘若该安全生产费用挪作他用能给企业带来可预期的短期收益，且相关制度和机制对该安全生产费用挪作他用的行为没有形成有效的约束，则企业实施没有按照规定提取和使用安全生产费用专门用于改善安全生产条件方面的违规风险的可能性就相对较大。在因违规行为产生合规风险损失分析方面，从违规行为被发现，到被监管部门立案调查，再到被监管部门予以处罚，直至基于被监管部门介入产生相应的经济损失、声誉损失，以及从实施违规行为到生成安全威胁等都存在一定的概率。对此，企业需要从内外两个层面分析这些概率事件发生的原因。既要从企业自身制度建设、机制建设、安全文化培育等对合规风险损失发生的概率进行分析，也要从其交易相关方、监管部门等外部因素来分析合规风险损失发生的概率。以食品安全监管为例，在实施"最严谨的标准、最严格的监管、最严厉的处罚、最严肃的问责"的语境中，倘若企业存在生产经营致病性微生物、农药残留、兽药残留、生物毒素、重金属等污染物质超过食品安全标准限量的食品等违规行为，则该违规行为被发现、被监管部门立案调查、被监管部门予以处罚、基于被监管部门介入产生相应的经济损失和声誉损失等概率相对较高。此外，当食品安全事件频发，进而影响到消费者对食品安全信任时，监管部门往往或较之以前以更加严厉的方式对待食品安全领域违规行为，这类企业在食品安全领域合规风险自然也会相对增加。

对安全领域企业合规风险的分析需要注重安全领域合规风险事件的分析。安全领域合规风险事件的发生往往是多种因素综合交织的结果，分析安全领域各个合规风险事件的原因、合规风险事件发展规律、合规风险事件与合规风险之间的逻辑机理，对系统、全面掌握安全领域企业合规风险具有不可或缺的作用。例如，列入建设工程概算的安全作业环境及安全施工措施所需费用不得挪作他用。如果施工企业出现将这类费用挪作他用的合规风险事件，就需要分析该事件产生的原因，该事件是如何形成和发展的，该事件与施工企业在安全领域合规风险之间存在什么样的逻辑。倘若能做到这样的分析，就可以对该事件所带来的安全领域违规风险以及因违规行为产生的合规风险损失有着较为精准的把握。

四、安全领域企业合规风险评价

安全领域企业合规风险评价是安全领域企业合规风险评估的最后一步，其职责在对安全领域企业合规风险分析基础上，对企业需要应对的安全领域合规风险确定风险等级，明确偏好次序。从理论上讲，"安全无小事，防患于未然"，企业对安全领域的任何合规风险都需要重视，都应尽可能防止违规行为的发生及因违规行为合规风险损失的产生。然而，安全领域合规风险应对是需要成本的，且安全领域违规行为发生的概率、安全领域违规行为导致安全威胁的概率、因违规行为产生合规风险损失的概率和大小等都存在着差异，这些促使企业在评价安全领域合规风险时需坚持"两点论"。即，不仅需要对企业在安全领域所有合规风险进行评价，也需要企业对安全领域合规风险偏好确定一定的次序。

企业对安全领域合规风险评价可以通过三个步骤实现。一是在对安全领域企业合规风险分析的基础上，对安全领域企业合规风险进行不同维度的排序，包括安全领域企业合规风险事件发生的可能性、企业合规风险高低以及企业合规风险损失大小，以明确安全领域不同合规风险对企业的影响程度。二是对照安全领域企业合规风险准则，对安全领域企业合规风险进行分级。三是根据安全领域企业合规风险等级，确定需要重点关注和优先应对的安全领域合规风险。

安全领域企业合规风险评价除了依据安全领域合规风险发生概率的分析结果外，还需要考虑安全领域企业合规风险相对应的安全威胁的危害程度。安全领域企业合规风险应对的最高法则是防止安全威胁的发生，因为安全威胁不仅是经济范畴需要考虑的问题，也是社会伦理范畴需要考虑的问题。因此，即使经过分析得出企业在安全领域某一合规风险等级较低，一旦该安全领域合规风险产生安全威胁，也会产生灾难性的后果。在此情形下，即使该安全领域合规风险发生的概率很低，也需对此类安全领域合规风险赋予较高的风险等级。或者说，安全领域企业合规风险等级的确定，不仅要依据安全领域违规行为发生的概率、因违规行为产生合规风险损失的概率，还要依据安全领域合规风险等级相对应安全威胁的危害程度。

第四节　安全领域企业合规风险应对

一、安全领域企业合规风险应对是企业利益与责任的体现

安全领域合规风险应对是对安全领域企业合规风险评估结果作出的

回应，其主要目的是防范或降低企业在安全领域合规风险，包括防范或降低安全领域违规的风险，因安全违规承担法律责任的风险，以及因承担法律责任引起其他相关的经济损失和声誉风险。防止安全威胁发生、降低安全威胁后果是企业实现经济利益的必要前提，因此，安全领域合规风险应对是决定企业经济利益实现程度的重要变量。倘若企业不能有效应对安全领域合规风险，导致安全威胁的发生以及由其决定的安全威胁后果，企业不仅需要承担相应的民事赔偿责任、行政处罚责任、刑事责任，给企业造成相应的经济负担，还可能导致企业承担法律责任带来的一系列预见或不可预见的后果。现实中，因没有做好安全领域合规风险应对给企业带来灾难性的后果不胜枚举，甚至有不少企业因没有做好安全领域合规风险应对而导致企业破产。与此同时，对安全领域企业合规风险的应对，体现着企业经营方面的稳定性，不仅能够稳定企业自我发展的预期，也能够稳定交易相对方对交易的预期。如果一个企业不能对安全领域合规风险进行有效应对，势必影响到企业及其员工对自身发展的信心，势必影响到交易相对方与该企业交易的信心。因此，做好安全领域合规风险应对对企业而言是一笔经济账，不仅能减少不必要的经济利益损失和声誉损失，还能稳定企业及其交易相对方对该企业发展的预期，增加企业交易机会进而增加经济利益。

安全是全社会最基本的公共产品，无论在国家安全、生产安全、数据安全等通用性安全领域，还是在核安全、生物安全、网络安全、矿山安全、特种设备安全、食品安全、农业转基因生物安全、建设工程安全、病原微生物实验室生物安全、烟花爆竹安全、农业机械安全、关键信息基础设施安全、危险化学品安全、计算机信息系统安全等专门性安全领域，只要企业在经营管理过程涉及相应的安全领域合规风险，就有做好合规风险应对的义务。一方面，安全事关企业生产和发展，事关企业员工的生命与健康权益，做好安全领域合规风险应对体现企业对自身发展及其员工权益保护的责任；另一方面，安全涉及公共利益、国家利益，维护公共安全、国家安全是企业的社会责任。《公司法》就规定企业公司从事经营活动必须承担社会责任，应当实现安全生产，不得危害国家安全、社会公共利益。可以说，做好安全领域合规风险应对体现着企业的社会责任。

二、预防是安全领域企业合规风险应对的最佳策略

安全威胁一发生，往往伴随较为严重的后果，不仅涉及民事赔偿、行政罚款等，还涉及停产停业甚至导致企业破产和承担刑事责任。例如，安全威胁一旦发生，就会因企业存在安全领域违规行为而加重处罚结果，使得企业法律责任由民事责任、行政责任向刑事责任方向转化。在《刑法》中，危险作业罪、重大劳动安全事故罪、危险物品肇事罪、工程重大安全事故罪、消防责任事故罪、不报及谎报安全事故罪等罪名确立和量刑均以发生安全威胁为前提。以重大责任事故罪为例，《刑法》规定企业在生产、作业中违反有关安全管理的规定，发生重大伤亡事故或者造成其他严重后果的，处3年以下有期徒刑或者拘役，对于情节特别恶劣的，处3年以上7年以下有期徒刑。因此，防止安全威胁的发生，是安全领域企业合规风险应对的首要追求。也就是，企业在应对安全领域合规风险时，应尽可能采取措施，防止安全威胁的产生。企业在应对安全领域合规风险时需要担负一定的成本，一些企业对安全领域合规风险的预防并没有予以足够的重视，而是将合规风险应对的重心放在安全威胁发生后的应对上。这类做法一定程度上符合了作为"经济人"企业的短期利益。不可否认的是，如果安全威胁不涉及人的生命和身体健康

损害，只是涉及财产损失，这种做法勉强存在一定的合理性。然而，如果安全威胁涉及人的生命和健康时，将合规风险应对的重心放在安全威胁发生后的应对上，不仅不符合企业的经济价值追求，更不符合企业伦理的价值追求。也就是说，预防始终是安全领域企业合规风险的最佳策略。

对安全领域企业合规风险的预防往往依靠制度建设、机制构建、文化培育来共同筑牢企业应对安全领域合规风险的"堤坝"。在制度建设方面，企业可以将法律法规、监管规定等确定的合规义务进行制度上的具体化，规范经营管理各环节、各人员岗位的安全领域合规风险应对责任和方式方法。在机制建设方面，围绕安全领域企业合规风险预防制度如何实施，建立相应的激励机制、约束机制、考核机制、协同机制、责任追究机制等来确保安全领域企业合规风险预防制度能得到有效执行。在文化培育方面，需要注重安全领域全员合规意识和合规技能培训，并将安全领域合规意识和合规技能贯穿于员工履职全过程，确保企业各类员工能在履职过程中具有与岗位相当的安全领域合规意识和合规技能。需要指出的是，安全领域企业合规风险的预防的侧重点是增强企业对安全领域合规风险的"免疫力"，主要聚焦防范企业在经营管理过程中出现安全领域的违规行为，从源头杜绝企业因违规行为产生合规风险损失的可能。对安全领域企业合规风险的预防需要从企业实际出发，例如，对于从事危险化学品生产的企业和从事一般产品生产的企业，各自在安全领域合规风险预防显然存在着明显的差异。

三、加强安全领域企业合规风险应对体系建设

安全领域企业合规风险应对是安全领域企业合规义务确立、企业合规风险点确定、企业合规风险评估的直接回应，其目的是防止或降低企

业违规风险和因违规行为产生合规风险损失。安全领域企业合规风险应对体系建设是影响企业是否发生安全威胁的重要参数，一个企业如果在安全领域合规风险应对方面具有较为健全体系，就意味着该企业对违规行为、安全威胁发生以及相应的合规风险损失产生等有着较强的把控能力。加强安全领域企业合规风险应对体系建设需要在安全领域企业合规风险应对策略、评估安全领域企业合规风险应对现状、制定和实施安全领域企业合规风险应对计划中实现。

（一）确定安全领域企业合规风险应对策略

安全威胁涉及人员伤亡、健康损害、财产损失等后果，不同后果对应不同的合规风险损失，决定着企业在安全领域合规风险应对策略上的差异。安全领域企业合规风险应对策略是安全领域企业风险准则的直接体现，企业应根据自身在安全领域合规风险准则和安全领域合规风险上的评估结果，来确定企业安全领域合规风险应对策略。安全领域企业合规风险应对策略一般可以分为激进型安全领域企业合规风险应对策略、稳健型安全领域企业合规风险应对策略、保守型安全领域企业合规风险应对策略。激进型安全领域企业合规风险应对策略契合了"安全重于泰山，生命高于一切"的安全理念，是指企业对安全领域合规风险的容忍度很低甚至为零，避免一切可能造成安全威胁的违规行为、防止一切可能因违规行为产生合规风险损失的行为。这类安全领域企业合规风险应对策略一般适用于安全威胁容易发生、安全威胁容易造成人员伤亡的企业中，如危险化学品生产经营企业、食品生产经营企业。稳健型安全领域企业合规风险应对策略是指根据企业合规风险应对预期成本和预期收益的比较来确定企业如何应对合规风险的策略。当企业安全领域合规风险应对的预期收益不低于预期成本时，对安全领域合规风险采取相对积极应对措施；当企业安全领域合规风险应对的预期收益低于预期成本时，对安全领域合规风险采取相对消极的应对措施。这类安全领域企业合规风险应对策略一般适应于安全威胁只涉及财产损失且该财产损失是在企业可以承受的范围内。保守型安全领域企业合规风险应对策略是指对存在的安全领域合规风险不采取专门的应对措施，单纯依靠现有的制度、机制、文化来应对。

尽管现实中对安全领域企业合规风险应对策略有以上3种，但对于一个追求可持续发展、注重践行社会责任的企业而言，对企业经营过程中的任何安全威胁都应采取低容忍甚至是零容忍的态度，选择最大程度杜绝安全领域违规行为的合规风险应对策略。例如，食品生产企业应该采取一切可能的措施杜绝食品安全风险的发生；从事数据收集、存储、使用、加工的企业应采取确保数据处于有效保护和合法利用的状态，杜绝对个人隐私和国家安全产生威胁的可能；人力资源服务平台企业应采取措施应对企业及其员工通过出售个人简历侵犯个人信息的合规风险；从事危险化学品生产、储存、使用、经营和运输的企业应采取一切措施来杜绝危险化学品安全威胁的发生。

（二）评估安全领域企业合规风险应对现状

安全领域企业合规风险应对现状评估是指对企业在安全领域合规风险应对的制度、机制、资源等现状进行评估，以确定在既定合规风险应对策略和既定合规风险应对现状下的安全领域企业合规风险应对计划。也就是说，要保障安全领域企业合规风险应对计划的可行性和有效性，就需要对企业在安全领域合规风险应对现状有着精准的把握。在安全领域企业合规风险应对现状评估过程中，企业需要对既往安全领域合规风险应对效果，现有安全领域安全合规风险应对制度安排、资源保障、工作机制，需要应对的安全领域合规风险所需的条件以及现有条件的满足程度等进行全方位的评估，确定安全领域企业合规风险应对的现有制度、机制、资源保障等是否胜任待应对的安全领域合规风险。如果安全领域企业合规风险应对的现有制度、机制、资源保障等不能胜任待应对的安全领域合规风险，分析不能胜任的具体场景及其原因，从制度建设、机制构建、资源保障等方面找出相应的解决办法。

评估安全领域企业合规风险应对现状是项比较专业的工作，其对人员知识能力要求比较多元，既需要熟悉安全领域的法律专业人士，也需要熟悉安全领域相关技术的技术人士，还需要对企业经营管理较为熟悉的管理人士。因此，在评估安全领域企业合规风险应对现状时，需要吸收法律人士、技术人士、管理人士共同参与。例如，依据《危险化学品安全管理条例》和安全领域合规风险评估结果，企业存在没有在作业场所设置相应的监测、监控、通风、防晒、调温、防火、灭火、防爆、泄压、防毒、中和、防潮、防雷、防静电、防腐、防泄漏以及防护围堤或者隔离操作等安全设施、设备，且没有按照国家标准、行业标准或者国家有关规定对安全设施、设备进行经常性维护、保养等合规风险。评估现有制度、机制、资源对这一合规风险应对的现状，显然需要懂法律、懂技术、懂管理的相关人士共同参与。可见，对于安全领域企业合规风险应对现状的评估，尤其是对专业水平要求比较高的企业，如从事危险化学品、放射性废物、建设工程等经营活动的企业，需要组织企业内外部相关领域专家参与。

（三）制定和实施安全领域企业合规风险应对计划

安全领域企业合规风险应对计划是企业根据自身在安全领域合规风险以及自身在安全领域合规风险应对现状，对安全领域合规风险应对进行的具体谋划和具体部署。可以说,安全领域企业合规风险应对计划是对安全领域企业合规风险准则、应对策略的具体落实,安全领域合规义务的确定、合规风险点确定、合规风险的识别、合规风险的分析、合规风险的评价、合规风险应对现状的评估等在很大程度上是为了制定和实施有针对性的安全领域合规风险应对计划,以防范和降低企业在安全领域违规风险和因违规产生合规风险损失。不难看出,安全领域企业合规风险应对计划对安全领域合规风险应对目标的针对性、合规风险应对措施的可行性、合规风险应对执行的有效性提出了较高的要求。也就是说,安全领域企业合规风险应对计划的制定和实施要以目标的针对性、措施的可行性、执行的有效性为前提。

安全监管涉及的监管部门相对较多,既有安全领域综合监管部门,也有安全领域行业监管部门,如食品安全涉及市场监管、工业和信息化、卫生健康、农业农村、海关、公安等部门职能。还如,特种设备安全涉及市场监管、工业与信息化、生态环境、交通运输、应急管理、住房和城乡建设、民用航空、铁路等部门职能。各监管部门在监管职能、监管理念、监管方式、监管力度、监管手段等方面往往存在一定的差别,而安全领域监管部门又是企业法律责任的施予部门。因此,企业在制定和实施安全领域企业合规风险应对计划过程中,需要对相应监管部门在安全领域监管理念、监管方式、监管职能、监管力度等有着充分的了解,与相关监管部门建立良好的沟通机制,以提升企业在安全领域合规风险的应对效果。例如,企业可以通过分析监管部门所公布的典型案例、指导性案例、优秀实践案例,研判出该监管部门的监管理念、监管方式、监管职能、监管力度。

第八章 劳动用工领域企业合规风险与应对

第一节 劳动用工领域企业合规义务

一、劳动用工领域企业既有强制性合规义务也有自愿性合规义务

劳动者是生产力因素中最活跃的要素,对企业而言,劳动用工不仅是成本,更是实现其利益的基础,具有主体属性和工具双重属性[①]。劳动用工领域企业合规义务是指企业的劳动用工行为符合法律法规、监管规定等要求,是企业对劳动者权益保护的集中体现,也是企业体现劳动用工两重属性、维系良性劳动关系的前提。《宪法》规定了国家在创造劳动就业条件、加强劳动保护、改善劳动条件、提高劳动报酬和福利待遇、保障劳动者休息的权利、发展社会保险等方面的义务,这些义务是劳动用工领域企业合规义务的直接来源。《劳动法》《劳动

[①] 劳动用工是人才开发的重要环节,人才开发具有工具属性和主体属性,工具属性体现了"以用为本"理念,主体属性性体现了"人才为本"理念,可见,劳动用工也具有人才开发的两重属性.

合同法》《劳动争议调解仲裁法》等法律、《使用有毒物品作业场所劳动保护条例》《劳动保障监察条例》《劳动合同法实施条例》《女职工劳动保护特别规定》等行政法规，以及以上述法律法规为上位法的部门规章、地方性法规等规范性制度都从不同领域、不同环节、不同层面体现《宪法》所规定的对劳动者权益保护的国家义务，也直接规定了劳动用工领域的企业合规义务。例如，企业对劳动者具有维护其平等就业和选择职业、取得劳动报酬、休息休假、获得劳动安全卫生保护、接受职业技能培训、享受社会保险和福利、提请劳动争议处理等权利的合规义务。

在市场经济语境中，企业行使劳动用工自主权和国家对劳动者权益保护的并存，意味着公权机关对劳动用工领域只能是有限度地介入。即一方面，在某些领域、某些环节对企业保障劳动者权益的强制性合规义务进行规定，例如，企业为劳动者缴纳社会保险的强制性合规义务，企业支付劳动者的工资不得低于当地最低工资标准的强制性合规义务，企业与有劳动关系的劳动者订立书面劳动合同的强制性合规义务；另一方面，对劳动用工领域自愿性合规义务进行规定，体现企业和劳动者之间的民事契约关系，例如，企业与劳动者在当地最低工资标准之上就工资水平进行协商、在法律规定劳动条件前提下就劳动条件进行协商，一旦企业与劳动者对上述工资水平、劳动条件达成契约，企业便需要遵守契约所明确的合规承诺义务。劳动用工领域强制性合规义务和自愿性合规义务所对应的法律责任是不同的，企业一旦没有履行劳动用工领域强制性合规义务，就可能面临民事补偿、民事赔偿、行政处罚甚至是刑事处罚的后果，而企业没有履行劳动用工领域自愿性合规义务，更多的是面临来自劳动仲裁、民事诉讼的私权救济责任。

二、劳动用工领域企业合规义务对企业与劳动者具有"双赢"性

劳动力是经济发展中最核心、最具价值和最有主观能动性的生产要素，企业践行劳动用工领域合规义务不仅关系到对劳动者权益的保障，也关系到企业的生存和发展。一方面，劳动用工领域企业合规义务的确立依赖劳动者一系列的法定权利，这些法定权利的确立不仅是劳动力价值实现的需要，也是劳动力再生产的需要。或者说，劳动用工领域企业合规义务本质是企业对劳动力价值实现和劳动力再生产的保障义务，与企业有劳动关系的劳动者可以在企业践行劳动用工领域合规义务中来实现自身的权益。另一方面，劳动用工领域企业合规义务是企业在经营管理活动中必须遵守的义务，一旦企业没有履行或履行不足，就可能因不合规行为承担法律责任、造成经济或者声誉损失以及其他负面影响。《劳动法》规定了企业不履行劳动用工领域合规义务可能会面临行政警告、行政责令改正、行政责令支付、责令停产整顿、吊销营业执照、行政罚款，对责任人员治安拘留、罚款或者警告，承担赔偿责任甚至追究刑事责任等法律责任。此外，企业还可能因没有履行或履行不足劳动用工领域合规义务，引发企业内部劳动用工秩序问题，如劳动者消极怠工、劳动者流失等。

企业践行劳动用工领域合规义务除能使企业规避劳动用工领域出现违规行为的风险和因不合规行为引发的合规风险损失，还对稳定企业劳动者队伍、提升劳动者工作效率、激发劳动者积极性创造性等具有直接作用。这是因为企业通过践行劳动用工领域合规义务，使劳动者权益得到有效保障，从而为劳动者工作效率提供了前提。如果企业不履行劳动用工领域合规义务，随意侵犯劳动者合法权益，使劳动者与企业之间关

系变得紧张，那么势必影响到劳动者对企业的忠诚度，而劳动者忠诚度是企业劳动效率高低的重要影响因素。可以看出，企业履行劳动用工领域合规义务虽然能给企业带来一定的合规成本，但由于劳动用工领域企业合规义务涉及企业最为重要的生产要素——劳动力，企业践行劳动用工领域合规义务不仅能让企业减少因不合规行为带来的损失，具有规避违规风险和合规风险损失的功能，还能让劳动者体验到尊重感、获得感、认同感、成就感，具有稳定企业劳动者队伍、提升劳动效率、增强企业竞争力的功能。与此同时，由于劳动用工领域企业合规义务相对应的是劳动者权益，企业践行劳动用工领域合规义务的过程就是劳动者权益得以保障的过程。总而言之，无论对企业，还是对与企业有劳动关系的劳动者，企业践行劳动用工领域企业合规义务都有着非常重要的作用，或者说，"双赢性"是劳动用工领域企业合规义务的鲜明特征。

三、劳动用工领域企业合规义务涉及劳动者权益保护全过程

依据《劳动法》，劳动者享有平等就业和选择职业、取得劳动报酬、休息休假、获得劳动安全卫生保护、接受职业技能培训、享受社会保险和福利、提请劳动争议处理等权益。劳动者权益背后往往是企业的合规义务，也就是，企业要遵守法律法规、监管规定等"规"对保护劳动者上述权益的要求。因此，从劳动者权益保护的视角来看，劳动用工领域企业合规义务涉及保障劳动者享有平等就业和选择职业的合规义务、保障劳动者取得劳动报酬的合规义务、保障劳动者休息休假的合规义务、保障劳动者获得劳动安全卫生保护的合规义务、保障劳动者接受职业技能培训的合规义务、保障劳动者享受社会保险和福利的合规义务、保障劳动者权利救济的合规义务等，具体阐释如下。

（一）保障劳动者享有平等就业和选择职业的合规义务。《劳动法》《就业促进法》等法律以及以其为上位法的有关监管规定，对劳动者依法享有平等就业和自主择业的权利，劳动者就业不因民族、种族、性别、宗教信仰不同而受歧视进行了规定。基于此，企业在劳动用工领域具有保障劳动者就业不受歧视的义务。例如，企业在招聘劳动者时，承担不得以性别为由拒绝录用妇女或者提高对妇女的录用标准的合规义务，具体包括不得限定性别或性别优先，不得以性别为由限制求职就业、拒绝录用，不得询问妇女婚育情况，不得将妊娠测试作为入职体检项目，不得将限制生育作为录用条件，不得差别化提高妇女录用标准。倘若企业没有履行或履行不足这一合规义务，依据《妇女权益保障法》，企业可能面临承担行政责令改正或行政罚款的法律责任，依据《就业促进法》，劳动者可以向人民法院提起诉讼，企业可能面临承担精神损害赔偿和公开赔礼道歉的法律责任。还如，企业在招聘劳动者时，承担不得以是传染病病原携带者为由拒绝录用的合规义务，有不得歧视残疾人的合规义务；承担不得设置妨碍职业学校毕业生平等就业、公平竞争的报考、录用、聘用条件等合规义务。

（二）保障劳动者取得劳动报酬的合规义务。劳动者提供劳动力、企业使用劳动力的前提是劳动者享有取得劳动报酬权。《劳动法》《劳动合同法》等法律以及以其为上位法的有关监管规定，企业应承担将劳动报酬纳入合同明确条款、劳动报酬等标准不得低于集体合同确立的劳动报酬标准、协商确定劳动报酬规章制度或者重大事项、如实告知劳动报酬、及时足额支付劳动报酬、执行劳动定额标准、按照国家规定向劳动者支付加班费、劳动报酬不得低于当地人民政府规定最低标准、被派遣劳动者与企业劳动者同工同酬、非全日制用工劳动报酬结算支付周期不得超过15日等合规义务。此外，相比其他所有制企业，国家对国有企业在劳动用工领域承担劳动者取得劳动报酬的合规义务进行了专门规定。依据2022年8月人力资源社会保障部、财政部、国务院国资委共同发布的《国有企业工资内外收入监督管理规定》，国有企业对其负责人薪酬、工资总额、工资分配承担管控的合规义务，如企业负责人不得违规领取薪酬以及津补贴、奖励、福利性待遇和以现金形式发放的履职待遇；集团总部职工平均工资增长幅度不得超过本企业全部职工平均工资增长幅度；工资性支出应纳入工资总额管理等合规义务。

（三）保障劳动者休息休假的合规义务。保障劳动者休息休假是确保劳动力再生产的应有之义，也是维护劳动者生命健康权的重要体现，企业有保障劳动者休息休假权利的合规义务。依据《劳动法》《劳动合同法》《职工带薪年休假条例》等法律法规以及以其为上位法的相关监管规定，企业应履行将劳动报酬纳入合同明确条款、保证劳动者每日工作时间不超过8小时和平均每周工作时间不超过44小时、保证劳动者每周至少休息1日、依法安排劳动者节日期间休假、延长劳动时间须经协商且保证每日不得超过3小时每月不得超过36小时、延长劳动者工作时间须支付国家规定的工资报酬，以及保证劳动者享受带薪年休假、探亲假、婚丧假、产假等合规义务。例如，依据《女职工劳动保护特别规定》，企业有确保女职工生育享受98天产假、将怀孕女职工在劳动时间内进行产前检查作为劳动时间等合规义务。

（四）保障获得劳动安全卫生保护的合规义务。获得劳动安全卫生保护权利是劳动者的权益，企业应承担确保劳动者这一权利得以维护的合规义务。依据《劳动法》《劳动合同法》《使用有毒物品作业场所劳动保护条例》等法律法规等以及以其为上位法的相关监管规定，企业有建立健全劳动安全卫生制度、执行国家劳动安全卫生规程和标准、对劳动者进行劳动安全卫生教育；劳动安全卫生设施须符合国家规定的标准；

新建、改建、扩建工程的劳动安全卫生设施须与主体工程同时设计、同时施工、同时投入生产和使用；提供符合国家规定的劳动安全卫生条件和必要的劳动防护用品；对从事有职业危害作业的劳动者应当定期进行健康检查等合规义务。《使用有毒物品作业场所劳动保护条例》专门对从事使用有毒物品作业的企业合规义务进行了规定，如在作业场所的预防措施、劳动过程的防护、职业健康监护等方面企业应履行的合规义务。

（五）保障劳动者接受职业技能培训的合规义务。职业技能培训是确保劳动者胜任工作岗位、实现劳动力再生产的重要手段，也是劳动者应享有的重要权利。依据《劳动法》《劳动合同法》《职业教育法》等法律法规以及以其为上位法的相关监管规定，企业承担建立职业培训制度、按照国家规定提取和使用职业培训经费、对劳动者进行职业培训、对从事技术工种的劳动者进行上岗前培训、协商确定职工培训规章制度或者重大事项、专项培训违约金的数额不得超过用人单位提供的培训费用或不得超过服务期尚未履行部分所应分摊的培训费用、对在岗被派遣劳动者进行工作岗位所必需的培训、对到职业学校或者职业培训机构接受职业教育的劳动者支付在其接受职业教育期间工资和相关待遇等合规义务。《专业技术人员继续教育规定》对企业保障专业技术人员参加继续教育的合规义务进行了规定，例如，专业技术人员参加继续教育的时间每年累计不少于90学时，按照国家有关规定或者与劳动者的约定支付工资、福利等待遇，对劳动者承担全部或者大部分继续教育费用的企业不得指定继续教育机构，建立继续教育登记管理制度等合规义务。

（六）保障劳动者享受社会保险和福利的合规义务。劳动者在退休，患病、负伤、因工伤残或者患职业病，失业，生育时享有社会保险的权利，以及在劳动者死亡后其遗属依法享受遗属津贴的权利。依据《劳动法》《劳动合同法》《社会保险法》《社会保险经办条例》《社会保险费征缴暂行条例》等法律法规以及以其为上位法的相关监管规定，企业有将社会保险纳入劳动合同明确条款，依法为劳动者缴纳社会保险费，在登记管理机关办理登记时同步办理社会保险登记，按照规定办理社会保险登记与变更登记或者注销登记，出具终止或者解除劳动关系，及时向社会保险经办机构告知劳动者参保信息及其变更等合规义务，以及有不得伪造、变造、故意毁灭有关账册、材料或者不设账册致使社会保险费缴费基数无法确定，不得挪用工伤保险基金，不得骗取工伤保险待遇等合规义务。

（七）保障劳动者权利救济的合规义务。劳动者享有提请劳动争议处理的权利，即劳动者在合法权益受到侵害时享有要求有关部门依法处理和依法申请仲裁、提起诉讼的权利。这一权利对应企业应承担支持、配合劳动者行使提请劳动争议处理等相关合规义务。例如，依据《劳动争议调解仲裁法》《劳动法》《劳动合同法》，企业有根据合法、公正、及时处理的原则解决劳动争议，依照规定的期限履行发生法律效力的劳动争议调解书、裁决书，提供企业掌握管理的与争议事项有关的证据等合规义务。

第二节 劳动用工领域企业合规风险点

一、劳动用工领域企业合规风险点贯穿于企业用工全周期

劳动用工领域企业合规风险点是企业不履行或者不足履行劳动用工领域合规义务，导致出现不合规行为和合规风险损失发生的可能。也就是说，如果企业存在可能不履行劳动用工领域合规义务的合规风险事

件，该合规风险事件成为该企业在劳动用工领域的合规风险点。劳动用工领域合规风险点广泛存在于企业经营管理活动中，企业在劳动用工领域合规意味着企业要为此支付一定的直接成本和机会成本，企业在劳动用工领域有不履行或不足履行合规义务的动机。以缴纳社会保险费合规为例，如果企业履行缴纳社会保险费的合规义务，其为劳动者社会保险缴费占到工资总额的近30%，缴纳社会保险费成为企业一项重要的费用支出，且对于注重实际到手工资的劳动者而言，这笔费用支出并不能为其带来相应的满足感。对此，企业便产生了不按实际工资缴纳社会保险费的动机，不履行按劳动者工资总额的比例缴纳社会保险的合规义务，产生相对应的缴纳社会保险费合规风险点。

劳动用工领域企业合规风险点广泛存在于企业运行的各个环节，或者说，企业确立用工管理制度、用工合同管理、劳动报酬管理、劳动保护管理、劳动争议处理等方面都可能存在合规风险点，特别是对一些小微企业来说，劳动用工领域合规风险非常普遍。劳动用工领域企业合规风险点的确立依赖法律法规、监管规定等"规"确定的合规义务和企业经营实际。一方面，劳动用工领域企业合规风险点来源于劳动用工领域企业合规义务，只要企业存在可能不履行或不足履行劳动用工领域合规义务的场景，该场景就转化为与合规义务相对应的合规风险点。例如，对于企业支付劳动报酬、加班费、经济补偿的合规义务而言，倘若企业存在未及时、足额向劳动者支付劳动报酬、加班费、经济补偿的场景，企业即存在相应场景中不合规风险点。另一方面，企业规模的大小、发展的阶段、经营业务、发展战略也是确立企业在劳动用工领域合规风险点的依据。例如，对于一些中小微企业来说，受利润空间较小、劳动者替代性强等因素影响，其在劳动者报酬支付、社会保险费用缴纳方面容易存在相应的合规风险点。对于从事涉及使用有毒物品的企业，其在保障劳动者劳动安全卫生权利领域，容易存在不履行或不足履行合规义务的合规风险场景，如有害作业与无害作业没有分开、没有设置有效的通风装置、作业场所与生活场所没有分开，以及没有将工作过程中可能产生的职业中毒危害及其后果、职业中毒危害防护措施和待遇等如实告知劳动者的场景，进而产生相应的合规风险点。

由于劳动用工领域企业合规风险点贯穿于企业用工全周期，企业在确定劳动用工领域合规风险点时，应从劳动用工全过程来找寻可能触发合规风险的合规风险场景，即按照如何招聘劳动者、如何签订劳动合同、如何提供劳动条件、如何提供劳动报酬、如何提供社保福利、如何管理劳动者、如何应对劳动者离职等环节，找寻与各环节合规义务相对应的合规风险事件，根据相对应的合规风险事件来确立合规风险点。确定劳动用工领域企业合规风险点的目的是为企业评估所存在的合规风险以及对评估出的合规风险进行应对，因此，在确立劳动用工领域企业合规风险点时，除了找寻没有履行或履行不足合规义务的合规风险点，还需要确定合规风险点相对应的法律责任。例如，倘若企业存在劳动安全设施和劳动卫生条件不符合国家规定的合规风险场景，该合规风险场景相对应的合规风险点一旦被触发，就可能面临被相关行政部门责令改正、处以罚款、责令停产整顿，甚至对事故隐患不采取措施致使发生重大事故的责任人员追究刑事责任等法律责任。再如，倘若企业存在克扣或者无故拖欠劳动者工资的合规风险事件，与此相对应，企业存在不及时、足额向劳动者支付工资的合规风险点，企业不仅要面临人力资源社会保障部门责令支付劳动者的工资报酬、经济补偿以及责令可能支付赔偿金的法律责任，还可能因以转移财产、逃匿等方法逃避支付劳动者的劳动报酬或者有能力支付而不支付劳动者的劳动报酬，触犯《刑法》规定的拒不支付劳动报酬罪，承担相关责任。

二、劳动用工领域常见的企业合规风险点

劳动用工领域是企业在经营管理活动中合规风险的重灾区,该领域不合规行为多发高发是一个具有普遍性的现象。2023年我国劳动保障监察机构查处各类劳动保障违法案件11.7万件,劳动人事争议调解组织和仲裁机构办理劳动人事争议案件385.0万件,涉及劳动者408.2万人[①]。据2023年8月28日《工人日报》(第6版)报道,某省在3月初到6月底开展的劳动用工环境整治专项行动中,发现违反劳动保障法律法规问题1,272个,劳动用工领域企业合规风险点涉及企业劳动合同应签未签、签订不规范,拖欠职工工资问题,企业规章制度不完善、职工花名册信息不全问题,未按时足额缴纳社会保险费问题,未办理劳动用工备案问题,项目方维权公示牌不规范、未依法办理工资保证金和保函问题,未发放女职工卫生费问题,未设立工资表问题,超时加班、休息休假问题,收取职工押金问题,使用童工问题,等等。总体看来,在保障劳动者平等就业和选择职业、取得劳动报酬、休息休假、获得劳动安全卫生保护、接受职业技能培训、享受社会保险和福利、劳动者权利救济等劳动用工领域合规义务方面,企业都有可能存在不履行、履行不足合规义务的合规风险事件,存在与合规义务相对应的劳动用工领域合规风险点。也就是,企业在保障劳动者平等就业和选择职业、取得劳动报酬、休息休假、获得劳动安全卫生保护、接受职业技能培训、享受社会保险和福利、劳动者权利救济等方面都存在着常见的合规风险点。

(一)保障平等就业和选择职业方面的合规风险点。企业在招聘和使用劳动者过程中,常常存在基于某些先天性或其他与职业能力无关的因

---

① 数据来源于《2023年度人力资源和社会保障事业发展统计公报》,载人社部官网.

素而对劳动者予以不合理的区别与对待的行为，如对劳动者求职与使用以健康与相貌、男女性别、学历层次、毕业学校、专业名称、年龄进行不合理的区别与对待。《就业促进法》明确劳动者就业不因民族、种族、性别、宗教信仰等而遭受歧视，《职业教育法》《妇女权益保障法》对职业学校毕业生和妇女平等就业进行了规定，2005年8月全国人民代表大会常务委员会关于批准经第42届国际劳工大会通过的《1958年消除就业和职业歧视公约》，该公约将性别、社会出身纳入认定就业歧视的范畴，不履行上述"规"的要求，就存在相应的合规风险点。例如，倘若企业设置妨碍职业学校毕业生平等就业、公平竞争的报考、录用、招用条件，意味着企业存在对作为职业学校毕业生的劳动者就业歧视的合规风险点。再如，倘若在招用劳动者过程中，存在限定为男性或者规定男性优先，除个人基本信息外，进一步询问或者调查女性求职者的婚育情况，将妊娠测试作为入职体检项目，将限制结婚、生育或者婚姻、生育状况作为招用条件等以性别为由拒绝聘用妇女或者差别化地提高对妇女招用标准等合规风险事件，则意味着企业存在对女性劳动者就业歧视的合规风险点。

（二）保障劳动报酬方面的合规风险点。及时、足额支付劳动者劳动报酬既是企业遵守劳动力市场价值交换原则的体现，也是企业应予履行的合规义务。当企业存在不履行、履行不足支付劳动报酬合规义务的合规风险事件时，企业便存在着相对应的合规风险点。虽然企业可以根据生产经营特点和经济效益，自主确定劳动者工资分配方式和工资水平，倘若企业存在支付劳动者的工资低于当地最低工资标准、不以货币形式按月支付给劳动者本人、克扣或者拖欠劳动者的工资、不支付法定休假日和婚丧假期间以及依法参加社会活动期间工资、没有在劳动合同中对劳动报酬进行明确、劳动合同被确认无效时不支付劳动者已付出劳动的劳动报酬、订立的劳动合同中劳动报酬低于集体合同规定的标准、不告知被派遣劳动者的劳动报酬、非全日制用工劳动报酬结算支付周期超过十五日等合规风险场景时，这些场景就存在相应的合规风险点。值得一提的是，国家为维护给企业提供劳动的农村居民即农民工的权益，以《保障农民工工资支付条例》形式对企业保障农民工工资支付进行了专门规定，一旦企业不履行该条例规定的合规义务，如施工总承包企业未按规定开设或者使用农民工工资专用账户、未按规定存储工资保证金或者未提供金融机构保函以及施工总承包企业、分包企业未实行劳动用工实名制管理等合规风险场景，企业便存在相应的合规风险点。

（三）保障休息休假方面的合规风险点。在劳动用工领域，企业不履行或不足履行保障劳动者休息休假的情形较为普遍。保障休息休假方面的合规风险点不仅体现为企业不履行或不足履行保障劳动者依法享有休息休假权利的合规义务，还体现为因工作原因没有享受休息休假权利予以劳动报酬支持的合规义务。对于前者，倘若企业在劳动用工领域存在每日工作时间超过8小时、平均每周工作时间超过44小时，每周休息日少于1日，法定节假日不安排休假，不安排带薪年休假，延长劳动时间期间不支付不低于工资的150%的工资报酬，休息日劳动期间不支付不低于工资的200%的工资报酬，法定休假日劳动期间不支付不低于工资的300%的工资报酬等合规风险场景，企业便存在相应的合规风险点。对保障休息休假方面的合规风险点，企业可能面临行政警告、责令改正、责令支付延长工作时间工资报酬和赔偿等行政责任。事实上，保障休息休假方面的合规风险点在不少企业中或多或少存在，据国家统计局公布的数据，2023年我国企业就业人员周平均工作时间为49.0小时[①]，超

[①] 数据来源于国家统计局官网，《2023年国民经济回升向好　高质量发展扎实推进》(2024年1月17日).

过周法定工作时间。

（四）保障劳动安全卫生方面的合规风险点。获得劳动安全卫生保护是劳动者的权利，企业出于故意、疏忽、不知情等原因，对应予履行的保障劳动安全卫生合规义务没有履行或不足履行，产生相应的合规风险点。倘若企业存在劳动安全卫生规章制度或者重大事项没有经过民主协商、劳动安全卫生设施不符合国家规定的标准、没有向劳动者提供符合国家规定的劳动安全卫生条件和必要的劳动防护用品、对从事有职业危害作业的劳动者没有定期进行健康检查等合规风险场景，便可引发相应的民事责任、行政责任甚至刑事责任。2006年10月全国人民代表大会常务委员会批准第67届国际劳工大会通过的《职业安全和卫生及工作环境公约》，依据该公约，倘若企业存在不能保障其控制下的工作场所、机器、设备和工作程序安全对劳动者健康不产生危害，不能保证其控制下的化学、物理和生物物质与制剂对劳动者健康不产生危害，没有提供适当的保护服装和保护用品，预防事故危险等合规风险场景，便产生相应的合规风险点。可见，企业要从自身实际出发，从可能给劳动者健康甚至生命带来影响的合规风险场景中梳理保障劳动安全卫生方面的合规风险点。

（五）保障职业技能培训方面的合规风险点。企业有为劳动者提供职业技能培训的合规义务，当企业不履行或者不足履行这一合规义务的合规风险场景，便会存在相应的合规风险点。对于专业技术人员，倘若企业存在不按照国家规定提取和使用相关教育经费，没有对有法定职业资格要求的专业技术人员参加继续教育活动提供保障，没有按照法定要求或约定向脱产或者半脱产参加继续教育活动的专业技术人员支付工资、福利等待遇，对承担全部或者大部分继续教育费用的专业技术人员指定继续教育机构，没有将继续教育情况作为专业技术人员考核评价、岗位聘用的重要依据，没有建立继续教育登记管理制度等合规风险场景，企业将面临行政责令改正、承担赔偿责任等合规风险损失。对于从事技能工作的人员，倘若企业没有根据国务院规定的标准提取职工工资总额一定比例的劳动者教育经费，教育经费没有用于举办职业教育机构、劳动者职业教育等用途，一线职工职业教育经费没有达到国家规定的比例等合规风险场景，企业将面临行政责令改正、收取其应当承担的教育经费等合规风险损失。对一些特殊工作岗位，劳动者接受培训成为其上岗的前提条件，当企业存在未培训直接上岗的合规风险场景，可能要承担相关的法律责任。例如，企业使用未经培训考核合格的劳动者从事高毒作业的合规风险场景，就可能面临行政警告、责令限期改正、行政罚款甚至追究相关人员的刑事责任。

（六）保障社会保险和福利方面的合规风险点。通常情况下，福利待遇虽不是劳动合同必备条款，但如果劳动合同涉及福利待遇条款，企业应承担承诺性合规义务，倘若企业存在没有履行或者不足履行该合规义务的合规风险场景，企业便存在相对应的合规风险点。社会保险领域合规是企业尤其中小企业在经营管理中常遇到的合规风险点，不足额缴纳、不缴纳社会保险费用在一些企业尤其是中小企业较为常见。例如，企业按照最低缴费基数而不是按照员工上一年度平均工资来确定员工养老保险。倘若企业存在未按规定缴纳和代扣代缴基本养老保险费、基本医疗保险费、失业保险费的合规风险场景，与此相对应的合规风险点意味着企业可能面临被责令限期缴纳或按日加收2‰滞纳金的合规风险损失，直接负责的主管人员和其他直接责任人员面临行政罚款的合规风险损失。倘若企业存在没有参加工伤保险的合规风险场景，与此相对应的合规风险点意味着企业面临被责令限期参加、补缴应当缴纳的工伤保险费且按日加收万分之五的滞纳金、处欠缴数额1倍以上3倍以下的罚款等合规风险损失。倘若企业存在虚构劳动关系骗取社保的合规风险场景，就会存在相应的合规风险点。例如，企业存在骗取工伤保险待遇的合规风险场景，与此相对应的合规风险点意味着企业面临被责令退还、处骗取金额2倍以上5倍以下的罚款甚至被追究刑事责任等合规风险损失；还如，倘若企业存在伪造、变造用工关系骗取生育津贴行为的合规风险场景，与此相对应的合规风险点意味着企业因虚构事实骗取公共财产而涉嫌诈骗罪。

（七）保障劳动者权利救济的合规风险点。对于企业与劳动者之间的劳动争议，劳动者享有调解、申请仲裁、提起诉讼等权利，在应对劳动者在行使调解、申请仲裁、提起诉讼等权利过程中，如果企业存在不合法、不公正、不及时处理等相关合规风险场景，则企业存在相对应的合规风险点。例如，对于劳动者申请的劳动仲裁或提起诉讼，倘若企业不提供自身掌握管理与争议事项有关的证据的合规风险场景，相对应的合规风险点意味着企业可能承担仲裁不利的后果或诉讼不利的后果。还如，企业没有在期限履行发生法律效力的调解书、裁决书、裁判书，相对应的合规风险点意味着企业可能承担被法院强制执行的合规风险损失，如被人民法院认定为失信被执行人。

第三节　劳动用工领域企业合规风险评估

一、劳动用工领域企业合规风险准则

劳动用工领域企业合规风险准则是企业对劳动用工领域合规风险容忍度的直接反映，也是劳动用工领域企业合规风险评估与应对的重要依据。企业在劳动用工领域合规很大程度上意味着企业需要支撑承担较大的合规成本。例如，企业要应对社会保险方面合规风险，就需要承担为劳动者及时、足额缴纳社会保险费用的成本，该笔社会保险费用在企业用工成本中往往占到企业用工成本的近3成。可见，对于利润空间较为有限的企业和对社会保险费用缴纳不敏感的劳动者来说，难以避免存在社会保险缴纳方面的不合规动机。其实，在一些企业尤其是一些小微企业中，社会保险费用缴纳方面的合规风险是比较普遍的。一般来看，企业对劳动用工领域合规风险的容忍程度取决于企业对劳动用工领域合规成本和相应合规收益之间的比较。当劳动用工领域合规预期成本大于劳动用工领域合规预期收益时，企业实施不合规行为动机相对较大，企业对劳动用工领域合规风险容忍度相对较高；反之，当劳动用工领域合规预期成本小于劳动用工领域合规预期收益时，企业实施不合规行为动机相对较小，企业对劳动用工领域合规风险容忍度相对较低。

劳动用工领域合规预期收益至少包括三个方面：一是企业因实施劳动用工领域不合规行为所可能面临的承担民事责任、行政责任和刑事责任相对应的经济利益损失大小；二是企业因实施劳动用工领域不合规行为给企业声誉带来的负面影响，企业在劳动用工领域不合规行为可能对企业与交易相对方之间的交易机会产生影响，该交易机会损失的预期对应企业劳动用工领域合规的预期收益。例如，根据《政府采购法》，依法缴纳社会保障资金的良好记录是企业参加政府采购活动的前提条件，若企业存在劳动用工领域合规风险，那么就可能丧失参与政府采购的交易机会；三是企业因实施劳动用工领域不合规行为影响劳动者队伍的稳定或者劳动者工作积极性。现实中，企业因在劳动用工领域不合规行为引发劳动者流失、劳动者消极怠工的例子不胜枚举。值得一提的是，劳动用工领域合规预期收益与合规成本比较不是决定企业对劳动用工领域合规风险容忍度的唯一因素。例如，对于比较注重践行社会责任和企业长期发展的企业，即使劳动用工领域合规预期收益不及合规预期成本，往往也会对劳动用工领域合规风险有着较低的容忍度。

劳动用工领域合规风险容忍度是确立劳动用工领域合规风险准则的关键，企业除了要比较用工领域合规预期收益和合规预期成本之外，还需要综合研判相关监管部门对劳动用工领域监管的态势、趋势，劳动用工领域合规风险点的具体情况，劳动用工领域合规与企业经营发展之间的关系等来确定企业在用工领域合规风险的容忍度。在此基础上，企业就可以依据确立的劳动用工领域合规风险容忍度，确立包括评估和应对劳动用工领域企业合规风险基本标准和基本规范在内的企业合规风险准则。

二、劳动用工领域企业合规风险识别

劳动用工领域企业合规风险识别是企业对自身经营管理过程中劳动用工领域合规风险点的辨认和辨别，或者说是对劳动用工领域企业合规风险点的排除和选取。如果说劳动用工领域企业合规风险点是企业依据法律法规、监管规定等"规"所要求的合规义务，以及企业可能存在不履行合规义务的合规风险事件等对企业可能面临的合规风险进行最为基本的筛查，劳动用工领域企业合规风险识别则是在确立该领域企业合规风险点的基础上，对劳动用工领域合规风险事件触发不履行或不足履行劳动用工领域企业合规义务的可能性进行进一步辨认和辨别。例如，如果某企业存在拖欠劳动者工资的合规风险事件，该合规风险事件可能导致企业被责令支付劳动者的工资报酬、经济补偿以及责令支付赔偿金等合规风险损失，这类合规风险事件成为该企业在劳动用工领域合规风点。但这类合规风险点是否实际触发不履行法律法规、监管规定所确定的合规义务，还需要确定该合规风险事件能够达到触发不履行法律法规、监管规定所确定的合规义务的"临界点"，一旦触发这一"临界点"，就意味着面临相对应的合规风险。或者说，劳动用工领域企业合规风险识别是对劳动用工领域企业合规风险点的进一步筛查，如果确立劳动用工领域合规风险点所依据的合规风险事件，不足以达到触发企业在劳动用工领域合规风险的程度，则该合规风险点就可以予以排除。

如果说劳动用工领域企业合规风险点的确立只需要找寻不履行或不足履行劳动用工领域合规风险事件，以及与劳动用工领域合规风险点相对应"规"的要求和可能承担的法律责任，劳动用工领域企业合规风险识别则需要结合企业经营管理活动和外部监管环境，对该企业合规风险事件发生的可能性进行辨认和辨别。经过辨认和辨别，确定企业存在触发不履行或不足履行合规义务的合规风险事件，则可以确定该企业所存在的劳动用工领域合规风险。例如，在使用有毒物品作业场所，对于没有将工作过程中可能产生的职业中毒危害及其后果、职业中毒危害防护措施和待遇等如实告知劳动者，并在劳动合同中写明等合规风险事件相对应的合规风险点，则该劳动用工领域合规风险点就转化为劳动用工领域合规风险。

企业在劳动用工领域合规风险识别过程中，理论上可以综合采用问卷调查、访谈调研、头脑风暴、德尔菲法、检查表等多种方法，多渠道、多维度确定企业可能触发劳动用工领域合规点的合规风险事件。但现实中，劳动用工领域企业合规风险识别方法可能相对简单。从劳动合同、用工支出相关财务数据、相关规章制度等书面材料以及与相关劳动者进行访谈、对劳动者工作现场的直接观察等就大致可以确定企业劳动用工领域合规风险事件的发生情况。可以说，相对于其他领域合规风险识别，劳动用工领域合规风险相对比较容易识别。例如，辨认和辨别企业在社会保险费缴纳方面的合规风险，从企业劳动报酬支付相关财务报表、企业缴纳社会保险费用情况以及劳动者相关的感知情况，就可以有效识别出企业是否存在合规风险点确立所依据的合规风险事件。

三、劳动用工领域企业合规风险分析

劳动用工领域企业合规风险涉及企业在劳动用工领域实施违规行为风险以及因违规行为产生合规风险损失的风险。鉴于此，劳动用工领域企业合规风险分析关键是对识别到的劳动用工领域企业合规风险进行综合分析，确定企业在劳动用工领域违规的概率和程度，以及因违规行为产生合规风险损失的概率和大小，此外，还需要分析劳动用工领域实施违规行为、因违规行为产生合规风险损失等原因，违规行为风险与因违规行为产生合规风险损失之间的关系，以及劳动用工领域合规风险与企业经营风险之间的关系。通过劳动用工领域企业合规风险分析，可以帮助企业全面掌握和理解企业在劳动用工领域所面临的合规风险，为劳动用工领域合规风险评价和应对提供支撑和工作方向。以缴纳社会保险费为例，倘若企业存在不及时足额缴纳社会保险费的合规风险，即在社会保险费缴纳合规风险点中，企业存在触发产生不合规行为和合规风险损失的合规风险事件。对于这一合规风险事件，就需要对其产生的原因进行分析，基于这一原因来分析该合规风险事件引发企业实施违规行为的可能性和程度，以及因违规行为遭受合规风险损失的可能性和程度，分析企业实施违规行为风险和因违规损失风险之间的关系，以及该合规风险给企业经营管理带来的风险。

劳动用工领域企业合规风险分析在劳动用工领域企业合规风险评估

与应对处于十分重要的位置，这项工作对劳动用工领域企业合规风险分析者有着较高的专业要求和经验要求。因为从劳动用工领域不合规行为发生的程度和概率，到劳动者因违规行为产生合规风险损失的程度和概率，都是一种事前预测和研判行为，需要分析者从企业既往劳动用工实际，结合同类企业在劳动用工领域合规风险的情况，以及监管部门对劳动用工领域合规风险的监管理念和监管方式进行综合判断。劳动用工领域企业合规风险分析对专业和经验的要求较高，企业可以通过采取头脑风暴法、结构化半结构化访谈、德尔菲法、情景分析法、检查表法等多种方法，对企业在劳动用工领域合规风险进行较深程度的分析。由于企业在劳动用工领域对合规风险的容忍度，通常需要考量劳动用工领域合规预期收益和合规预期成本之间的比较，而劳动用工领域合规风险分析能为这一考量提供数据上的支撑。

劳动用工领域企业合规风险分析不能仅考虑企业在劳动用工领域经济利益损失，还需考虑企业在劳动用工领域非经济利益损失。例如，劳动安全设施和劳动卫生条件关系到劳动者健康权益和生命权益，企业不能仅仅因为劳动安全设施和劳动卫生条件导致劳动安全事故是个小概率事件而予以忽视。这种小概率事件一旦发生，就会发生事关劳动者健康和生命的安全事故，这种事故往往需要承担相应的刑事责任。显然，无论从劳动者健康和生命权来看，还是从企业及相关人员承担刑事责任来看，仅以经济利益损失来分析企业在劳动用工领域合规风险明显不足。其实，在现代市场经济条件下，企业天然具有谋求所有者或股东权益最大化之外所负有的维护和增进社会利益的社会责任，而保障劳动用工领域合规是企业的社会责任。因此，企业除了从经济角度进行劳动用工领域合规风险分析，还需要从承担践行社会责任角度去分析劳动用工领域合规风险。

四、劳动用工领域企业合规风险评价

劳动用工领域企业合规风险评价是企业在劳动用工领域合规风险评估的落脚点,也是劳动用工领域企业合规风险评估的最后一步,其职责是在对劳动用工领域企业合规风险分析基础上,对企业需要应对的劳动用工领域合规风险确定风险等级和偏好次序。现实中劳动用工领域合规风险是企业经营管理活动中的重灾区,不仅广泛存在于小微企业中,一些大中型企业也经常存在劳动用工领域合规风险,可以说,劳动用工领域企业合规风险是不同所有制、不同规模、不同行业的企业所面临的共性问题。由于劳动用工领域合规对劳动相关费用有着较高的要求,企业在劳动用工领域所面临的合规风险也呈现多样化特点,对劳动用工领域各类企业合规风险进行偏好次序上的选择成为企业评估劳动用工领域合规风险和应对劳动用工领域合规风险的重要方面。

企业对劳动用工领域合规风险偏好次序的选择建立在对企业在劳动用工领域违规行为发生概率和程度、因违规行为引发合规风险损失概率和程度等分析基础上,除此之外,劳动领域企业合规风险偏好次序的选择还应结合企业发展战略的定位、对企业可持续发展的追求等考虑。例如,对于创新程度比较高、主要依靠劳动者智力因素来实现利润的企业,往往对劳动者队伍稳定产生不利影响的企业合规风险关注度高;而对一些创新程度不高、劳动者可替代性强的企业,则往往对劳动者队伍稳定产生不利影响的企业合规风险关注不高。再如,追求短期利益、不注重长期发展的企业,往往存在通过实施不合规行为谋取利益的倾向,如降低劳动者社会保险费用,拖欠劳动者劳动报酬等。此外,由于劳动用工领域企业合规往往建立在支付较大额度的人工费用基础上,经营相对困难的企业往往存在拖欠劳动者工资、不及时足额缴纳社会保险费用甚至降低劳动卫生和安全条件的倾向。因此，从理论上讲，企业需要从劳动用工领域合规风险预期收益和合规预期成本以及劳动用工领域合规风险特点等方面来考虑劳动用工领域合规风险偏好。然而，现实中，企业在确定劳动用工领域合规风险偏好时，需要结合自身实际对劳动用工领域合规风险相关的各个方面进行权衡与博弈。

  总的来说，企业在对劳动用工领域合规风险评价可以通过三个步骤实现。一是对劳动用工领域企业合规风险进行分析的基础上，对劳动用工领域企业合规风险按照上述所阐释的维度进行偏好上的排序；二是对照劳动用工领域企业合规风险准则，对劳动用工领域企业合规风险进行分级；三是根据劳动用工领域企业合规风险等级，确定需要重点关注和优先应对的劳动用工领域合规风险，确定企业在劳动用工领域哪些方面的合规风险需要重点应对，哪些方面的合规风险需要及时关注，哪些方面的合规风险可以暂时不予专门关注。可以说，劳动用工领域企业合规风险评价是劳动用工领域企业合规义务确立、企业合规风险点确立、企业合规风险识别、企业合规风险分析等的综合体现，其结果是企业在劳动用工领域企业合规风险应对的依据。

第四节　劳动用工领域企业合规风险应对

一、将劳动用工领域企业合规风险应对摆在人才战略中推进

  在"人人皆可成才、人人尽展其才"的语境中，企业人力资源中能力和素质较高的劳动者皆可称之为人才。人才是企业发展的第一生产力，是企业发展的关键，正因为如此，越来越多的企业将劳动者的选、育、

用、晋、激、留放在企业发展战略中谋划，实施人才强企战略。一系列依靠人才战略实现兴起的企业说明，劳动用工领域企业合规是实施人才强企战略的前提保障，也是实施人才战略的有机组成。这是因为人才强企战略实施的要义是提升劳动者劳动生产率和企业在劳动力资源配置方面的竞争力，这一要义不能脱离对劳动者权益充分尊重和保障，而劳动用工领域企业合规正是基于尊重和保障劳动者权益而得以运行。劳动用工领域合规风险应对是企业尊重和保障劳动者依法行使权利的直接体现，不仅体现着企业在经济利益方面的价值追求，也体现着企业在践行社会责任方面的价值追求。对于劳动用工领域合规风险应对，企业应将其纳入企业人才战略中谋划、推进。

将劳动用工领域企业合规风险应对摆在人才战略中推进主要体现在三个方面。一是企业要从战略层面做好劳动用工领域企业合规风险应对的谋划，企业不能仅当劳动用工领域企业合规风险应对的"灭火队员"，更要当劳动用工领域企业合规文化的"培育者"，从战略层面培育企业在劳动用工领域合规意识和合规技能，根治劳动用工领域企业合规风险的滋生"土壤"；二是劳动用工领域企业合规风险应对应当围绕企业的战略目标来实施，通过选、育、用、晋、激、留等方面合规风险应对，来护航企业人才战略的实施，防止和规避企业在劳动用工领域因不合规行为对劳动生产率提高和人才竞争力的"挤出效应"，实现劳动用工领域企业合规风险应对与人才战略实施之间的"共生"；三是人才战略的目标、措施、工程、保障等要素应建立在合规的前提之下，也就是说，制定和实施人才战略应体现相关法律法规、监管规定等"规"所确立的合规要求。因为人才强企战略对企业在劳动用工领域合规风险应对上具有"纲领性"地位，倘若企业在人才战略方面存在合规风险，企业在劳动用工领域合规风险应对通常就难以得到有效的应对。总的来说，将劳动用工领域企业合规风险应对摆在人才战略中推进，不仅意味着企业要以劳动用工领域合规风险应对为人才战略护航，也意味着企业人才战略制定与实施应以充分履行相应的合规义务为前提。

将劳动用工领域企业合规风险应对摆在人才战略中推进，意味着企业要从战略层面来看待劳动用工领域企业合规风险应对的预期收益和预期成本。即，企业要用战略思维来评判与比较劳动用工领域企业合规风险应对的预期收益、预期成本，而不能仅仅从企业短期的利益得失来理解劳动用工领域企业合规风险应对。例如，依据《劳务派遣暂行规定》，企业只能在临时性、辅助性或者替代性的工作岗位上使用被派遣劳动者，且被派遣劳动者数量不得超过其用工总量的10%。现实中，有些企业为降低用工成本、提高用工灵活性、减少用工管理工作量等原因，在非临时性、非辅助性或者非替代性的工作岗位使用被派遣劳动者，被派遣劳动者数量超过其用工总量的10%，从而引发劳务派遣合规风险。虽然现有相关法律法规、监管规定对上述不合规行为的法律责任规定不明确或承担法律责任较小，上述不合规行为在短期内降低用工成本、提高用工灵活性、减少用工管理工作量。但因为劳务派遣常被认为是一种"剥削"劳动者用工形式，企业违规使用劳务派遣劳动者，不可避免对企业声誉产生影响，因此，从追求品牌建设的战略来看，企业应慎重使用被派遣的劳动者。

二、统筹做好劳动用工领域企业合规风险防范和处置

劳动用工领域因违规行为产生的法律责任包括给予警告，责令改正，责令停止特定行为，责令停产整顿，吊销营业执照，处以行政罚款；

责令支付劳动者的工资报酬、经济补偿、责令支付赔偿；责令限期内缴纳社会保险费，对逾期不缴可以加收滞纳金；对责任人员行政拘留；对责任人员依法追究刑事责任；对劳动者造成损害承担赔偿责任等。除此之外，企业还可能需要承担因劳动用工领域不合规行为带来的交易机会损失、声誉损失以及劳动者流失或消极怠工等损失。因此，作为"经济人"的企业应该积极做好劳动用工领域合规风险应对。由于劳动用工领域违规行为和因违规行为产生合规风险损失等危害性，企业应尽可能避免劳动用工领域违规行为的发生，在违规行为发生后应尽可能降低因违规行为带来的合规风险损失。也就是说，企业要统筹做好劳动用工领域企业合规风险防范和处置。

对于劳动条件恶劣、环境污染严重给劳动者身心健康造成严重损害，违章指挥或者强令冒险作业危及劳动者人身安全，以暴力、威胁或者非法限制人身自由的手段强迫劳动，侮辱、体罚、殴打、非法搜查和拘禁劳动者等不合规行为，企业及其责任人员可能承担刑事责任。企业对劳动用工领域合规风险应对突出在防范上，尽力防范这类不合规行为的出现。企业一旦在劳动用工领域存在足以触发刑事责任的合规风险时，企业经营管理活动必将受到严重影响。对于不会触犯刑事责任的劳动用工领域合规风险，企业也要尽可能突出对其预防上，尤其对于可能面临行政责任，企业更应如此，因为劳动用工领域因不合规行为产生的行政责任，虽然不及因不合规行为产生的刑事责任威慑力大，但也会给企业带来经济上的损失，甚至声誉上的损失和交易机会上的损失。在"双随机、一公开"的信用监管语境中，企业一旦因劳动用工领域不合规行为遭受行政处罚，就会留下被处罚的不良信用记录，并引起监管部门对其的关注，如检查频次的提高。此外，如果企业存在因劳动用工领域不合规行为遭受行政处罚的记录，会降低劳动者对企业在维护劳动者权益方面的信任感。

显而易见,做好劳动用工领域企业合规风险应对,首要在于预防,凡是在现有条件能实现预防目的的,企业应尽可能将应对重心放在预防上。然而,由于劳动用工领域合规意味着企业承担较大的合规成本,造成现实中劳动用工领域企业合规风险成为企业合规风险中的重灾区。可见,尽管从企业社会责任或者企业长期发展来说,企业对劳动用工领域合规风险应对应放在预防上,但是劳动用工领域企业合规风险应对所需的成本使得劳动用工领域合规风险难以得到彻底预防。现实中,企业对劳动用工领域合规风险应对或多或少体现为违规行为发生后的"救火"上,也就是体现在劳动用工领域企业合规风险处置上。与监管部门、劳动者就违规行为产生的合规风险损失进行博弈以谋求合规风险损失最小化,成为企业处置劳动用工领域企业合规风险的普遍选择。其实,在监管实践中,对于劳动用工领域不合规行为,企业如果积极与监管部门和劳动者进行沟通,往往会降低企业因违规行为产生的合规风险损失,甚至可能因企业主动纠正违规行为而免被处罚。

三、增强劳动用工领域企业合规风险应对的整体性

劳动用工领域企业合规风险应对是劳动用工领域企业合规义务确立、企业合规风险点确定、企业合规风险评估的直接回应,其目的是防止或降低企业在劳动用工领域违规风险和因违规行为产生合规风险损失。由于劳动用工领域合规风险涉及企业、为企业劳动的劳动者、代表公共利益的监管部门等利益,做好劳动用工领域合规风险应对,需要树立整体性思维,在劳动用工领域企业合规风险的应对策略确定、应对现状评估、应对计划制定和实施等方面,建立全链条式企业合规风险

应对机制。

（一）确定劳动用工领域企业合规风险应对策略

劳动用工领域企业合规风险应对策略决定企业在劳动用工领域合规风险的方向和依据，企业应根据自身在劳动用工领域合规风险准则和劳动用工领域合规风险评估结果，在全面分析企业在劳动用工内外部环境基础上确定企业在安全领域合规风险应对策略。一方面，劳动用工领域企业合规风险应对策略是劳动用工领域合规风险准则实施的具体化，体现企业对所应对的劳动用工领域合规风险的容忍度，体现企业对劳动用工领域合规风险准则所确立的规范和标准的遵循。另一方面，劳动用工领域企业合规风险应对策略建立在劳动用工领域合规风险评估结果之上，是企业对劳动用工领域合规风险评估结果的直接回应，即按照劳动用工领域企业合规风险评估的等级，确定对不同风险等级合规风险的应对原则和应对方法。

除了劳动用工领域合规风险准则和合规风险评估结果之外，确定劳动用工领域企业合规风险应对策略需要考虑企业在劳动用工方面的内外部环境。由于劳动用工领域合规风险应对对内涉及企业劳动者、对外涉及监管部门，考量企业在劳动用工方面的内外部环境应以企业劳动者和监管部门对劳动用工领域合规的态度为中心。对劳动者权益有着较高要求的企业劳动者，其对企业侵犯自身权益的敏感度较高，一旦企业存在劳动用工领域不合规行为，就很有可能因劳动者权利主张而使企业陷入合规风险损失之中。因此，劳动用工领域企业合规风险应对策略需考虑企业劳动者对自身劳动权益行使的意识和能力。劳动用工领域违规行为的监管理念、监管方式也是决定企业在用工领域合规风险应对策略的重要变量。

（二）评估劳动用工领域企业合规风险应对现状

劳动用工领域企业合规风险应对现状评估是指对企业在劳动用工领域合规风险应对制度、机制、资源等现状进行评估，评判在既定合规风险应对策略下劳动用工领域企业合规风险应对的能力。企业应根据劳动用工领域合规风险评估结果、合规风险应对策略，对现有劳动用工领域合规风险应对制度、机制、资源能否有效应对劳动用工领域合规风险进行评判和估测，对于不能有效应对劳动用工领域合规风险的现有制度、机制、资源，找出其不足或差距，并分析解决。

评估劳动用工领域企业合规风险应对现状需要考虑内因和外因，也就是，不仅要评估企业已有的劳动用工领域合规风险应对制度、机制、资源，还需要有动态思维，确定外部环境的变化对已有劳动用工领域合规风险应对制度、机制、资源的影响，或者说，监管部门对企业的监管往往要考虑"时、度、效"问题。例如，当外部经济不景气时，就业问题可能成为经济社会发展的突出矛盾，如属于新生劳动力的求职者就业困难较大、已经就业的一些劳动者面临失业等，监管部门对具有就业吸纳能力的企业在劳动用工方面的监管力度可能会变小，监管的侧重点放在保企业发展上，这种变化会对劳动用工领域合规风险应对制度、机制、资源产生直接影响。这是因为监管力度的减弱意味着监管部门对劳动用工领域合规风险容忍度的提升，企业因违规行为产生合规风险损失的可能就随之变小，原来不足以应对劳动用工领域的制度、机制、资源，就可能适应变化后的合规风险应对。

（三）制定和实施劳动用工领域企业合规风险应对计划

劳动用工领域企业合规风险应对计划是劳动用工领域合规义务的确

定、合规风险点的确定、合规风险的识别、合规风险的分析、合规风险的评价、合规风险应对现状的评估等最终落脚点，是企业根据劳动用工全领域合规风险准则、劳动用工领域合规风险应对现状以及内外部环境，对劳动用工领域合规风险应对进行的具体谋划和具体部署，涉及劳动用工领域合规风险应对目标、风险信息、相关人员、有关措施、资源保障、绩效管理、约束机制、时间安排等。以劳动合同为例，劳动合同合规风险应对计划需要明确应对劳动合规风险的目标，劳动合规风险具体信息，涉及劳动合同合规风险的相关人员，应对劳动合同合规风险的措施，保障劳动合同合规风险应对资源，引导和约束劳动合同合规的绩效管理方式，应对劳动合同合规风险的具体进度等。

劳动用工领域企业合规风险应对的本质是对法律法规、监管规定等的服从，制定和实施劳动用工领域企业合规风险应对计划必须考虑劳动用工主管部门及其他相关部门在劳动用工领域的监管理念、监管方式、监管态势。因此，企业在制定和实施劳动用工领域合规风险应对计划时，要充分分析监管部门出台的相关文件、对有关违规行为的处罚案例、相关负责人公开场合的观点主张。据此，可以分析监管部门对劳动用工领域监管理念、监管方式、监管态势的大体走向，劳动用工领域企业合规风险应对计划宜体现出这种监管上的走向。其实，从企业在劳动用工领域出现违规行为，到违规行为被发现，以及发现后的调查、处罚，均属于概率性事件，倘若企业对监管部门的监管理念、监管方式、监管态势有着较为精准的把握，其所制定和实施的劳动用工领域合规风险应对计划的针对性、有效性便有了良好的保障基础。

第九章　财务税收领域企业合规风险与应对

第一节　财务税收领域企业合规义务

一、强制性是财务税收领域企业合规义务的鲜明特点

财务税收领域企业合规义务是指财务和税收相关法律法规、监管规定等"规"对企业在经营管理活动中应予遵守的要求，包括财务领域合规义务和税收领域合规义务两个方面。"财政是国家治理的基础和重要支柱"[①]，相比质量、市场交易等领域存在强制性企业合规义务和承诺性企业合规义务并存的特点，财务税收领域企业合规义务更多的是强制性义务，企业往往没有选择履行何种义务的权利，只要企业经营管理活动涉及法律法规、监管规定所规定的义务，企业就得不折不扣地履行。税收领域合规义务的强制性源于税收的强制性，即国家凭借其公权以法律法规等形式对税收征纳双方的责权利进行要求，不由纳税主体按照自身意志自愿缴纳。《个人所得税法》《企业所得税》《车船税法》《船舶吨税法》《烟叶税法》《车辆购置税法》《耕地占用税法》

---

① 《习近平著作选读（第一卷）》，人民出版社2023年版，第167页.

《资源税法》《契税法》《城市维护建设税法》《印花税法》《关税法》以及《税收征收管理法》等法律，《房产税暂行条例》《城镇土地使用税暂行条例》《土地增值税暂行条例》《增值税暂行条例》《消费税暂行条例》《税收征收管理法实施细则》等行政法规，以及以上述法律法规为上位法的部门规章以及其他规范性文件等对税收领域企业合规义务进行了强制性要求。税收和财务之间存在着紧密的关系，税收的征缴以财务核算为前提，因此，财务领域合规义务是税收领域合规义务的基础，或者说，没有对财务领域合规义务的履行，就没有对税收领域合规义务的履行。由此可见，税收的强制性决定着税收领域合规义务的强制性，进一步决定着财务领域合规义务的强制性。在我国，《会计法》《公司法》《企业财务会计报告条例》《发票管理办法》等法律法规以及以其为上位法的部门规章、其他规范性文件等对财务领域企业合规义务进行了强制性要求。例如，《会计法》规定了将内部会计监督制度纳入本单位内部控制制度的合规义务。

财务税收领域企业合规义务的强制性特点，决定了一旦企业没有履行或者不足履行该领域的合规义务，就可能面临相应的行政责任和刑事责任。在行政责任方面，不履行或者不足履行税收领域合规义务，可能承担责令限期改正，追缴不缴或者少缴的税款和相应滞纳金，处以一定数额罚款，或处不缴或者少缴的税款一定倍数的罚款等行政责任；不履行或者不足履行税收领域合规义务，企业及其直接负责的主管人员和其他直接责任人员承担处以行政罚款、公开通报，以及会计人员在规定年限内不得从事会计工作等行政责任。在刑事责任方面，《刑法》规定多个涉及税收和财务方面的罪名，专设危害税收征管罪这一概括性罪名，对以各种方式不履行税收领域合规义务且涉税数额较大或者情节严重的行为进行刑事制裁，涉及逃税罪、抗税罪、逃避追缴欠税罪、骗取出口退税罪、虚开增值税专用发票、用于骗取出口退税和抵扣税款发票罪、虚开发票罪、伪造和出售伪造的增值税专用发票罪、非法出售增值税专用发票罪、非法购买增值税专用发票和购买伪造的增值税专用发票罪、非法制造和出售非法制造的用于骗取出口退税和抵扣税款发票罪、持有伪造的发票罪等数个罪名。此外，企业还可能因为不履行或不足履行财务税收领域合规义务，承担因提供虚假的或者隐瞒重要事实的财务会计报告涉及的违规披露、不披露重要信息罪，隐匿、故意销毁会计凭证、会计账簿、财务会计报告罪等。

二、财务税收领域企业合规义务依赖企业的经济业务

无论是财务活动，还是税收征纳活动，都是以企业的经济业务活动为前提。例如，依据《会计法》，企业需根据实际发生的经济业务事项进行会计核算，填制会计凭证，登记会计账簿，编制财务会计报告，依据《企业会计准则——基本准则》，企业应当以权责发生制为基础进行会计确认、计量和报告；再如，企业纳税的计征，不管是从量计征，还是从价计征，或是复合计征，都以企业的经济业务活动为前提。因此，财务税收领域企业合规义务的履行是在企业经济业务活动中实现的，或者说，财务税收领域合规义务分散在企业经济业务活动的方方面面，只要企业存在经济业务活动，都难以避免涉及财务税收领域合规义务。企业一旦与外部产生交易关系，这种交易关系就必然产生相应的会计核算和纳税的合规义务。即使在企业内部发生经济业务关系，也会产生相应的财务税收合规义务，如股东分红、工资发放等都会涉及到相应的合规义务。如《会计法》明确企业对资产的增减和使用、负债的增减、净资产（所有者权益）的增减，以及收入、支出、费用、成本的增减、财务成果

的计算和处理等有进行会计核算的合规义务。

由于财务税收领域企业合规义务依赖企业的经济业务，企业需要从其经济业务活动中确定自身在财务税收领域的合规义务。一方面，企业按照真实、完整的要求，确立审核会计凭证、登记会计账簿、编制财务会计报告等方面的合规义务；另一方面，企业从自身身份、涉及业务、经营领域来确定涉及哪些税种、如何计税、如何缴税等方面的合规义务。在我国现行的18个税种中，除了企业所得税、个人所得税、增值税等涉及所有企业的税种，还有资源税、消费税、土地增值税、环境保护税、烟叶税等涉及特定企业的税种，这些税种上的差异造成不同企业在财务税收领域合规义务既有同一性也有差异性。例如，从事烟酒、化妆品等业务的企业，需要承担《消费税暂行条例》以及以该条例为上位法的有关监管规定所确立的专门性合规义务；从事进出口的货物、进境物品等义务的企业，需要承担《关税法》以及以该法律为上位法的有关监管规定所确立的专门性合规义务；从事资源开发的企业，需要承担《资源税法》以及以该法律为上位法的有关监管规定所确立的专门性合规义务。

三、财务税收领域企业合规义务较为复杂

财务税收相关法律法规、监管规定等非常庞杂。现行专门针对税种的法律有13部，专门针对税种的行政法规有5部，专门针对税收征收的法律、行政法规各有1部，加上以此为上位法的部门规章、其他规范性文件以及体现国家政策意图的税收优惠政策，我国涉及税收的广义上的规范性文件成千上万。与此同时，以《会计法》《注册会计师法》《企业财务会计报告条例》《总会计师条例》等法律、行政法规，加上涉及财

务要求的《公司法》等法律法规，以此为上位法的部门规章、其他规范性文件，我国涉及财务的广义上的规范性文件多达上百项，如财政部发布的企业会计准则就有40多部。可见，财务税收领域如此众多的规范性文件决定了财务税收领域企业合规义务的复杂性。虽然财务领域企业合规与税收领域企业合规存在较紧密的联系，但为了便于考察，对财务领域企业合规义务与税收领域企业合规义务分别进行阐释。

（一）财务领域企业合规义务

保证财务资料真实、完整是财务领域企业合规义务的本质要求，企业在财务领域的合规义务都是围绕财务工作、财务资料的真实、完整来设立，或者说，实现财务资料真实、完整是贯穿于财务领域诸多企业合规义务的主线。《会计法》多处对财务资料真实、完整进行了专门描述，例如，将保证会计资料真实、完整作为该法立法的首要目的，明确包括企业设置真实、完整会计账簿，企业负责人对本企业的会计工作和会计资料的真实性、完整性负责，企业负责人有保证财务会计报告真实、完整等义务，并将会计凭证、会计账簿、财务会计报告和其他会计资料是否真实、完整作为对企业实施监督的核心内容。

基于保证财务资料真实、完整，《会计法》《企业财务会计报告条例》《企业会计准则——基本准则》等上百部规范性文件对财务领域合规义务从不同维度、不同环节进行了规定。例如，企业应依法设置会计账簿、不能私设会计账簿；按照规定填制、取得符合规定的原始凭证；登记会计账簿应先审核会计凭证，并符合规定；不能随意变更会计处理方法；向不同的会计资料使用者提供一致的财务会计报告编制依据；按照规定使用会计记录文字或者记账本位币；按照规定保管会计资料；按照规定建立并实施企业内部会计监督制度并配合实施；不得指令他人伪造、变造会计凭证、会计账簿，编制虚假财务会计报告；不得指令他人隐匿或者故意销毁依法应当保存的会计凭证、会计账簿、财务会计报告等合规义务。再如，企业在编制和对外提供财务会计报告时，不能随意改变会计要素的确认和计量标准；不能随意改变财务会计报告的编制基础、编制依据、编制原则和方法；不能提前或者延迟结账日结账；编制年度财务会计报告前应按照本条例规定全面清查资产、核实债务；配合监管部门对财务会计报告依法进行的监督检查和提供相关材料等合规义务。

发票是开具、收取的收付款凭证，是财务活动和税收活动的重要要素，在"以票控税"的语境中，发票是税收征纳的切入点，可以说发票领域合规连接着财务领域合规和税收领域合规。在领用、开具、取得、保管、缴销发票方面，企业承担较为复杂的合规义务，例如，规定的时限、顺序、栏目开具发票，并加盖发票专用章；按期向主管税务机关报送使用税控装置开具发票的数据；向主管税务机关备案非税控电子器具开具发票使用的软件程序说明资料，保存、报送开具发票的数据；不得扩大发票使用范围；不得以其他凭证代替发票使用；不得跨规定区域开具发票以及携带、邮寄、运输空白发票；按照规定缴销发票；按照规定存放和保管发票；不得虚开发票；不得转借、转让、介绍他人转让发票、发票监制章和发票防伪专用品；不得受让、开具、存放、携带、邮寄、运输知道或者应当知道是私自印制、伪造、变造、非法取得或者废止的发票等合规义务。

（二）税收领域企业合规义务

对于企业来讲，涉及税收征收和税收优惠两个方面。依据《税收征收管理法》，税收的开征、停征以及减税、免税、退税、补税应依照法律的规定执行,对法律授权国务院规定的,依照国务院制定的行政法规执行。尽管地方没有确定减税、免税、退税等权限,但地方可以在权限范围内将地方留存的税收对企业进行扶持返还。由此可见,税收领域企业合规义务不仅体现为税务登记、对相关税种的纳税申报、缴纳相关税种款项等方面的合规义务,还体现企业在享受减税、免税、退税等税收优惠政策中的合规义务。例如,为体现既定的政策意图,我国实行了针对行业的税收优惠政策,如高新技术产业,针对特定类型企业的优惠政策,如小型微利企业,以及地方特殊园区的税收返还政策。

我国目前有18个税种,直接相对应了15个法律、5个行政法规,这些法律、行政法规对各自的纳税主体、税目、税率、计税依据等税种相关的专门合规义务进行了规定,对于纳税主体、税目、税率、计税依据,企业有依照履行的合规义务。比如,对于增值税,由于增值税的应纳税额为当期销项税额与当期进项税额的差额,企业需要在进项和销项两方面承担合规义务。除此之外,《税收征收管理法》以及以其为上位法的行政法规、部门规章以及其他规范性文件对企业纳税相关的一般合规义务进行了规定。例如,企业承担按照规定申报办理税务登记、变更或者注销登记,设置、保管账簿或者保管记账凭证和有关资料,将财务、会计制度或者财务、会计处理办法和会计核算软件报送税务机关备查,将其全部银行账号向税务机关报告,安装、使用税控装置等合规义务。还如,企业承担按照规定期限办理纳税申报和报送纳税资料,不得实施伪造、变造、隐匿、擅自销毁账簿、记账凭证等偷税行为以及以暴力、威胁方法拒不缴纳税款抗税行为,不得编造虚假计税依据,不得采取转移或者隐匿财产等手段以逃避缴纳欠缴应纳税款,不得假报出口或者其他欺骗手段以骗取国家出口退税款等合规义务。

税收政策优惠体现着国家扶持特定类型企业、特定行业、特定区域的政策意图，例如，针对小微企业、高新技术产业、转型升级等的税收优惠政策。显然，企业享受税收优惠政策的前提是企业具有享受优惠的条件，这就决定企业应对相应的优惠条件承担确保真实、客观的合规义务。例如，倘若以同时符合年度应纳税所得额不超过300万元、从业人数不超过300人、资产总额不超过5,000万元等3个条件来界定享受所得税优惠政策的小微企业标准，企业就承担了不能提供虚假财务数据来使自身达到小微企业标准的合规义务。再如，企业享受高新技术产业税收优惠政策的前提是企业应被认定为高新技术企业，也就是说，企业享受高新技术产业的税收优惠政策和被认定为高新技术企业之间存在一致的逻辑关系，企业在税收领域便延伸出相应高新技术企业认定领域合规义务。不难看出，对于任何税收优惠政策，企业都应承担按照《会计法》以及相应的企业会计准则提供真实、完整财务数据的合规义务，以确保企业在享受税收优惠政策中的合规。否则，企业就可能被税收监管部门认为不符合税收优惠享受的条件，面临被追缴税收甚至被予以处罚的合规风险。

第二节 财务税收领域企业合规风险点

一、从实际经济业务中确定财务税收领域合规风险点

财务税收领域企业合规风险点是企业不履行或不足履行财务税收领域合规义务，导致违规行为或因违规损失的可能，或者说，当企业可能存在不履行或不足履行财务税收领域合规义务的合规风险事件时，该风险事件就对应了该企业在财务税收领域的合规风险点。一般来说，财务

税收领域某一合规义务往往对应着若干个合规风险点，这是因为某一合规义务往往对应若干个场景，一旦出现某一场景，就可能存在触发不履行或不足履行合规义务的风险。例如，依据《会计法》，企业需履行根据实际发生的经济业务事项登记会计账簿的合规义务，而这一合规义务在相关会计准则中有着诸多表现，每个表现一般会对应着相应的场景，企业一旦存在与该场景不符的行为或事件，则该行为或事件便对应着相应的合规风险点。从颗粒度上来讲，财务税收领域企业合规义务一般不少于该领域企业合规风险点。例如，税收的开征、停征以及减税、免税、退税、补税一般由法律来规定，法律授权国务院的，由行政法规来规定。因此，我国税收领域合规义务基本上可以在现行的法律、行政法规中确定。相关部门为落实法律、行政法规有关规定，可能通过部门规章、其他规范性文件的方式对法律、行政法规进行细化上的规定，使得法律、行政法规确定的合规义务对应着若干个合规风险点相应的场景。

无论是财务活动，还是税收活动，通常是以实际发生的经济业务为前提。财务活动体现为对存在资金收付活动的经济业务信息的记录以及基于记录信息的分析，税收活动则依赖于财务活动。因此，企业在确立自身在财务税收领域合规风险点时，应先梳理存在资金收付的业务活动，以相应的业务活动作为切入点来梳理财务税收方面的合规风险事件。以增值税领域合规为例，增值税商品（劳务）在流转过程中产生的增值额作为计税依据，取决于企业当前销售货物、劳务、服务、无形资产、不动产收取的全部价款和价外费用，以及购进货物、劳务、服务、无形资产、不动产支付的全部价款，企业可以从企业对货物、劳务、服务、无形资产、不动产的销售行为和购买行为，以及上述行为相对应的资金收付情况来确定企业在增值税领域的合规风险点。倘若企业在填制会计凭证、登记会计账簿等过程中对上述销售和购买行为以及相对应的资金收付情况存在真实性和完整性上的瑕疵场景，该瑕疵场景就产生相对应的合规风险点。

企业的经济业务活动是由相应岗位的劳动者来实现的，也就是说，当企业劳动者在履职时，有着与资金收付相关的业务活动，就应该关注劳动者在履职该岗位时是否可能存在相应合规风险点。不难看出，确立财务税收领域合规风险点不仅要关注企业直接从事财务税收相关工作财务人员的履职行为，更要关注承载资金收付相关业务岗位人员的履职行为。因此，企业在确立财务税收领域合规风险点时，需要企业相关业务人员、财务专业人员、法律专业人员共同参与，先由相关业务人员向财务人员提供业务活动可能存在资金收付的场景，再由财务专业人员和法律专业人员对该场景是否存在合规风险点进行确认。需要指出的是，财务税收领域合规风险点仅是企业在财务税收领域潜在的风险点，即由于企业可能存在没有履行或不足履行财务税收领域合规义务的事件，至于该事件是否真的存在以及是否真的触发不履行或不足履行合规义务的临界点而产生合规风险，都需要在财务税收领域合规风险评估的环节中去确定。例如，企业过去存在的合规风险事件、外部同类企业存在的合规风险事件都可以看作是可能存在没有履行或不足履行财务税收领域合规义务的事件。当然，对于财务税收领域合规风险点所需要确定的合规风险事件也要作出初步的筛选，那些不可能存在或者现有相关制度能规避的合规风险事件，就需要在财务税收领域企业合规风险点确定的环节中予以排除。

二、财务税收领域常见的企业合规风险点

财务税收领域合规风险点是高频合规风险点，如常见的虚开发票、

使用假发票、隐匿收入、账外经营、滥用税收优惠政策、虚假申报、虚假出口退税、延迟纳税申报、隐瞒或漏报收入、虚报成本费用、关联交易不公允定价、非法分割应税项目、虚构业务套取资金等。从理论上讲，凡是存在资金收付相关经济业务的地方，就有财务税收领域企业合规风险点存在的可能。但实践中，由于企业相关财务管理制度和机制、财务税收合规意识和合规能力、财务税收领域合规预期收益和合规预期成本的取舍等因素的使然，企业自身具有抵御财务税收领域某些合规风险的"免疫因素"，使得财务税收领域合规风险点呈现集中化特点，出现某些常见的合规风险点。总的来说，在财务核算、税收计量、税收征纳、税收优惠等方面存在常见的合规风险点。

（一）财务核算方面的常见合规风险点

财务核算是企业根据审核后的原始凭证，运用会计科目，填制记账凭证、登记会计账簿，以货币为计算尺度，连续、系统、全面地记录，计算各核算单位或核算项目的经济活动，是对企业劳动消耗、物质消耗和资金占用及其经济效果的反映与监督。真实、完整是财务核算最为基本的合规义务，现实中，企业出于避税或掩盖经营情况，存在不根据实际发生的经济业务事项进行会计核算的动机，存在伪造、变造会计凭证、会计账簿以及编制虚假财务会计报告，甚至是隐匿或者故意销毁依法应当保存的会计凭证、会计账簿、财务会计报告等合规风险场景，使得企业遭遇没有真实、完整记录劳动消耗、物质消耗和资金占用及其经济效果的合规风险点。以编制企业财务会计报告为例，容易在随意改变会计要素的确认和计量标准，随意改变财务会计报告的编制基础、编制依据、编制原则和方法，提前或者延迟结账日结账，编制年度财务会计报告前未按规定全面清查资产、核实债务，企业编制、对外提供虚假的或者隐瞒重要事实的财务会计报告等方面存在合规风险事件，使得企业存在不履行或不足履行合规义务相对应的合规风险点。

财务核算过程中，在发票的领用、开具、取得、保管、缴销等环节容易存在合规风险点。例如，为达到自身避税或帮助他人避税的目的，企业存在为他人、为自己开具与实际经营业务情况不符的发票、让他人为自己开具与实际经营业务情况不符的发票、介绍他人开具与实际经营业务情况不符的发票等合规风险场景，这些场景相对应企业在虚开发票领域的合规风险点，该风险点对应着由税务机关没收违法所得、最高可处50万元罚款，以及司法机关对企业可处以最高50万元罚金、其直接负责的主管人员和其他直接责任人员可处以最高为无期徒刑的刑事处罚。例如，某灵活用工平台企业有在无真实交易情况下为其他经营主体虚开增值税普通发票的合规风险场景，存在虚开发票刑事方面合规风险点，相关责任人员存在被处以有期徒刑的合规风险。不难看出，真实、完整反映企业劳动消耗、物质消耗和资金占用及其经济效果是确定财务核算方面合规风险点的基本准则，只要企业存在可能影响真实、完整反映企业劳动消耗、物质消耗和资金占用及其经济效果的场景，就意味着企业存在相应的合规风险点。

（二）计量报税方面的常见合规风险点

计量报税是指企业按照税种相关法律、行政法规所规定的税种、计税方式、税率等要求，依据财务核算结果，对企业所申报的税收额度进行计量的活动。现行的13部税种方面的法律、5部税种方面的行政法规都对计量报税所涉及的税种、计税方式、税率进行了规定。以企业所得税为例，企业应纳税所得额为每一纳税年度的收入总额，减除不征税收入、免税收入、各项扣除以及允许弥补以前年度亏损后的余额，倘若企业没有将销售货物收入、提供劳务收入、权益性投资收益、利息收入、租金收入、特许权使用费收入、接受捐赠收入以及其他以货币形式和非货币形式等中的任何一项纳入收入总额，或者其所扣除的成本、费用、税金、损失和其他支出并没有发生或者与取得收入无关，企业便存在与此相对应的合规风险点。再以增值税为例，现行《增值税暂行条例》对增值税纳税义务发生时间进行了规定，即对于发生应税销售行为，收讫销售款项或者取得销售款项凭据的当天为增值税纳税义务发生时间；对于先开具发票，开具发票的当天为增值税纳税义务发生时间；对于进口货物，报关进口的当天为增值税纳税义务发生时间；增值税扣缴义务发生时间为纳税人增值税纳税义务发生的当天。倘若企业出于避税考虑，存在改变该条例对增值税纳税义务发生时间的场景，由此便产生了相应的合规风险点。

计量报税方面的常见合规风险点多体现在税负较大的税种方面。根据2023年1月财政部公布的《2022年财政收支情况》，增值税（国内）、消费税（国内）、企业所得税、个人所得税，以及进口货物增值税和消费税占全国税收收入的比重分别是29.24%、10.02%、26.22%、8.96%、12.00%，五项共占到全国税收收入近87%；2024年2月财政部公布的《2023年财政收支情况》，增值税（国内）、消费税（国内）、企业所得税、个人所得税，以及进口货物增值税和消费税占全国税收收入的比重分别是38.28%、8.90%、22.69%、8.16%、10.76%，五项共占到全国税收收入超88%。可见，企业在确定计量报税方面的合规风险点时，应注重增值税、消费税、企业所得税、个人所得税等领域相应合规风险点的确定。当然，一些税负占比较小的税种，仅涉及某一类企业、某一业务的，具体到特定的企业，该税种相对应的税负未必就小。因此，对于涉及上述税种的企业，也应注重对相应合规风险点的梳理。需要指出的是，企业在确立合规风险点过程中，需要依据法律法规、监管规定及时准确理解所生产经营产品的应税属性，否则就有可能面临难以预计的税收合规风险以及由其引发的其他风险。例如，某上市企业没有及时理解"重芳烃衍生品是否属于重芳烃"的应税属性，因生产经营重芳烃衍生品被税务部门要求补缴5亿元消费税的税款，引发该企业因经营资金困难陷入主营业务产品的生产装置及配套装置停产。

（三）税收征纳方面的常见合规风险点

税收征纳涉及税务登记、纳税申报、税款缴纳等环节，各个环节都有可能因企业不履行或者不足履行相应的合规义务而存在税收领域合规风险点。在税务登记环节，倘若企业存在没有在领取营业执照之日起30日内向税务机关申报办理税务登记，没有在营业执照变更之日起30日内或者在申请办理注销登记之前向税务机关申报办理变更或者注销税务登记，转借、涂改、损毁、买卖或者伪造税务登记证件等场景，便产生了相应的合规风险点。在纳税申报环节，倘若企业存在没有按照规定的申报期限、申报内容如实办理纳税申报，报送纳税申报表、财务会计报表等纳税资料，或者没有经过税务机关核准单方面延期办理纳税申报或者报送代扣代缴、代收代缴税款报告表等场景，便产生相应的合规风险点。在税款缴纳环节，倘若企业存在没有在确定期限缴纳或者解缴税款，对其关联企业没有按照独立企业之间的业务往来收取或者支付价款、费用，以及欠缴税款的企业以各种方式逃避税务机关追缴税收等场景，企业便存在相应的合规风险点。

由于税收的强制性，税收征纳方面合规风险事件让企业承担较大的法律责任。例如，对于企业存在采取转移或者隐匿财产的手段，妨碍税务机关追缴企业所欠缴的税款，企业会面临被追缴欠缴的税款、滞纳金，并被处欠缴税款50%以上5倍以下的罚款，甚至是触犯逃避追缴欠税罪；对于企业存在以暴力、威胁方法拒不缴纳税款，企业会面临被追缴其拒缴的税款、滞纳金，被处以拒缴税款1倍以上5倍以下的罚款，甚至是触犯抗税罪。由于税收征纳需要以财务核算和税收计量为前提，税收征纳方面的合规风险点不仅来源于税收征纳本身，还来源于财务核算和税收计量等方面合规风险点的延伸，无论是纳税申报，还是税款缴纳，都是以所计量的税收为前提，而所计量的税收又需要以财务核算为前提。可见，企业在确立税收征纳方面的常见合规风险点时，不能仅仅考虑企业向税务机关进行税务登记、纳税申报、税款缴纳等，还需要考量其背后的财务核算和税务计量等要素可能引发的税收征纳方面的合规风险点。

（四）税收优惠方面的常见合规风险点

我国税种相关的一些法律对税收优惠条件进行了规定。《企业所得税法》对国家重点扶持和鼓励发展的产业和项目明确给予企业所得税优惠的规定，对从事农、林、牧、渔业项目所得，从事国家重点扶持的公共基础设施项目投资经营所得，从事符合条件的环境保护、节能节水项目所得，符合条件的技术转让所得等规定可以免征、减征企业所得税，对符合条件的小型微利企业、重点扶持的高新技术企业分别规定减按20%的税率和减按15%的税率，对开发新技术、新产品、新工艺发生的研究开发费用规定可以在计算应纳税所得额时加计扣除等。不难看出，企业享受所得税优惠政策的前提是企业应符合相应的条件，倘若企业存在不符合相应的条件，而通过伪造、骗取来达到享受企业所得税优惠条件的场景，则该场景显然存在着相应的合规风险点。《增值税暂行条例》基于不同行业规定了17%、11%、6%的税率，对小规模纳税人规定了3%税率，还对免征增值税的项目进行了规定，倘若企业存在不符合相应的条件，却通过伪造、骗取达到享受增值税条件的场景，则该场景显然存在着相应的合规风险点。

现实中，税收优惠相关合规风险点已成为企业财务税收领域较为常见的合规风险点。"假企业"虚开发票、"假出口"骗取退税、"假申报"骗取税费优惠是监管部门关注的重点，这些行为不仅会引起企业承担税收补缴、缴滞纳金、税收补缴的倍数罚款，甚至有可能承担相应的刑事责任。以小微企业享受税收优惠为例，倘若为满足达到小微企业的条件，企业存在谎报误报资产和人数、蓄意隐瞒销售收入、虚列成本费用、违规叠加享受优惠等合规风险场景，企业便存在相应的合规风险点。因此，企业在依法享受税收优惠政策带来红利的同时，要根据所享受的税收优惠政策所需的条件，结合企业经营实际，确立可能触发税收优惠方面合规风险的合规风险事件，进而确立企业在税收政策优惠中的合规风险点。

第三节　财务税收领域企业合规风险评估

一、财务税收领域企业合规风险准则

财务税收领域企业合规风险准则是企业对财务税收领域企业合规风险容忍度的集中反映，是财务税收领域企业合规风险评估与应对的"总纲"，包括财务领域企业合规风险准则和税收领域企业合规风险准则。由于财务活动和税收活动之间存在紧密关系，财务领域企业合规风险准

则和税收领域企业合规风险准则之间存在较大的交集，即财务领域企业合规风险准则包含税收领域企业合规风险准则的内容，而税收领域企业合规风险准则也包含财务领域企业合规风险准则的内容。例如，依据《税收征收管理法》，企业有按照有关法律、行政法规和国务院财政、税务主管部门的规定设置账簿，以及根据合法、有效凭证记账进行核算的合规义务；依据《会计法》，企业有根据实际发生的经济业务事项进行会计核算，填制会计凭证，登记会计账簿，编制财务会计报告的合规义务。这两个合规义务之间有着明显的交集，企业对基于不履行或不足履行这两种合规义务相对应的合规风险容忍度显然存在着较大的重合性。尽管如此，财务活动和税收活动毕竟属于两类有所差别的活动，一个是以加强经济管理和财务管理、提高经济效益、维护市场经济秩序为重要使命，另一个是以保障国家税收收入、保护纳税人合法权益为重要使命，企业在财务领域合规风险准则和税收领域合规风险准则方面显然也存在着一定的差异性。

企业对财务税收领域合规风险容忍度是确立财务税收领域企业合规风险准则的首要前提，而财务税收领域合规风险容忍度的偏好又依赖企业对财务税收领域合规风险应对的预期收益和预期成本的比较。就财务领域合规风险容忍度而言，企业之所以在财务领域有着实施不合规行为的动机，往往有偷逃或骗取税款、迎合市场预期或特定监管要求、谋取基于财务业绩的收益最大化、骗取外部资金、侵占企业财产等不合规意图。财务领域不合规行为可能会帮助企业实施上述不合规意图，进而产生实施上述不合规行为的预期收益。一旦企业产生财务领域不合规行为的预期收益超过预期成本，如对因实施不合规行为被发现、调查、处罚以及基于处罚的相关经济损失和声誉损失的预期低于对实施不合规行为收益的预期，其就会对财务领域合规风险有着较高的容忍度。就税收领域合规风险容忍度而言，企业纳税的本质是国家从企业强制获取收入和财产的特殊分配关系，在企业收入和财产既定的前提下，企业纳税意味着企业经济收益的降低。以企业所得税为例，应纳税所得额为每一纳税年度的收入总额，减去不征税收入、免税收入、各项扣除以及允许弥补以前年度亏损后的余额。以企业所得税的税率为25%为例，企业缴纳企业所得税意味着企业要将取得应纳税所得额的四分之一让与国家，用于公共产品的供给。可见，税收领域企业合规意味着企业及时、足额进行纳税，如果企业对税收领域合规风险的预期收益高于预期成本时，即因实施不合规行为该企业带来的避税收入的预期，大于企业实施该不合规行为的预期成本，企业对税收领域合规风险的容忍度就存在较高的倾向。

无论是财务领域还是税收领域，由于违规行为被发现、被调查、被处罚等属于概率性事件，不少企业存在庆幸心理和投机心理，往往降低财务税收领域合规风险成本的预期，而对财务税收领域企业合规风险有着较高的容忍度。值得一提的是，随着财务税收领域监管的智能化发展，例如，税收征管由"经验管税""以票控税"向"以数治税"方向发展，财务税收领域违规被发现、被调查、被处罚的概率得到大大提升，企业在财务税收领域合规风险的预期收益大大降低、预期成本大大提升。此外，财政压力也可能促使税务部门在税收征管理念、力度等方面产生差异，改变企业在财务税收领域合规治理的预期收益与预期成本之间关系。一言蔽之，企业一般应以较低容忍度乃至零容忍度的方式对待财务税收领域合规风险，并以此来确定企业在财务税收领域合规风险准则，以应对可能被税务监管部门处以罚款、降低纳税信用等级、限制发票领用、提高检查频次、全面检查税收缴纳情况、延伸检查企业的上下游利益相关方，甚至是被司法部门处以刑事制裁等合规风险。

二、财务税收领域企业合规风险识别

财务税收领域企业合规风险识别是企业对自身经营管理过程中财务税收领域合规风险点的辨认和辨别，或者说是对财务税收领域企业合规风险点的排除和选取。财务税收领域企业合规风险点的确立依据该领域合规义务以及不履行或不足履行该合规义务的场景，该场景是该企业既往发生过，或者同类企业发生过，或者基于主观判断存在发生的可能性。财务税收领域企业合规风险识别是对所确立的财务税收领域合规风险点相对应的场景进行辨认和辨别，确定企业是否存在足以触发财务税收领域合规风险的"临界点"，使企业遭受违规风险和因违规产生合规风险损失的可能。以企业存在没有按照规定保管会计资料的场景为例，该企业曾经在保管会计资料过程中出现过不合规行为，或者与该企业经营业务较为相似的企业常出现保管会计资料的不合规行为，但该企业已经建立了较为严格的防止保管会计资料出现不合规行为的"防火墙"，所以该企业在现实中根本不存在没有按照规定保管会计资料的场景。基于此，企业可以将该财务税收领域企业合规风险点排除在外。

财务税收领域企业合规风险识别的目的是从企业经营管理实际出发，排除企业不可能存在的财务税收领域企业合规风险点，筛选出企业存在的财务税收领域企业合规风险点，从而确保企业能够精准化获取财务税收领域合规风险。由于企业发展规模、发展阶段、发展战略、经营业务、合规文化、企业高层合规意识等不同，企业的财务税收领域合规风险存在差异。以企业高层管理人员合规意识为例，无论是财务领域还是税收领域，企业高层管理人员合规意识是决定企业财务税收领域合规风险的重要因素。在不少企业中，财务税收领域出现不合规行为往往与企业高层管理人员合规意识不强有关，甚至出现企业高层管理人员授意财务人员、业务人员实施不合规行为的现象。不难看出，如果说财务税收领域企业合规风险点在同类企业之间还存在较大的通用性，那么财务税收领域企业合规风险识别则需要在考量通用性基础上体现企业的个性化合规风险。

对财务税收领域企业合规风险的识别虽然需要考察企业是否存在不履行和不足履行财务税收领域合规义务的真实场景，但这不意味着企业可以忽视对财务税收领域企业合规风险识别的全面性要求。或者说，在财务税收领域企业合规风险识别中，企业不仅要做到对财务税收领域合规风险点应筛尽筛，更要做到应选尽选，不能漏掉任何可能引发财务税收领域合规风险的场景。为达到这一要求，企业可以在所确立的财务税收领域合规风险点的基础上，从基于资金收付的经营业务链条、涉及资金收付的岗位履职链条、资金收付的管理过程链条等出发，全面辨认和辨别合规风险点相对应的合规风险场景发生的可能性，排除不可能发生的相关场景，筛选可能发生的相关场景，对不确定是否可以排除或选取的相关场景，应慎重排除，将其放在财务税收领域合规风险分析环节中予以考察。毕竟，财务税收领域合规风险会给企业经营管理带来很大影响，企业应以审慎的态度对待财务税收领域合规风险。

三、财务税收领域企业合规风险分析

财务税收领域企业合规风险涉及企业在财务税收领域实施违规行为风险以及因违规行为产生合规风险损失。无论是财务领域还是税收领域，企业一旦存在不合规行为，就面临相关监管部门对其追究法律责任，如《会计法》《税收征收管理法》《公司法》《刑法》等法律以及《企业财务会计报告条例》等法规，以及以其为上位法的诸多"规"中，对企业在财务税收领域不合规行为的行政责任、刑事责任等有所涉及。这些所涉及的行政责任、刑事责任、民事责任是财务税收领域合规风险分析的"参照物",这是因为企业对法律责任的承担决定着企业在财务税收领域合规风险预期收益和预期成本。可以说,财税领域企业合规风险分析应围绕法律法规等"规"所确立的法律责任,分析企业在财务税收领域实施违规行为发生的概率和程度,因违规行为被监管部门发现、被监管部门调查、被监管部门处罚,以及因承担行政责任和刑事责任所引发的经济损失和声誉损失的发生的概率和损失大小的程度。或者说,财务税收领域企业合规风险分析是对识别到的企业在财务税收领域的合规风险进行加工,以便于更好反映出企业在财务税收领域合规风险的全貌以及发展格局和发展趋势。

财务税收领域企业合规风险分析对多元化专业要求较高,不仅需要专业的财务人员,也需要从事经济业务一线的专业人员,还需要熟悉财务税收相关监管政策的专业人员等参与。为达到胜任财务税收领域企业合规风险分析的专业要求,企业可以通过头脑风暴法、结构化半结构化访谈、德尔菲法、情景分析法、检查表法等多种方法,对企业在财务税收领域合规风险进行较为深度的分析。现实中,对财务税收领域企业合规风险的分析,不仅是出于应对企业在财务税收领域违规风险和因违规产生合规风险损失的需要,也是出于对财税税收领域合规收益驾驭的需要。这是因为,与其他一般领域合规风险分析不同,财务税收领域合规风险分析还可以为企业利用财务税收领域合规来为自身谋取正当利益。例如,国家为扶持特定经营主体、特定行业、特定环节经营业务的发展,制定了相应的税收优惠政策,企业通过财务税收领域合规风险分析,可以为企业最大程度利用税收优惠政策提供保障。

在财务税收领域企业合规风险分析过程中,需要从企业内外部因素来综合分析企业在财务税收领域违规风险、因违规风险带来合规风险损失，不仅分析发生的概率和后果大小，还需要分析风险产生的原因，为企业在财务税收领域企业合规风险应对上找出方向和依据。除此之外，企业还需要分析财务领域各合规风险及其各合规风险之间的关系，税收领域各合规风险及其各合规风险之间的关系。在财务税收领域企业合规风险分析过程中，需要分析相关方面合规风险之间的逻辑关系，以帮助企业全面、客观地掌握财务税收领域合规风险相关信息。

四、财务税收领域企业合规风险评价

财务税收领域企业合规风险评价是企业在财务税收领域合规风险评估的落脚点，也是财务税收领域企业合规风险评估的最后一步，其结果是企业财务税收领域企业合规风险应对的依据和遵循。财务税收领域企业合规风险评价不仅承载着对财务税收领域企业合规风险评估结果的输出功能，也承载着为财务税收领域企业合规风险应对提供依据和支撑的功能，其首要职责是在财务税收领域企业合规风险分析基础上，对企业需要应对的财务税收领域合规风险确定风险等级和偏好次序。由于财务税收领域涉及的"规"非常庞杂，作为"经济人"的企业天生具有突破"规"的冲动，使得企业存在较为复杂的财务税收领域合规风险。如何在较为复杂的财务税收领域合规风险中，选择适合企业发展的财务税收领域合规风险偏好次序，对企业平衡财务税收领域企业合规风险的预期收益和预期成本，提升财务税收领域合规风险应对精准度具有不可或缺的作用。对财务税收领域合规风险偏好次序的选择，一方面，需要建立在企业对财务税收领域违规行为发生概率和程度、财务税收违规行为引发合规风险损失概率和程度等分析基础上；另一方面，需要企业对自身

发展规模、发展阶段、发展战略、资金收付情况等进行深度分析，选择既有利于企业对财务税收领域合规风险应对，也有利于企业正向运用财务税收合规的合规风险偏好秩序。

财务税收领域企业合规风险评价是该领域企业合规义务确立、企业合规风险点确立、企业合规风险识别、企业合规风险分析等的综合体现。企业在对财务税收领域合规风险评价可以通过以下三个步骤实现。一是在对财务税收领域企业合规风险进行分析的基础上，确定诸多财务税收领域企业合规风险中的偏好秩序，即哪些方面的合规风险发生概率高或者后果严重，哪些方面的合规风险发生概率小或者后果较轻，对财务税收领域企业合规风险进行偏好上的排序；二是结合财务税收领域企业合规风险准则，特别是依据企业对财务税收领域各合规风险的容忍度，对财务税收领域企业合规风险进行分级，明确哪些方面的合规风险处于较高等级，哪些方面的合规风险处于较低等级；三是基于财务税收领域企业合规风险等级，对财务税收领域各企业合规风险，明确需要重点关注和优先应对，哪些需要重点应对，哪些需要及时关注，哪些可以暂时不予专门应对。可以说，财务税收领域企业合规风险评价不仅能让企业全面、客观、准确掌握企业所面临的财务税收领域合规风险，还是企业应对财务税收领域企业合规风险的重要基础。

第四节　财务税收领域企业合规风险应对

一、财务税收领域企业合规风险应对是项长期工作

财务活动依赖实际发生的经济业务，税收活动又依赖财务活动。可

以说，企业只要存在涉及资金收付的经济业务活动，就避免不了财务税收领域企业合规问题，也就回避不了财务税收领域企业合规风险应对问题。2023年我国税务部门查处涉嫌违法纳税人达13.5万户[①]。财务税收领域企业合规风险应对是项长期工作，贯穿于企业经营管理全过程，横跨企业全生命周期。也就是说，财务税收领域某一时段或某一时点上的违规行为，在今后若干年内都有产生合规风险损失的可能。例如，依据《税收征收管理法》，因企业计算错误等未缴或者少缴税款的，税务机关对税款、滞纳金有三年追征期，特殊情况追征期可以延长至五年；对企业偷税、抗税、骗税等行为的，税务机关对税款、滞纳金等不受追征期的限制。现实中，一些企业尤其是小微企业因认为财务税收领域违规行为被发现的概率小而不注重对财务税收领域合规风险的应对，甚至有些企业觉得财务税收领域合规是一件很不划算的事情。但随着我国税收征管环境的趋严、税收征管能力的提升、税收优惠与严打恶意骗取税收优惠并举，以及财务领域违规行为的民事、行政、刑事立体化责任追究体系建设等推进，财务税收领域某一时段或某一时点上的违规行为所带来的合规风险损失概率和程度都相应增大，做好财务税收领域企业合规风险应对必须坚持长期性。例如，2023年1月，某地税务局在对某房地产企业进行税务稽查时，对该企业采取逃避缴纳税款的不合规行为倒查了17年，对该企业在2006年1月1日至2017年12月31日期间采取逃避缴纳税款手段不缴或者少缴应纳税款4,190.15万元的违规行为，处以追缴税款4,190.15万元的行政处理、处以罚款4,190.15万元的行政处罚。

　　财务税收领域企业合规的基础是财务税收活动应尊重现实发生的经济业务，不论是《会计法》等财务方面的"规"，还是《税收征收管理

[①] 《国家税务总局2023年法治政府建设情况报告》，载国家税务总局官网．

法》等税收方面的"规",都对企业不得伪造、变造会计凭证、会计账簿以及编制虚假财务会计报告进行严格的法律责任规定。可见,财务税收领域合规需以企业现实发生的经济业务为前提,意味着企业在财务税收领域合规风险应对必须注重长期性。在财务税收领域,企业都有尽可能降低财务成本和税收成本的动机,将财务合规税收领域企业合规风险应对作为一项长期性工作,意味着企业要做好每个经济业务活动背后的财务和税收合规工作,而不是为了应对财务税收领域合规检查而伪造、变造会计凭证、会计账簿以及编制虚假财务会计报告。在以"信用+风险"为基础的新型监管机制、加强重点领域风险防控和监管、严厉打击涉税违法犯罪行为的监管环境中,将财务税收领域企业合规风险应对作为事关企业生存与发展的长期工作。一方面可以提升企业在防范和降低财务税收领域合规风险的能力,另一方面企业可以高效利用财务税务领域合规手段来实现财务成本、税收成本最低化。例如,充分利用国家支持企业发展的各类税收优惠政策,在合规基础上实现避税目的。

二、树立财务税收领域企业合规风险应对的动态思维

财务税收领域企业合规风险应对不仅会产生直接成本,也会产生机会成本。一方面,凡是合规风险应对都需要承担一定的资金成本和人员成本,不仅如此,还可能因为实施财务税收领域合规要求而增加了自身的税负。另一方面,企业财务税收领域合规风险应对还可能丧失商业机会。现实中,一些企业特别是经营状况不佳的微利企业,靠着财务税收领域的违规行为谋取生存机会,甚至离开财务税收领域违规行为,企业就难以正常运转。不可否认,在竞争日趋激烈的市场环境中,上述现象有一定的必然性,是否可以据此为企业不积极应对财务税收领域企业合

规风险找"借口"？其答案显然是否定的。企业需树立财务税收领域企业合规风险应对的辩证思维，来理解财务税收领域企业合规风险应对背后的成本属性和收益属性。

财务税收领域企业合规风险应对背后的成本属性是指企业应对财务税收领域企业合规风险需要承担相应的成本。对该语境中成本的理解，企业不能用静态的思维去考量，而是应该用动态的思维去考量。现实中，一些企业由于在财务税收领域违规行为没有及时被发现、被处罚而形成惯性思维，低估了财务税收领域合规风险可能带来的后果。其实，随着我国"无风险不打扰、有违法要追究、全过程强智控"的税务执法体系的发展，监管部门对财务税收的监管能力得到明显提升。如果企业拘泥于以往财务税收领域违规行为不会被发现的侥幸心理，其所实施的违规行为和因违规行为产生合规风险损失的可能势必会增加。试想，倘若企业低估财务税收领域企业合规风险需要承担相应的成本，对财务税收领域合规风险不作积极应对，幻想从税收违规中谋取避税的机会，这类行为在若干年后被发现被税务机关追征税款、滞纳金，再加上可能达到欠缴5倍以上的罚款，甚至是刑事处罚，以及可能带来的其他经济损失和声誉损失，企业将可能承担数倍于欠缴税款的成本。财务税收领域企业合规风险应对背后的收益属性是指应对财务税收领域企业合规风险给企业带来的收益。同样，对该语境中成本的理解，企业不能用静态的思维去考量，而是应该用动态的思维去考量。例如，在税收优惠政策和税收强管的双重语境中，企业对财务税收领域企业合规风险应对收益的考量，不仅要考虑其防范和降低企业因财务税收领域违规行为而产生的合规风险损失，还要考量企业通过合规手段利用税收优惠政策最大程度享受其释放出的红利。

树立财务税收领域企业合规风险应对的动态思维，就要求企业主动适应内外部环境的变化，作出相应的财务税收领域企业合规风险应对。以税收政策变化为例，国家出于扶持某类经营主体、某类行业、某项经营活动等考虑，或者出于优化产业结构、促进产业转型升级等监管考虑，会经常对相关税收政策加以调整。企业在应对财务税收领域相关合规风险时，应主动顺应税收政策发展的态势和趋势，做好财务税收领域合规风险应对，而不能拘泥于过去的思维来应对财务税收领域合规风险。因此，虽然财务税收领域合规风险应对是贯穿于企业全生命周期的工作，企业对财务税收领域合规风险应对不能毕其功于一役，而需要久久为功。但与此同时，企业不能墨守成规，需要主动适应内外部环境变化，尤其是财务税收监管环境的变化，做好与环境变化相适应的财务税收领域合规风险应对。

三、提升财务税收领域企业合规风险应对效能

财务税收领域企业合规风险不仅可能导致企业承担较为严重的法律责任，而且还可能因承担法律责任给企业带来难以预期的负面影响。由于财务关乎到企业诚信、税收关乎到企业社会责任，一旦企业因财务税收领域违规行为被监管部门调查、处罚，将会给企业信誉带来难以低估的损害，将会给企业生存与发展带来极大的困境。因此，无论从企业自身，还是从企业承担社会责任，都应将提升财务税收领域企业合规风险应对效能作为事关企业可持续发展的重要抓手。提升财务税收领域企业合规风险应对效能关键在于企业应根据发展实际，在精准把握自身财务税收领域合规风险基础上，做好财务税收领域企业合规风险应对策略确定、财务税收领域企业合规风险应对现状评估、财务税收领域企业合规风险应对计划制定和实施，有效防范和降低财务税收领域企业合规风

险，充分发挥财务税收领域企业合规对企业发展的正向作用。

（一）确定财务税收领域企业合规风险应对策略

财务税收领域企业合规风险应对策略是建立在对企业财务税收领域合规风险及其风险准则的全面掌握基础上，为企业应对什么样的财务税收领域合规风险、实现什么样的财务税收领域合规风险应对目标，如何应对财务税收领域合规风险提供方向性指引和基本准则。财务税务领域企业合规风险应对是项长期工作，对财务税收领域企业合规风险应对的策略首先在于预防，即企业在经济业务活动过程中，规避一切可能出现的财务领域违规行为和税收领域违规行为。然而也应看到，企业在财务税收领域实施违规行为的利益动机、财务税收领域企业合规涉及员工和业务等原因，一些企业难以做到百分之百的绝对合规。这意味着财务税收领域企业合规风险应对策略，不仅体现在事前预防上，尽可能防范企业实施财务税收领域违规行为，还需重视对违规行为后的应对，尽可能降低企业因财务税收领域违规行为产生的合规风险损失。现实中，如果企业自身存在财务税收领域违规行为，倘若应对策略得当，是能有效降低财务税收领域合规风险损失的。例如，一旦税务机关发现企业存在税收合规问题，企业主动与税务机关沟通，主动补缴相应税款，往往是可以将损失降低到最小程度。

财务税收领域企业合规风险应对策略需充分符合企业财务税收领域合规风险特性及其准则要求，也就是说，财务税收领域企业合规风险应对策略的确定不是单纯"拍脑袋"的行为，而是需要充分考虑企业发展阶段、发展规模、发展战略、内外部环境、合规风险损失承受能力等因素。从合规风险应对的资源配置多寡和先后次序等来看，企业在财务税收领域合规风险应对策略可分为激进型应对策略、温和型应对策略、保守型应对策略。财务税收领域合规风险激进型应对策略侧重对财务税收领域合规风险的预防，将防范企业出现财务税收领域违规行为作为重点。财务税收领域合规风险温和型应对策略采取预防与处置并重的应对策略来应对财务税收领域合规风险，即注重对财务税收领域合规风险的预防，但同时允许企业存在一定程度可以承受的财务税收领域违规行为，并对违规行为可能引发的合规风险损失进行应对。财务税收领域合规风险保守型应对策略不注重财务税收领域违规行为的预防，而是将财务税收领域企业合规风险应对聚焦在对违规行为发生后的应对上。现实中，由于财务税收领域各类"规"触及的法律责任不同，有的需承担刑事责任，有的需承担行政责任，有的责任相对轻微，有的责任相对严重，这些为企业采取以上三种不同策略提供了存在的依据。

（二）评估财务税收领域企业合规风险应对现状

所谓财务税收领域企业合规风险应对现状评估，是指对企业在财务税收领域合规风险应对制度、机制、资源、外部环境等现状进行的评估，旨在评判企业应对财务税收领域企业合规风险的能力。财务税收领域企业合规风险应对现状评估是从财务税收领域企业合规风险应对策略到财务税收领域企业合规风险应对计划的"桥梁"，是企业应对财务税收领域合规风险的效能基础。企业一旦有经营管理活动，就会涉及会计核算、缴纳税收等相关制度、机制，对会计核算、缴纳税收等活动进行规范。此外，还有为确保会计核算和缴纳税收等活动开展的人财物等资源保障。这些企业财务税收领域相关制度、机制、资源等是应对财务税收领域企业合规风险的基础，这些基础有时可能对企业财务税收领域合规风险产生足够的"免疫力"，企业可以以现有财务税收相关制度、机制、资源等应对合规风险。

在评估财务税收领域企业合规风险应对现状过程中,除了考量企业已有的财务税收领域合规风险应对制度、机制、资源等,还需要考量与待应对的财务税收领域相关的内外部环境。这是因为财务税收领域合规风险应对制度、机制、资源只是代表企业应对财务税收领域合规风险的能力基础,这种能力基础能否转化为效能,还需要与企业内外部因素共同作用。以企业外部的财务税收监管环境为例,财务税收监管政策、财务税收监管理念、财务税收监管方式、财务税收监管手段等变化,可能对企业应对财务税收领域合规风险的能力产生影响。可见,对财务税收领域企业合规风险应对现状的评估,不仅涉及对企业已有的相关制度、机制、资源等进行评估,还要对内外部环境变化进行评估。

(三)制定和实施财务税收领域企业合规风险应对计划

制定和实施财务税收领域企业合规风险应对计划是财务税收领域企业合规风险评估与应对的落脚点,涉及财务税收领域合规风险应对目标、风险信息、相关人员、有关措施、资源保障、绩效管理、约束机制、时间安排等要素,企业财务税收领域合规风险评估结果、合规风险准则、合规风险应对策略、合规风险应对现状是制定和实施财务税收领域企业合规风险应对计划的依据和支撑。目标的可行性、措施的可操作性、保障的充分性是确保财务税收领域企业合规风险应对计划有效性的基本要求。以财务领域合规风险应对计划为例,企业基于应对财务领域合规风险所制定的目标、措施、保障能得到顺畅执行的考虑,避免因履行财务领域合规风险应对计划而对企业业务活动产生不当影响,既不能为执行财务领域合规风险应对计划而伤及企业正常的业务发展,也不能为业务发展而不顾及财务领域合规风险应对。企业只有在财务管理和业务发展中进行合理平衡,才能实现企业合规风险应对计划目标的可行性、措施的可操作性、保障的充分性等。

  财务税收领域合规风险应对逻辑，在于企业对相关监管部门对企业财务活动和税收活动开展监管的回应。因此，企业在制定和实施财务税收领域企业合规风险应对计划过程中，应和监管部门密切联系，掌握财务税收领域各类政策的现状和走势，了解财务税收领域监管环境及其变化，掌握相关部门监管理念、方式方法。例如，财政压力可能促使税务部门加强税收征缴的力度，甚至对企业纳税情况进行倒查，对原先偷税、避税、逃税的违规行为进行核查。值得一提的是，企业应主动与监管部门沟通、主动配合监管部门工作、主动履行相应的法律责任，避免在实践中因缺乏应对计划而出现监管上的被动性。

第十章 环保领域企业合规风险与应对

第一节 环保领域企业合规义务

一、环保领域企业合规义务体现企业社会责任

此处所论及的环境是指影响人类生存和发展的各种天然的和经过人工改造的自然因素的总体，环境保护（简称为"环保"）则是指基于保护人类生存环境、保障经济社会可持续发展，解决现实环境问题或潜在环境问题等需要采取的一切行动的总和。环境是企业安身立命的前提，企业的一切经营管理活动都需要人来执行，而环境直接决定着人的健康和生命，没有良好的环境，企业就失去了发展的基础。20世纪中后期，不少国家在对崇尚"赢利至上"的企业经营法则反思基础上，重视和推崇企业对环境保护的社会责任，形成了保护环境是企业应担负的社会责任的共识。我国《宪法》就规定了国家保护和改善生态环境以及防治污染的义务，国家为践行该义务必然要求企业承担相应的保护环境义务。作为我国环境保护基本法的《环境保护法》就规定保护环境是国家的基本国策，包括企业在内的一切单位和个人都有保护环境的义务。《中共中央、国务院关于加快经济社会发展全面绿色转型的意见》开篇就提

到"推动经济社会发展绿色化、低碳化,是新时代党治国理政新理念新实践的重要标志"。环保领域企业合规是指企业经营管理行为和员工履职行为符合环境保护法律法规、监管规定等"规"的要求,这些环境保护法律法规、监管规定等"规"的要求构成了环保领域企业合规义务的来源依据。企业履行环保领域企业合规义务的目的是促使企业践行保护环境的基本国策,确保企业履行保护环境义务。在环境保护是企业的社会责任语境中,环保领域企业合规义务便成为企业的社会责任。虽然环保领域企业合规义务源于环境保护相关的"规",体现企业对国家保护环境意图的服从,但也体现企业对商业伦理的遵守,是市场经济活动中"法"与"德"有机结合的直接体现。

环保领域企业合规义务所体现的"德"是被"法"约束的强制义务,不履行和不足履行环保领域企业合规义务可能会遭受强制性的法律后果,承担较为严重的行政责任、刑事责任和民事责任。在行政法律责任方面,涉及警告、罚款、没收违法所得、行政拘留、责令停止生产或者使用、重新安装使用、限期治理或改正、停业或关闭及搬迁、停止违法行为、消除污染、缴纳排污费、支付消除污染费用、赔偿国家损失等。在刑事法律责任方面涉及破坏环境资源保护相关罪名,如污染环境罪,非法处置进口的固体废物罪,擅自进口固体废物罪,走私废物罪,非法捕捞水产品罪,危害珍贵、濒危野生动物罪,非法狩猎罪,非法猎捕、收购、运输、出售陆生野生动物罪,非法占用农用地罪,破坏自然保护地罪,非法采矿罪,危害国家重点保护植物罪,非法引进、释放、丢弃外来入侵物种罪,盗伐林木罪等,涉及上述罪名的可能面临"双罚",即对企业判处罚金,对直接负责的主管人员和其他直接责任人员处拘役、有期徒刑、并处或者单处罚金。在民事法律责任方面,涉及因侵权民事诉讼、公益诉讼承担侵权责任、惩罚性赔偿等。由此可见,企业履行环保领域企业合规义务，虽然不能带来直接的利润，甚至需要承担一笔较大的合规成本，但该合规成本是企业履行环境保护社会责任的应有成本，否则，企业就可能承担相应的代价。

二、环保领域企业合规义务横跨企业全生命周期

企业尤其是工业企业不可避免涉及环境保护问题，如购买用于生产经营活动的生产原材料，经营过程排放的废气、废水、固体废物，释放的噪声，使用水、电以及燃料等都在不同程度上与环保产生"交集"。正因为如此，对环保的规制践行坚持保护优先、预防为主、综合治理等原则，通常采取过程监管的方式。以建设项目经营周期为例，从项目立项，到项目设计，再到项目建设、项目运营，最终到项目服务期满退出都存在相应的合规义务。在项目立项阶段，企业有不得进入基于保护环境目的的负面清单，项目本身符合相关环保准入要求，选择与规划符合环境保护要求等合规义务。在项目设计阶段，企业有防治污染的设施应当与主体工程同时设计、同时施工、同时投产使用的"三同时"设计，开展环境影响评价，不得未批先建等合规义务。在项目建设阶段，企业有建设阶段重大变动先报批，施工期环境监理，排污前申请排污许可，环境应急预案备案与公开，主体工程投入正式生产前环保竣工验收等合规义务。在项目运营阶段，企业有建立环境管理制度，涉及环境监测、污染防治设施运行与维护、污染物排放相关台账记录、编制排污许可证执行报告、环境影响评价等环评及相关环境信息公开等合规义务。在项目服务期满退出阶段，企业有在污染治理措施拆除或闲置，关停、搬迁及原址场地再开发等方面环保领域合规义务。由此可见，环保领域企业合规义务横跨企业全生命周期，企业需要将履行环境保护领域合规义务

贯穿企业经营活动全过程。

环保领域企业合规义务横跨企业全生命周期的特性为企业确立环保领域合规义务提供了方法论，即环保领域企业合规义务的确立应按照企业经营业务的生命周期来梳理相关法律法规等"规"所蕴含的合规义务。基于此，企业应建立基于经营管理活动全链条式合规义务内容体系。以生产工业产品的企业为例，企业可以从利用机器设备对原材料进行加工和装配到生产出市场所需的各种产品全过程出发，梳理与之相对应的环境保护相关法律法规等"规"的要求，进而确立企业在产品生产过程中各种合规义务。例如，企业可以依据《清洁生产促进法》所规定的不断采取改进设计、使用清洁能源和原料、采用先进的工艺技术与设备、改善管理、综合利用等要求，梳理企业在产品生产过程中涉及的相关合规义务。

三、环保领域企业合规义务内容涉及面广

以生态文明建设为使命的环境保护在国家治理中占据十分重要的地位，我国秉持"用最严格的制度、最严密的法治保护生态环境"[①]，环境保护领域法律体系在我国法律体系中占据较大的比重。2022年8月30日全国人民代表大会常务委员会执法检查组关于检查《中华人民共和国环境保护法》实施情况的报告显示，我国已构建以环境保护法为统领，涵盖水、气、声、渣等各类污染要素和山水林田湖草沙等各类自然生态系统的生态环境保护法律体系，有生态环保类法律30余部、

---

① 中共中央宣传部、生态环境部：《习近平生态文明思想学习纲要》，学习出版社、人民出版社，2022年版.

行政法规100多件、地方性法规1,000余件[①]；另据2023年1月发布的《新时代的中国绿色发展》白皮书数据，我国累计制修订绿色发展有关标准达3,000余项[②]。这些数量庞大的环保领域的"规"决定着我国环保领域企业合规义务，也意味着环保领域企业合规义务涉及面之广、内容之复杂。总的来说，环保领域合规义务主要涉及环保准入、排放污染物、清洁生产、环境修复等方面的合规义务。

（一）环保准入方面的企业合规义务

坚持预防为主是环保领域企业合规义务的重要导向，这种导向意味着环保准入成为环保领域企业合规义务的重要构成。环保准入是指基于生态保护红线、环境质量底线、资源利用上线等规制要求，对空间布局、污染物排放、环境风险防控、资源开发利用等作出的准入限制。对于环境污染严重的产业，国家一般会通过限制或禁止市场准入的方式予以规制，如通过制定和实施《市场准入负面清单》对存在较大环境风险的产业进行限制，由此产生企业不能进入禁止的产业或者不满足条件不能进入限制的产业的合规义务。如依据国家发展改革委、商务部公布的《市场准入负面清单（2020年版）》，重点区域严禁新增钢铁、焦化、水泥熟料、平板玻璃、电解铝、氧化铝、煤化工生产。鉴于此，企业就不能在上述重点领域从事所禁止的业务。因此，企业在选择进入的业务领域时，需要了解所从事的业务领域是否属于环保

[①] 栗战书：《全国人民代表大会常务委员会执法检查组关于检查〈中华人民共和国环境保护法〉实施情况的报告——2022年8月30日在第十三届全国人民代表大会常务委员会第三十六次会议上》，载全国人民代表大会官网．

[②] 国务院新闻办公室：《新时代的中国绿色发展（2023年1月）》，载中央人民政府官网．

方面的禁入或限入，进而确定市场准入方面的合规义务。

环境影响评价是环保准入方面的企业合规义务领域，是指企业对建设项目实施后可能造成的环境影响进行分析、预测和评估，并提出预防或者减轻不良环境影响的对策和措施，以及跟踪监测的方法与制度。《环境影响评价法》《建设项目环境保护管理条例》等法律法规，以及以其为上位法的部门规章、环保标准、其他规范性文件等"规"对企业环境影响评价的合规义务进行了规定。例如，企业在开工建设前有依法报批环境影响报告书或报告表并经批准，或者依法报请重新审核环境影响报告书或报告表并经同意，或者在开工建设前依法备案建设项目环境影响登记表的合规义务；编制建设项目初步设计中有落实防治环境污染和生态破坏的措施以及环境保护设施投资概算，以及将环境保护设施建设纳入施工合同，依法开展环境影响后评价等合规义务；建设项目投入生产或者使用前有建成配套建设的环境保护设施并经验收合格的合规义务。

（二）排放污染物方面的企业合规义务

《环境保护法》《噪声污染防治法》《固体废物污染环境防治法》《大气污染防治法》《土壤污染防治法》《水污染防治法》《放射性污染防治法》等法律，《防治陆源污染物污染损害海洋环境管理条例》《防治海洋工程建设项目污染损害海洋环境管理条例》《防治海岸工程建设项目污染损害海洋环境管理条例》《防治船舶污染海洋环境管理条例》《畜禽规模养殖污染防治条例》《淮河流域水污染防治暂行条例》等行政法规，以及以其为上位法的部门规章、环保标准、其他规范性文件等"规"对企业在排放污染物方面的企业合规义务进行了规定。例如，依据《环境保护法》，企业有确保防治污染的设施与主体工程同时设计、同时施工、同时投产使用的合规义务；有采取措施以防治在生产建设或者其他活动中产生的废气、废水、废渣、医疗废物、粉尘、恶臭气体、放射性物质以及噪声、振动、光辐射、电磁辐射等对环境造成污染和危害的合规义务；有建立环境保护责任制度并明确单位负责人和相关人员责任的合规义务；有按照国家有关规定缴纳排污费的合规义务；有按照排污许可证的要求排放污染物，或者未取得排污许可证不得排放污染物的合规义务，等等。

排放污染物方面的企业合规义务更多体现在水、气、声、渣等各类污染要素和山水林田湖草沙等各类自然生态系统相关法律法规以及以其为上位法的部门规章、环保标准、其他规范性文件等"规"中。以排放固体废物污染为例，《固体废物污染环境防治法》对企业排放污染物的合规义务进行了诸多规定。例如，企业有依法及时公开固体废物污染环境防治信息，不得将列入限期淘汰名录被淘汰的设备转让给他人使用，建立固体废物管理台账，应采取符合国家环境保护标准的防护措施贮存工业固体废物，依法取得排污许可证后产生工业固体废物，遵守限制商品过度包装的强制性标准等合规义务。再以排放污水为例，《水污染防治法》对企业排放污水的合规义务进行了诸多的规定，涉及工业水污染防治、城镇水污染防治、农业和农村水污染防治、船舶水污染防治、饮用水水源和其他特殊水体保护、水污染事故处置等方面的合规义务。

（三）清洁生产方面的企业合规义务

所谓清洁生产，是指企业为提高资源利用效率，减少或者避免生产、服务和产品使用过程中污染物的产生和排放，在经营管理活动过程中不断采取改进设计、使用清洁的能源和原料、采用先进的工艺技术与设备、改善管理、综合利用等活动。如果说环保准入和排放污染物方面的合规义务是企业守住环境保护底线的合规义务，清洁生产方面的合规义务则是拉伸环境质量高线的合规义务。《环境保护法》《清洁生产促进法》《循环经济促进法》等法律，以及以其为上位法的行政法规、部门规章、环保标准、其他规范性文件等"规"对清洁生产进行了规定。例如，依据《环境保护法》，企业有采用资源利用率高、污染物排放量少的工艺、设备以及废弃物综合利用技术和污染物无害化处理技术以减少污染物的合规义务；依据《清洁生产促进法》，企业有按照规定公布能源消耗或者重点污染物产生、排放情况的合规义务；有实施强制性清洁生产审核，并向监管部门报告清洁生产审核结果的合规义务。依据《循环经济促进法》，企业有不得生产、销售列入淘汰名录的产品、设备的合规义务；电力、石油加工、化工、钢铁、有色金属和建材等企业有在规定的范围或者期限内停止使用不符合国家规定的燃油发电机组或者燃油锅炉的合规义务；矿山企业有达到经依法审查确定的开采回采率、采矿贫化率、选矿回收率、矿山水循环利用率和土地复垦率等指标的合规义务，等等。

（四）环境修复方面的企业合规义务

环境修复是指企业对其经营管理活动中产生的环境污染后果，通过采取物理、化学和生物学技术措施以使污染物质浓度减少或毒性降低或完全无害化的治理过程，包括企业进行自我治理和企业付费由第三方治理两个方面。环境污染具有负外部性，企业对其在经营管理活动中产生的环境污染进行修复是企业履行环境保护义务的应有之义，符合"谁污染、谁治理""谁污染、谁付费"的政策导向。环境修复散落在环境保护相关的法律法规、部门规章、标准以及其他规范性文件之中。例如，依据《民法典》，对于违反国家规定造成生态环境损害，企业有在合理期限内承担修复责任的合规义务；依据《土壤污染防治法》，造成土壤污染企业有实施土壤污染修复的义务；依据《环境保护法》，排放污染物的企业有按照国家有关规定缴纳排污费或缴纳环境保护税的合规义务。依据《噪声污染防治法》，产生噪声污染的企业有对侵权人承担民事责任的合规义务，如调整生产经营时间、施工作业时间，采取减少振动、降低噪声措施，支付补偿金、异地安置等。此外，有些环保相关法律法规等"规"对产生污染后果的企业有进行自我整治的要求，这一要求也可看作是环境修复方面的企业合规义务。例如，依据《环境保护法》，企业在超过污染物排放标准或者超过重点污染物排放总量控制指标排放污染物时，有整治甚至是停产整治的义务；依据《大气污染防治法》，对超过大气污染物排放标准或者超过重点大气污染物排放总量控制指标排放大气污染物，企业有限制生产、停产整治的合规义务。

第二节　环保领域企业合规风险点

一、环保领域企业合规风险点有明显的行业依赖性

环保领域企业合规风险点是指企业可能存在不履行或不足履行环保领域合规义务的场景，该场景会给企业带来环保领域违规风险或因违规产生合规风险损失。确定企业在环保领域企业合规风险点往往依靠企业既往存在过的合规风险场景，其他同类企业既往存在过的合规风险场景或者正在发生的合规风险场景，以及企业基于自身实际可以预测的合规风险场景。理论上讲，法律法规等"规"确定的合规义务都可能有对应不履行或不足履行合规义务的场景，也就是说，凡是存在环保领域合规义务的地方，就存在相应的环保领域合规风险点。然而现实中，由于企

业所处的发展阶段、发展规模、发展能力、所处的行业、自身抵御合规风险能力等差异性，企业在环保领域合规风险点涉及的合规义务要小于上述理论的合规义务。尤其是企业环保领域合规义务与其所处的行业有着很大关系，不同行业在水污染、大气污染、固体废物污染、土壤污染、放射性污染方面的可能性和程度是不同的，不同行业接触和使用的森林、草原、渔业、土地、水法、野生动物、矿产资源等自然资源的可能性和程度也是不同的。由此可见，对行业具有较强的依赖性是环保领域企业合规风险点的鲜明特性。正是由于存在这种特性，环保领域企业合规风险点的确定应立足于行业实际，这也是监管部门对一些较高环境风险的行业进行重点监管的原因。

企业在环保领域的合规风险场景，大致表现在3个方面：一是该合规风险场景可能减少企业的经营成本，例如，建立排污设施或者处理污染物会给企业带来一定的成本，为减少这方面的成本，企业便有制造这方面合规风险场景的动机；二是该合规风险场景能给企业带来商业机会，例如，国家对高污染行业、产品或行为实施市场限入或市场禁入，但市场对高污染行业、产品或行为有着需求，为获得商业机会，企业便有突破市场限入或市场禁入相关要求的动机；三是该合规风险场景的产生并非出于企业的利益动机，而是由于企业及其员工应对环境保护风险的意识和能力不足引发的。

环保领域企业合规风险点的确定不仅涉及环保法律、管理学、经济学等知识，还涉及环保领域专业技术知识。例如，我国现行有效的生态环境标准高达2,000多项，涉及环境质量标准、污染物排放（控制）标准、环境监测类标准、环境基础标准、环境管理规范、应对气候变化相关标准等诸多方面，有不少涉及较强的专业技术。因此，环保领域企业合规风险的确立对相关知识要求较高，企业在确立环保领域合规风险点时，需要吸纳包括从事法律、管理、环保领域专业技术等工作人员，共同参与来确立企业不履行或不足履行环保领域合规义务的场景。例如，环境影响评价涉及法律、管理学、经济学、环保领域专业技术等知识，企业在编制建设项目环境影响报告书、环境影响报告表时有遵守国家有关环境影响评价标准、技术规范等规定的合规义务。此外，除了确定环保领域合规风险场景这个关键因素之外，企业还需要确定该合规风险场景一旦触发不履行或不足履行环保领域合规义务的临界点时，可能需要承担的法律责任以及由法律责任引起的经济损失和声誉损失。

二、环保领域常见的企业合规风险点

由于环保领域企业合规义务横跨企业全生命周期、企业通过环保领域违规行为来牟取利益的动机、环保领域合规意识和能力欠缺性等原因，企业在环保领域合规风险点呈现量多面广的特点。2018年1月至2023年6月，全国公安机关共立案侦办破坏环境资源保护类犯罪案件26万起，抓获犯罪嫌疑人33万[①]。可以说，只要企业的经营管理活动涉及产生环境污染的可能，企业就可能存在相应的合规风险点。尽管如此，环保领域企业合规风险点仍然呈现一定的规律性，即在企业经营管理活动过程中，有些环保领域合规风险点存在的频次相对较高，有些环保领域合规风险点存在的频次相对较低。相对于环保准入、排放污染物、清洁生产、环境修复等合规义务，企业在环保准入、排放污染物、清洁生

---

① 王小洪：《国务院关于打击生态环境和资源保护领域犯罪工作情况的报告——2023年10月21日在第十四届全国人民代表大会常务委员会第六次会议上》，来源于全国人民代表大会官网.

产、环境修复等方面存在常见的合规风险点。

(一) 环保准入方面常见的企业合规风险点

环保准入是市场准入的重要内容,与一些容易产生环保风险的企业利益密切相关,因而容易产生不履行或不足履行合规义务的合规风险场景。通常体现在三个方面,即违规进入市场禁入或市场限入的业务领域,环境影响评价,环保设施建设。在违规进入市场禁入或市场限入的业务领域,如果企业存在不符合环保规定的条件而进入限制的业务领域,或者进入市场禁入的业务领域等合规风险场景,则该场景就产生了相对应的合规风险点。例如,倘若企业存在未获得许可从事消耗臭氧层物质的生产经营;在环境保护重点区域从事钢铁、焦化、水泥熟料、平板玻璃、电解铝、氧化铝、煤化工生产;在饮用水水源保护区内设置排污口;经我国内水、领海转移危险废物;未获得许可,从事污染物监测、贮存、处置等经营业务;在居民住宅楼、未配套设立专用烟道的商住综合楼以及商住综合楼内与居住层相邻的商业楼层内新建、改建、扩建产生油烟、异味、废气的餐饮服务项目等合规风险场景,则这些场景就会成为相对应的合规风险点。

在环境影响评价方面,企业有对建设项目实施后可能造成的环境影响进行分析、预测和评估,提出预防或者减轻不良环境影响的对策和措施,进行跟踪监测的方法与制度的合规义务。倘若企业存在未依法报批建设项目环境影响报告书、报告表,建设项目发生重大变动时未重新报批环境影响评价文件,环境影响评价文件批准超过5年未报请重新审核环境影响报告书、报告表,环境影响报告书、报告表未经批准或者未经原审批部门重新审核同意等情形下便擅自开工建设的合规风险场景,就产生了相应的合规风险点。此外,如果企业建设项目的环境影响报告书、环境影响报告表存在基础资料明显不实、内容有重大缺陷、遗漏或者虚假，环境影响评价结论不正确或者不合理等严重质量问题的合规风险场景，企业便有相应的合规风险点。环境影响评价方面的合规风险点可能会使企业面临责令停止建设、处以建设项目总投资额一定比例或一定数额的罚款，以及对法定代表人、主要负责人、其他直接责任人员处以罚款。

对一些环境风险较高的领域，环保设施建设是企业开展相关业务的前置性要求。倘若企业在编制建设项目初步设计时未落实防治环境污染和生态破坏的措施以及环境保护设施投资概算；未将环境保护设施建设纳入施工合同；建设项目投入生产或者使用前配套建设的环境保护设施未建成；在环境保护设施验收中弄虚作假；未依法向社会公开环境保护设施验收报告等合规风险场景，企业便存在相对应的合规风险点。

（二）排放污染物方面常见的企业合规风险点

排放污染物相关合规风险点是企业在环保领域比较常见的合规风险点，企业有按照国家污染物排放标准排放污染物的合规义务，涉及排污许可管理和各类污染物防治等合规义务。一旦企业在排污许可管理和各类污染物防治等方面存在不履行或不足履行合规义务的场景，则该场景便产生相应的合规风险点。在排污许可管理方面，倘若企业存在无排污许可证排放污染物；超过许可排放浓度、许可排放量排放污染物；通过暗管、渗井、渗坑、灌注或者篡改、伪造监测数据，以及不正常运行污染防治设施等逃避监管；未按照排污许可证规定在特殊时段停止或者限制排放污染物；损毁或者擅自移动、改变污染物排放自动监测设备；未按照排污许可证规定保存原始监测记录，提交排污许可证执行报告；污染物排放口位置、数量、方式、数量等不符合排污许可证规定等合规风险场景，都会产生与此相对应的合规风险点。

企业在经营管理过程中，如果排放超标准污染物，造成水污染、大气污染、固体废物污染、土壤污染、放射性污染等，企业就可能存在相应的环保领域合规风险点。例如，在水污染防治方面，倘若企业存在超过水污染物排放标准或者超过重点水污染物排放总量控制指标排放水污染；利用渗井、渗坑、裂隙、溶洞，私设暗管，篡改、伪造监测数据；未采取防渗漏等措施，或者未建设地下水水质监测井进行监测等合规风险事件，由此便产生水污染防治方面的合规风险点。在大气污染防治方面，倘若企业存在通过逃避监管的方式排放大气污染物；不依法公开或者不如实公开自动监测数据；超过大气污染物排放标准或者超过重点大气污染物排放总量控制指标排放大气污染物等合规风险事件，由此便产生大气污染防治方面的合规风险点。在固体废物污染防治方面，倘若企业存在擅自倾倒、堆放、丢弃、遗撒工业固体废物；贮存工业固体废物未采取符合国家环境保护标准的防护措施；生产、销售、进口或者使用淘汰的设备；擅自倾倒、堆放危险废物等合规风险事件，由此便产生固体废物污染防治方面的合规风险点。值得一提的是，各类污染物防治涉及的"规"非常庞杂，污染物防治方面的合规风险点较多，本书不一一介绍。企业应结合自身产生的污染物种类和特性，对照相应的法律法规、部门规章、相关标准以及其他规范性文件来确定自身在污染物防治方面的合规风险点。

（三）清洁生产方面常见的企业合规风险点

清洁生产的本质是对生产过程与产品采取整体预防的环境策略，是践行保护优先、预防为主环保原则的直接体现。企业有优先采用清洁生产技术、工艺和设备的合规义务，如果企业存在没有优先使用清洁能源，或者没有采用资源利用率高、污染物排放量少的工艺、设备，或者没有采取废弃物综合利用技术和污染物无害化处理技术等相关场景，则企业就可能存在清洁生产方面的合规风险点。例如，如果企业在技术改造过程，存在没有采用无毒、无害或者低毒、低害的原料来替代毒性大、危害严重的原料；没有采用资源利用率高、污染物产生量少的工艺和设备来替代资源利用率低、污染物产生量多的工艺和设备；没有对生产过程中产生的废物、废水和余热等进行综合利用或者循环使用；没有采用能够达到国家或者地方规定的污染物排放标准和污染物排放总量控制指标的污染防治技术等场景，便产生了与此相对应的合规风险点。再如，倘若企业存在没有优先选择无毒、无害、易于降解或者便于回收利用的产品包装，以及过度包装等场景；或者餐饮、娱乐、宾馆等服务性企业存在没有采用节能、节水等有利于环境保护的技术和设备，使用浪费资源、污染环境的消费品等场景；或者从事矿产资源的勘查、开采的企业存在没有采用有利于合理利用资源、保护环境和防止污染的勘查、开采方法和工艺技术等场景；或者从事建筑工程建设的企业存在没有采用节能、节水等有利于环境与资源保护的建筑设计方案、建筑和装修材料、建筑构配件及设备的场景；或者生产、销售和使用有毒、有害物质超过国家标准的建筑和装修材料等场景，都会产生相对应的合规风险点。

（四）环境修复方面常见的企业合规风险点

企业因生产经营管理活动产生的污染物排放超过国家或者地方规定的排放标准，企业有按照环境保护相关法律规定进行治理的合规义务，如果企业不履行或不足履行该义务的场景，该场景便可成为环境修复方面企业合规风险点的来源。例如，对于拟终止或者搬迁的项目，倘若企业存在没有事先对原址土壤和地下水受污染的程度进行监测和评估且编制环境风险评估报告，或者对原址土壤或者地下水造成污染且没有进行环境修复等场景，则该场景会产生相对应的合规风险点。再如，倘若企业在对废水、废气、噪声及固体废物处理设施需拆除或者闲置时，没有采取措施以防止环境污染；或者有色金属冶炼、石油加工、化工、焦化、电镀、制革、造纸、钢铁、制药、农药、印染等行业企业存在没有执行《企业拆除活动污染防治技术规定（试行）》确立的要求等场景，都会产生相对应的合规风险点。

企业一旦产生超过国家规定的污染排放量，企业或者自行修复，或者付费修复。有些污染具有很大的负外部性，企业自行修复难以达到修复的目标，由此便产生了支付环境修复费用或缴纳环境保护税的合规义务，如果企业不履行这一义务就会产生相对应的合规风险点。例如，如果企业排放的污染物符合《环境保护税法》确定的大气污染物、水污染物、固体废物和噪声等应税标准，存在向税务机关报送所排放应税污染物的种类、数量，大气污染物、水污染物的浓度值，没有及时、足额申报缴纳环境保护税等场景，或者没有按照国家有关规定及时、足额缴纳排污费等场景，由此会产生相对应的合规风险点。此外，由于企业一旦因经营管理活动产生环境污染，企业就需要承担相应的侵权责任，倘若企业违反国家规定造成生态环境损害时，便会产生相应的合规风险点。

第三节　环保领域企业合规风险评估

一、环保领域企业合规风险准则

环保领域企业合规风险包括企业在环保领域违规风险和因违规产生的合规风险损失，前者是企业因实施不符合法律法规等"规"要求的行为而被确定为违规的概率和程度，后者是指企业因实施违规行为而承担法律责任，以及由法律责任引发的经济损失和声誉损失的概率和大小。环保领域企业合规风险准则是企业评估环保领域合规风险和应对环保领域合规风险所依据的标准或原则，是企业开展环保领域合规风险评估和应对的"纲"。企业对环保领域企业合规风险容忍度是环保领域企业合规风险准则的本质，即环保领域企业合规风险准则代表企业对环保领域合规风险容忍程度，企业对环保领域合规风险评估和应对都是对既定企业合规风险容忍度的不同层面、不同维度的反映。当企业对环保领域企业合规风险容忍度较低时，也就是企业较为厌恶环保领域违规风险和因违规风险产生合规风险损失时，企业就会对既定的环保领域合规风险赋予较高等级，采取较为严格的方式构筑环保领域企业合规风险的"防火墙"；而当企业对环保领域企业合规风险容忍度较高时，也就是企业较为偏好环保领域违规风险和因违规风险产生合规风险损失时，企业就会对既定的环保领域合规风险赋予较低等级，采取较为相对宽松的方式应对环保领域企业合规风险。

企业对环保领域合规风险的容忍度与企业对环保领域合规的预期收益和合规风险应对的预期成本密切相关。环保领域不少合规义务对应着成本支出，如建设项目中防治污染的设施建设、环境影响评价、安装使用监测设备、排放污染物处理等都需要花费一定的费用。在此种语境中，环保领域企业合规意味企业经营成本的增加。例如，一些化工企业的环保领域合规成本可能要占到其经营成本支出的10%至20%，甚至更多。企业对环保领域合规风险应对不仅意味着企业需要支付一定的成本，还会丧失因违规带来的短期收益。企业对环保领域合规的预期收益不及合规风险应对的预期成本时，企业会对环保领域合规风险持较高的容忍度，而企业对环保领域合规的预期收益超过合规风险应对的预期成本时，企业会对环保领域合规风险持较低的容忍度。监管部门监管的力度、社会对环境污染的容忍度影响环保领域合规预期收益和合规风险应对预期成本之间的关系。例如，在环保监管环境较为严格时，企业因实施不符合法律法规等"规"要求的行为而被确定为违规的概率和程度，因实施违规行为而承担法律责任以及由法律责任引发的经济损失和声誉损失的概率和程度就会增加，引起企业在环保领域合规风险容忍度的变化。尽管如此，由于环保关乎人类生存与发展的环境，企业对环保领域合规风险容忍度不能仅仅考虑经济层面动机，还要考虑社会伦理层面动机，对环保合规风险较大的领域，宜持较低甚至是零合规风险容忍程度。

企业在确定环保领域合规风险容忍度基础上，可以结合内外部环境、企业发展战略、行业特性，确定包括评估和应对环保领域企业合规风险基本标准和基本规范在内的企业合规风险准则，为环保领域合规风险评估和应对提供方向和参照。环保领域企业合规风险准则应深植于企业发展的实际，契合企业生产活动、产品和服务的性质、规模，唯有如此，才能帮助企业最大程度防范和降低环保领域合规风险，确保企业不因环保领域合规风险对企业发展产生难以承受的负面影响。

二、环保领域企业合规风险识别

环保领域企业合规风险识别是指对企业是否存在不履行或不足履行环保领域合规义务的场景进行辨认和识别，即对环保领域企业合规风险点相对应的合规风险场景是否为企业的真实存在而进行判断。当企业在经营管理活动中存在真实的环保领域合规风险场景时，该环保领域合规风险点便成为企业在环保领域合规风险。例如，根据同类企业既往存在建立环境保护责任制度或明确单位负责人和相关人员责任的场景，确定某企业存在企业环保责任方面的合规风险。如果该企业在其管理制度中或其相关经营管理活动中确实存在该合规风险场景，或者，根据企业实际有理由相信企业将会存在该合规风险场景，则可以据此识别出该企业存在没有建立环境保护责任制度或明确单位负责人和相关人员责任的合规风险。还如，如果有证据表明企业向社会公开环境保护信息中，确实存在主要污染物的名称、排放方式、排放浓度和总量、超标排放情况，或者防治污染设施的建设和运行情况等信息不真实、不全面的问题，或者根据企业实际有理由相信存在信息不真实、不全面的问题，可以据此识别出该企业存在环保信息公开方面的合规风险。由此可见，从某种程度上说，环保领域企业合规风险识别本质是对环保领域企业合规风险相对应的合规风险场景是否存在的研判。

环保领域企业合规风险识别的目的是从企业确定的众多环保领域合规风险点中，筛选能实际触发企业不履行或不足履行环保领域合规义务"临界点"的合规风险点。一般来说，从环保领域合规风险场景到环保领域合规风险形成是多方面因素作用的结果。例如，企业在进行技术改造过程中，倘若在现有社会技术条件下，原料具有毒性大的缺陷但没有相应的替代品，且企业可以通过已有的工艺、技术来消除原料中的毒性，在此语境中，即使企业存在没有采用无毒、无害或者低毒、低害的原料来替代毒性大、危害严重的原料的合规风险点，但该风险点难以成为相应的合规风险。再如，如果企业确定存在没有遵守限制商品过度包装的强制性标准的合规风险点，根据《固体废物污染环境防治法》有关规定，一般先由监管部门责令改正，不改正的才处以罚款，即责令改正是处以罚款的前置条件。倘若企业虽然出现存在没有遵守限制商品过度包装的强制性标准的场景，但该企业有着对该合规场景自动纠错的机制，使得企业不可能存在被处以罚款的可能，则该企业在识别环保领域合规风险时，可以将该合规风险点予以排除。由于环保领域企业合规风险识别是开展环保领域企业合规风险分析、评价、应对的基础，确保被识别到的合规风险全面、客观是环保领域企业合规风险识别的基本要求，企业在识别环保领域合规风险时，应综合各方面来排除和筛选环保领域企业合规风险点。

三、环保领域企业合规风险分析

环保领域企业合规风险分析是对识别到的环保领域企业合规风险信息进行加工的活动，其目的是确定环保领域企业实施违规行为的概率和程度，以及企业因违规行为承担法律责任以及由法律责任引起的经济损失和声誉损失的概率和大小。此外，开展环保领域企业合规风险分析也是为了搞清企业在环保领域合规风险产生的原因，以及不同合规风险之间的关系。可以说，企业通过环保领域合规风险分析，可以帮助企业对其在环保领域合规风险有着全面、客观的了解，为企业应对环保领域合规风险提供充足的"弹药储备"。以企业收集和处理排放的工业废水为例，倘若企业存在没有采取有效措施收集和处理产生的全部废水，或者没有对含有毒有害水污染物的工业废水分类收集和处理，或者对含有毒有害水污染物的工业废水进行稀释排放的合规风险。对此，企业可以结合已有的制度建设和设施建设以及有关资源保障情况，分析企业出现上述违规行为的概率，结合企业内外部环境，分析此类违规行为被举报或者被监管部门检查发现的概率，分析企业因实施违规行为所承担的法律责任的概率和具体表现，以及各种法律责任带来的经营损失和声誉损失的概率和大小。值得一提的是，企业排放污水具有很强的负外部性，社会对此类违规行为的容忍度较低，企业在分析该违规行为带来的合规风险时，需要充分考虑来自外部的各种影响，如被提起惩罚性赔偿的民事诉讼。与此同时，企业还需要对自身排放工业废水的原因进行分析，包括主观认识、工艺、技术、设备等方面的原因，通过相关分析，可以帮助企业更全面了解自身的合规风险。

同环保领域合规风险点确定、环保领域合规风险识别一样，环保领域企业合规风险分析具有较强的专业要求，在必要时，企业可以综合采用头脑风暴法、结构化半结构化访谈、德尔菲法、情景分析法、检查表法等，对企业在环保领域合规风险进行不同维度、不同层面的分析。以访谈为例，企业可以组织涉及环保领域合规风险的一线人员、相关法律专业人员、环保领域专业技术人员等进行讨论，集各方智慧来确定环保领域合规风险相关分析结果。此外，环保领域合规风险多与企业主负责人和相关责任人员有关。正是因为如此，《刑法》对破坏环境资源保护罪的各种罪名确定双罚制，即对企业判处罚金，并对其直接负责的主管人员和其他直接责任人员处以相应的刑罚。可以说，在分析环保领域企业合规风险时，企业要对企业主负责人和相关责任人员在环保领域的合规意识和合规能力进行分析，以及对可以反映其合规意识和合规能力的相关管理制度进行分析。值得一提的是，企业在分析环保领域企业合规风险时，需要对环保领域合规风险相对应的法律责任进行分析，特别是对监管部门认定违规行为、确定处罚裁量的规则进行分析。

四、环保领域企业合规风险评价

环保领域企业合规风险评价是环保领域企业合规义务确立、合规风险点确定、合规风险识别、合规风险分析等工作的落脚点，是企业应对环保领域合规风险的直接依据，不仅承载着对环保领域企业合规风险评估结果的输出功能，也承载着为环保领域企业合规风险应对提供依据和支撑的功能。由于企业在经营管理活动过程中，可能涉及多个环保领域合规风险，无论从应对资源配置还是从应对的轻重缓急，

企业都需要对这些风险进行偏好上的排序。也就是，通过环保领域合规风险评价，可以帮助企业确定环保领域哪些企业合规风险可以忍受，环保领域哪些企业合规风险不可以忍受，以及在可以忍受和不可以忍受的区间各个环保领域合规风险的排序。企业之所以要对环保领域合规风险进行排序，其主要原因是企业需要在环保领域企业合规收益和环保领域企业合规风险应对成本之间进行权衡，以及需要将较多的资源运用到最需应对的环保领域企业合规风险。例如，如果企业同时存在没有采用无毒、无害或者低毒、低害的原料来替代毒性大、危害严重的原料的合规风险，以及没有采用资源利用率高、污染物产生量少的工艺和设备来的替代资源利用率低、污染物产生量多的工艺和设备合规风险，企业面临如何在两者之间进行偏好上的选择，即对哪种合规风险赋予较高的风险等级。一般说来，企业应综合考虑在环保领域实施违规行为风险、因违规产生合规风险损失，以及相应风险对企业经营战略的影响等来确定企业在环保领域的合规风险偏好。现实中，环保领域企业合规风险相对应的法律责任是企业确定环保领域合规风险偏好的重要考量因素。例如，即使企业出现某一违规行为以及该违规行为被发现、被调查、被处罚的概率较小，但该违规行为一旦被发现，就可能面临严重的行政处罚、刑事制裁或者惩罚性赔偿，企业也应该对此类合规风险赋予较高的风险等级。

对环保领域合规风险偏好次序进行排序是环保领域企业合规风险评价的基础工作，企业在确定环保领域合规风险的偏好次序后，可以从两个方面来开展环保领域合规风险评价工作。一方面是基于环保领域企业

合规风险准则，对企业在环保领域合规风险进行等级划分，明确哪些合规风险处于较高等级，哪些合规风险处于较低等级；另一方面是基于企业在环保领域合规风险等级，确定需要重点关注和优先应对的环保领域合规风险。也就是说，企业需要明确哪些方面的环保领域合规风险要重点应对，哪些方面的环保领域合规风险要及时关注，哪些方面的环保领域合规风险可以暂时不予专门关注，这些无疑是企业应对环保领域合规风险的重要依据。一般来说，环保领域合规风险等级越高，企业对该合规风险应对应赋予越高的关注度，企业可以在制度建设、机制建设、资源保障等方面有更多的考虑。由于环保领域合规意味着企业需要支付相应的成本，这些成本的支出直接关系企业利益实现能力和空间，做好环保领域企业合规风险评价能增强企业应对环保领域合规风险的针对性和有效性，在一定程度上可以帮助企业降低环保领域合规风险应对的无效成本。

第四节　环保领域企业合规风险应对

一、环保领域企业合规风险应对事关企业发展

环保领域企业合规风险应对是企业对自身环保领域合规风险进行全面、客观、科学的评估后，根据合规风险评估结果采取措施来治理环保领域合规风险的活动。环保领域企业合规风险应对一般有两方面的考虑，一是防范或降低企业实施违规行为的风险，二是防范或降低因违规行为产生合规风险损失的可能性。例如，对于企业在经营管理活动存在通过暗管、渗井、渗坑、灌注或者篡改、伪造监测数据等方式逃避监管的合规风险，该风险相对应的法律责任包括被处以行政处罚、对其直接负

责的主管人员和其他直接责任人员处以行政拘留、承担破坏环境资源保护罪相关刑事责任，企业对该合规风险应对，首先要考虑防范或降低实施违规行为风险，因为实施暗管、渗井、渗坑、灌注或者篡改、伪造监测数据等行为可能会使相关人员面临严重的法律责任；其次要考虑给该违规风险发生后如何防范和降低因实施暗管、渗井、渗坑、灌注或者篡改、伪造监测数据等行为给企业带来的合规风险损失。

环保领域企业合规风险应对与企业发展密切相关，是影响企业可持续发展的重要变量，需要考虑两个方面。一方面，企业应对环保领域合规风险意味着承担一定的成本费用。如建设防治污染的设施、安装使用监测设备、使用清洁的工艺和设备、污染排放物的处理等都需要企业支付费用，一些大型企业的环保成本可能会占到其总成本的5%至10%。但更应看到的是在环保监管高压的语境中，如果企业不能有效应对环保领域合规风险，将会对企业生产经营管理活动带来非常严重的影响。现实中，一些企业在环保重压之下，由于没能有效应对环保领域合规风险，企业遭受灭顶之灾的例子不胜枚举。另一方面，环保领域企业合规风险应对也是企业获得商业机会、拓宽发展空间的重要手段。随着社会环保意识的逐步加强，人们对环保领域维权意识和对环保领域产品需求不断提升。倘若企业不能有效应对环保领域合规风险，其经营管理活动产生环境污染的负外部性，企业就可能承担侵权责任甚至是惩罚性赔偿责任。此外，企业对环保领域合规风险应对是企业向社会提供环保型产品和服务的重要保证，如果一个企业在环保领域合规风险应对方面做得较好，能为企业向社会提供环保型产品和服务作出信用背书。

显而易见，环保领域企业合规风险应对事关企业发展，因此，企业要将环保领域企业合规风险应对放在企业发展战略中考虑，将有效应对环保领域企业合规风险作为赢得市场、赢得竞争的重要抓手，而不能以消极心态去看待环保领域合规风险应对工作。或者说，环保领域合规风险应对，不仅是企业应对环保领域监管和环保领域侵权责任承担的成本型活动，也是企业拓展生存发展空间、追求价值实现的收益型活动。

二、以底线思维应对环保领域企业合规风险

以底线思维应对环保领域企业合规风险，是由于环保问题事关人类的生存与发展，与人的健康和生命密切相关。法律法规、监管规定等"规"确立的环保领域合规义务的初衷是保护和改善环境、防治污染和其他公害、保障公众健康、促进经济社会可持续发展。企业在环保领域合规风险意味着企业在经营管理活动中存在与保护和改善环境、防治污染和其他公害、保障公众健康、促进经济社会可持续发展等初衷不相符的"不和谐"因素，以底线思维应对环保领域企业合规风险就是最大程度消除上述中的"不和谐"因素。例如，以土壤污染方面的合规风险为例，如果企业因经营管理活动存在可能导致某种物质进入陆地表层土壤，引起土壤化学、物理、生物等方面特性的改变，影响土壤功能和有效利用，危害公众健康或者破坏生态环境等合规风险，该合规风险相对应的不合规行为会导致土壤污染风险，给人类生产生活产生难以估量的负面影响。这种负面影响的发生很显然缺少公平性，也就是企业通过污染土壤给自己带来利益，却让他人承担因土壤污染带来的负面影响。可见，从公平的角度来看，企业也必须以底线思维应对环保领域企业合规风险。

以底线思维应对环保领域企业合规风险意味着企业应以对他人健康生命、对他人生存发展、对环境保护之敬畏之心去应对环保领域合规风险，对可能给环境造成污染的合规风险要积极并有效应对。不能突破国家规定的标准去排放污染物是企业以底线思维应对环保领域合规风险的

直接体现。我国建立了污染物排放标准或者重点污染物排放总量控制的规制体系，截至2022年底，我国现行国家生态环境标准达到2,298项，污染物排放（控制）标准在其中占有很大的分量，涉及噪声污染、固体废物污染、大气污染、土壤污染、水污染、放射性污染等诸多领域。企业在应对环保领域合规风险时，需要遵守不能突破污染物排放（控制）强制性标准的红线。这是因为，企业一旦突破污染物排放（控制）强制性标准，其排放的污染物对他人健康生命、对他人生存发展的威胁会显著增加。

《环境保护法》确立的坚持保护优先、预防为主的原则，与以底线思维应对环保领域企业合规风险有着逻辑上的一致性。以底线思维应对环保领域企业合规风险要求企业要高度重视环保领域合规风险的预防工作，不仅要预防企业实施环保领域违规行为的风险，也要预防企业因环保违规产生合规风险损失。如果企业在环保领域某一违规行为会引发较大的环境风险，企业应将预防该违规行为作为应对其合规风险的重中之重。因为此类违规行为一旦出现，该违规行为被监管部门发现、调查、处罚的概率会较大，其带来的经济损失和声誉损也会较大。以底线思维应对环保领域企业合规风险与企业在环保领域合规文化分不开的，如果企业有着良好的环保领域合规文化，并有相关的制度和机制来支撑，企业就存在以底线思维应对环保领域企业合规风险的"基因"。可见，在环保领域合规风险应对过程中，相应的合规文化培育是一项基础性工作。

三、建立环保领域企业合规风险应对体系

由于环保领域企业合规义务与企业所处的行业密切相关，诸如有色金属冶炼、石油加工、化工、焦化、电镀、制革、造纸、钢铁、制药、

农药、印染等行业是环保领域合规风险的重灾区。例如，一些化学原料药企业容易遇到由于超标或者偷排废水、废气、固体废物，被监管部门处以限产、罚款或停产整顿等处罚。对于属于环保风险高发的行业，企业应建立环保领域合规风险应对体系，织牢企业防范环保领域合规风险的防范之网，做好应对环保领域违规风险和因环保产生合规风险损失的应对储备。特别是在确定环保领域企业合规风险应对策略、评估环保领域企业合规风险应对现状、制定和实施环保领域企业合规风险应对计划方面做好系统谋划和精准推进。

（一）确定环保领域企业合规风险应对策略

环保领域企业合规风险应对策略是企业应对什么样的环保领域企规风险、如何应对环保领域企业合规风险等原则和方法。环保领域企业合规风险应对策略是建立在对企业环保领域合规风险及其风险准则的全面掌握基础上，体现着环保领域企业合规风险准则，是企业制定和实施环保领域企业合规应对计划的重要依据。由于环保领域企业合规风险应对成本的不同，以及环保领域企业合规预期收益的差异，企业在环保领域企业合规风险应对的资源配置和路径存在着差异。例如，企业存在未遵守限制商品过度包装的强制性标准合规风险和未依法取得排污许可证产生工业固体废物两种合规风险，两种合规风险对应的违规风险和合规风险损失存在着差异，在此语境中，企业在这两种合规风险应对上可能会选择不同的策略。

环保领域企业合规风险应对策略可以分为激进型策略、温和型策略、保守型策略。环保领域企业合规风险应对激进型策略是企业对环保领域合规风险较低容忍度甚至是零容忍度的直接反映，在该策略中，企业对环保领域合规风险应对主要集中在预防方面，之所以采用该策略，或是因为该合规风险对应着较大的合规风险损失，或是因为企业主动践行环保领域社会责任，不允许因环保领域违规行为给企业发展带来声誉上的损失。环保领域企业合规风险应对温和型策略体现企业对环保领域合规风险中等程度的容忍度，采取预防与应对的双管齐下的应对方式，一方面在既定成本下尽可能防范企业实施违规行为，另一方面允许企业存在一定范围内的违规风险，并对因违规行为产生合规风险损失的风险进行应对。现实中，一些企业偏好采取此类合规风险应对的策略。环保领域企业合规风险保守型策略是指企业对合规风险应对集中放在事后应对之上，也就是在违规行为被监管部门调查后进行应对，对预防不采取专门的措施。由于环保领域从实施违规行为，到违规行为被发现、被调查、被处罚，以及被相关权利人追究侵权责任属于概率性事件，一些企业便有采取保守型策略的动机。尽管如此，在"良好生态环境是最公平的公共产品，是最普惠的民生福祉"[①]的语境中，加上我国对环保治理秉持的是注重坚持保护优先、预防为主的理念，企业在环保领域合规风险治理方面宜采取激进型策略。

（二）评估环保领域企业合规风险应对现状

环保领域企业合规风险应对现状是指企业当前已经存在的环保领域合规风险应对制度、机制、资源等，体现企业应对环保领域合规风险的能力和水平。评估环保领域企业合规风险应对现状则是对企业应对环保领域合规风险能力和水平的评价和估算，或者说，是企业已有的环保领

[①] 王小洪：《国务院关于打击生态环境和资源保护领域犯罪工作情况的报告——2023年10月21日在第十四届全国人民代表大会常务委员会第六次会议上》，载全国人民代表大会官网．

域合规相关制度、机制、资源等对应对环保领域合规风险胜任程度的评价和估算。以将含有汞、镉、砷、铬、铅、氰化物、黄磷等可溶性剧毒废渣向水体排放、倾倒或者直接埋入地下的合规风险为例,评估该语境下的合规风险应对现状,需要涉及企业是否有禁止将可溶性剧毒废渣向水体排放、倾倒或者直接埋入地下的管理制度,对可溶性剧毒废渣是否有检测监测能力,是否有处置可溶性剧毒废渣的设备和技术,是否有相应的合规风险应对绩效管理制度。如果经过环保领域企业合规风险应对现状评估,得出现有的制度、机制、资源足以应对该合规风险,则企业可以在已有的应对能力下进行合规风险应对。如果环保领域企业合规风险应对现状评估结果显示现有制度、机制、资源不足以应对该合规风险时,则需要进一步评估不足具体表现在哪些环节、哪些方面,以及相关原因和对策。

对环保领域企业合规风险应对现状的评估需要树立动态的思维,即对环保领域合规风险的能力和水平进行评估之外,企业需要对所处的内外部环境进行评估。实际上,环保领域合规风险应对的制度、机制、资源需要随着环境的变化而变化。倘若某类污染物排放的国家标准发生了变化,企业原有的环保领域合规风险应对能力和水平就可能因标准提高而不能胜任所需应对的合规风险。因此,企业在评估环保领域合规风险应对现状时,应分析企业内外部环境变化对已有的环保领域合规风险应对现状的影响,分析该合规风险相对应的监管环境发展变化,从而对环保领域企业合规风险应对现状进行全面的掌握,确保企业环保领域合规风险应对的针对性和有效性。

(三)制定和实施环保领域企业合规风险应对计划

环保领域企业合规风险应对计划是企业对自身在环保领域合规风险

评估基础上，对环保领域企业合规风险准则、环保领域企业合规风险策略的具体化，使得环保领域合规风险准则、应对策略得以有效地执行。环保领域企业合规风险应对计划是实现企业应对环保领域合规风险的具体路径，一般涉及环保领域合规风险应对目标、风险信息、相关人员、有关措施、资源保障、绩效管理、约束机制、时间安排等要素。目标的可行性、措施的可操作性、保障的充分性是确保环保领域企业合规风险应对计划有效性的基本要求。以企业应对固体废物污染合规风险的计划为例，其目标既要体现国家对污染物排产的控制要求，也要合乎企业经营实际，其措施涉及管理制度、设施建设、所用的设备、工艺和技术既要符合固体废物污染防治相关的要求，也要在企业承受范围之内，应对固体废物污染方面合规风险的资源保障水平应与设定的目标、采取的措施相一致。

环保领域企业合规风险不仅可能产生源于监管方面的法律责任，也可能产生源于侵权方面的法律责任。企业制定和实施环保领域合规风险应对计划，不仅需要关注环保领域监管制度、监管理念、监管方式、监管手段等变化，还需要关注企业在环保领域利益相关方主张侵权责任意识和能力等变化。无论企业是制定环保领域合规风险应对计划，还是实施环保领域合规风险应对计划，都需要将来自监管部门的变化和来自利益相关者的变化考虑进去，如有必要，可以对已经制定或实施的环保领域合规风险应对计划进行调整。

第十一章 商业伙伴及涉外领域企业合规风险与应对

第一节 商业伙伴领域企业合规义务和风险点

一、商业伙伴领域合规是企业合规应有范畴

商业伙伴领域合规是指与企业存在实际或潜在的业务往来、工作来往的组织或个人符合法律法规、监管规定等"规"的要求，其目的是防止商业伙伴合规风险传导至企业自身，使企业面临合规风险。此处的商业伙伴涉及企业的客户、投资人、供应商、经销商、承包商、咨询服务商、代理服务商等，"规"则涉及市场交易、质量、知识产权、安全、劳动用工、财务税收、环保等领域相关法律法规和监管规定。商业伙伴领域合规是企业合规的重要组成部分，其原因是商业伙伴领域合规风险具有传导性，这种传导性不仅体现为因企业对商业伙伴领域不合规行为的知情、默许甚至是参与等带来的合规风险，还体现为企业对商业伙伴领域不合规行为的疏忽大意、不知情等带来的合规风险。也就是说，企业在与商业伙伴开展经济活动时，不管对商业伙伴领域不合规行为是否具有主观上的故意，只要商业伙伴存在不合

规行为以及由该行为导致的合规风险，企业就有可能面临相应的合规风险。例如，依据《产品质量法》，如果供应商存在生产不符合保障人体健康和人身、财产安全，不符合国家标准、行业标准的产品的行为，无论企业是否有主观上的故意，实施了销售此类产品的行为，都有可能面临行政处罚、民事赔偿甚至是刑事处罚，以及由此引发的经济损失和声誉损失的风险。还如，依据《工业产品生产许可证管理条例实施办法》，如果企业采用委托加工方式生产列入目录产品时，被委托商业伙伴没有取得与委托加工产品相应的生产许可，无论该企业是否有主观上的故意，均有可能面临行政处罚。此外，即使商业伙伴领域合规风险不能直接传导给企业，企业也有可能因商业伙伴领域合规风险造成交易中断，对自身正常的经营活动产生冲击，甚至引发对第三方的合同违约风险。

商业伙伴领域合规是企业的引致性合规，其本质上属于市场交易、质量、知识产权、安全、劳动用工、财务税收、环保等领域合规。可以说，只要商业伙伴做到了合规，企业就不会面临商业伙伴领域合规风险，但反过来，只要商业伙伴不能做到合规，企业就有可能为商业伙伴的不合规行为进行"买单"。现实中，因商业伙伴领域合规风险给企业带来巨大损失甚至是灭顶之灾的例子很多，2024某房地产企业因发行公司债券存在财务造假、欺诈的违规行为而被行政处罚，该事件牵扯出某跨国会计服务机构在为该房地产企业审计时未勤勉尽责，所制作和出具的文件存在虚假记载等违规问题，进而遭受被处以4.41亿元的罚款和暂停经营业务6个月的"资格罚"等合规风险损失。

显然，商业伙伴领域合规是企业防止和应对合规风险的应有之义，亦企业不仅要保证自身合规经营，防范和应对在市场交易、质量、知识产权、安全、劳动用工、财务税收、环保等领域合规风险，也要做好来自商业伙伴领域合规风险的隔离，防止和应对商业伙伴在市场交易、质量、知识产权、安全、劳动用工、财务税收、环保等领域合规风险对自己的传导。正因为如此，实践中，不少企业尤其是大企业建立了商业伙伴领域合规治理体系，包括商业伙伴关系确立前的合规调查，商业伙伴关系存续期间的合规约定和合规考核，商业伙伴关系终止后的合规评估等。可见，作为商业伙伴领域合规的基础性和关键性工作，商业伙伴领域企业合规义务与企业合规风险点确立是企业合规风险与应对的应有之义。

二、商业伙伴领域合规义务源于企业合规义务

商业伙伴领域合规义务是指企业出于防范和应对合规风险的需要，对商业伙伴遵守法律法规、监管规定等"规"作出的要求。该义务或是出于法律法规、监管规定等对商业伙伴的明确要求，或是法律法规，监管规定等没有对商业伙伴明确要求，但企业基于防范和应对自身合规风险而作出的不违背公序良俗的合理性要求。前者如依据《反不正当竞争法》有关规定，企业对商业伙伴侵犯商业秘密具有注意义务，企业明知或者应知商业伙伴实施侵犯商业秘密的行为，仍获取、披露、使用或者允许他人使用该商业秘密的，该企业就可能面临实施侵犯商业秘密的合规风险；依据《反垄断法》有关规定，企业对商业伙伴实施垄断协议具有注意义务，企业与具有交易关系的商业伙伴之间有排除、限制竞争的协议、决定或者其他协同行为的垄断协议，该企业就可能面临实施垄断协议的合规风险。后者如依据《行政许可法》有关规定，企业没有对商业伙伴未经许可擅自从事依法应当取得行政许可活动的注意义务，但一旦商业伙伴有无证经营的不合规行为，相应的合规风险会对企业经营管

第十一章　商业伙伴及涉外领域企业合规风险与应对

理活动产生负面影响，基于防范和应对该负面影响，企业可对商业伙伴经营资质提出要求，进而产生相应的商业伙伴领域合规义务。

不难看出，商业伙伴领域企业合规义务实际上是市场交易、质量、知识产权、安全、劳动用工、财务税收、环保等领域合规义务的拓展和延伸。与一般意义上的企业合规义务不同，商业伙伴领域企业合规义务是企业对商业伙伴履行合规义务作出的要求，即前者是法律法规、监管规定等"规"对企业作出的要求，后者是企业基于法律法规、监管规定等"规"对商业伙伴的要求而作出的要求。当然，对一些特定场合，商业伙伴领域企业合规义务也有"规"方面的要求。例如，依据《中央企业违规经营投资责任追究实施办法（试行）》，企业在开展投资并购时，具有对并购对象开展尽职调查并对尽职调查进行风险分析的合规义务。理论上讲，商业伙伴在市场交易、质量、知识产权、安全、劳动用工、财务税收、环保等领域合规义务都有可能成为商业伙伴领域企业合规义务，这是因为如果商业伙伴因没有履行或不足履行相应的合规义务而引发合规风险，该合规风险就有可能通过传导机制直接传导或间接传导给企业。因此，从企业防范和应对商业伙伴领域合规风险、保持企业经营管理活动稳健性的角度来看，商业伙伴在从事经营管理过程中所涉及的基于法律法规、监管规定等确立的合规义务，都可能成为商业伙伴领域企业合规义务的来源。以反垄断合规义务为例，依据《反垄断法》有关规定，商业伙伴有不得与企业或第三方达成垄断协议，不得滥用市场支配地位，不得实施具有或者可能具有排除、限制竞争效果的经营者集中等合规义务，商业伙伴一旦涉及不履行或不足履行这些合规义务，就可能因面临行政处罚等合规风险，进而影响到企业正常经营活动甚至面临连带的合规风险。基于此，《反垄断法》所确立的合规义务就成为商业伙伴领域企业合规义务，也就是，商业伙伴应履行企业对其履行反垄断合规要求的义务。

　　虽然市场交易、质量、知识产权、安全、劳动用工、财务税收、环保等领域合规义务在理论上都可以成为商业伙伴领域合规义务的来源，但商业伙伴合规义务与商业伙伴领域企业合规义务并不完全等同。只有商业伙伴合规义务相对应的合规风险对企业经营管理活动产生直接或潜在影响时，商业伙伴合规义务才应成为商业伙伴领域企业合规义务。也就是说，企业在确定商业伙伴领域合规义务时，先要确定与商业伙伴产生经济关系的范围或性质，否则，企业可能因对商业伙伴合规的过度要求丧失正常的商业机会。以供应商在劳动用工领域合规义务为例，如果供应商在劳动用工领域合规风险难以甚至不可能传导至企业，例如，只要供应商能按时按质按量交付产品，供应商在劳动用工领域无论合规义务履行与否都不对企业产生实质性影响。此时，供应商在劳动用工领域合规义务就不宜成为供应商领域企业合规义务，即企业不宜对供应商在劳动用工领域合规义务作出要求。当然，如果供应商在劳动用工领域合规义务履行与否，直接影响到企业自身合规风险或者经营活动持续性，则另当别论。总之，企业在确立商业伙伴领域合规义务时，应从与商业伙伴的实际经济关系出发来确定商业伙伴领域合规义务，而不宜脱离实际经济关系而在没有合理理由或法定依据情况下随意扩大商业伙伴合规义务范围。尽管企业只要不违背公序良俗就可以对商业伙伴合规义务作出要求，但合规义务毕竟是对法律法规、监管规定等"规"的体现，体现对公权干预的服从，商业伙伴不履行或不足履行合规义务会承担相应的合规风险损失。企业对商业伙伴领域合规义务的过度扩大，可能造成公权干预和私权自治之间关系上的失衡。此外，对不具有合规风险传导性的商业伙伴设置门槛，不仅可能让企业丧失潜在的商业机会，还可能陷入违反公平竞争方面的合规风险。

三、商业伙伴领域企业合规风险点确定依赖交易本身

商业伙伴领域企业合规风险点是指企业的商业伙伴不履行或者不足履行其合规义务而导致企业面临被处罚、承担经济损失和声誉损失的可能性。或者说，企业的商业伙伴一旦存在不履行或不足履行其合规义务的合规风险事件，这一规风险事件可能成为该企业在商业伙伴领域合规风险点。正如商业伙伴领域企业合规义务一样，企业的商业伙伴在市场交易、质量、知识产权、安全、劳动用工、财务税收、环保等领域合规风险点，都有可能因为在合规风险传导机制作用下成为商业伙伴领域企业合规风险点。特别是，当商业伙伴存在不履行或者不足履行合规义务的合规风险事件时，导致企业面临行政处罚、刑事处罚、民事赔偿以及相应的经济损失和声誉损失的可能性，而这种可能性一旦成为确定性时，与其有经济关系的企业存在承担连带责任或其他相应责任而遭受损失的可能性，该合规风险事件就成为企业在商业伙伴领域合规风险点。以建设项目的环境影响评价合规为例，承担项目建设的企业在委托商业伙伴编制建设项目环境影响报告书、环境影响报告表过程中，如果商业伙伴存在不履行或不足履行按照国家有关环境影响评价标准和技术规范编制建设项目环境影响报告书、环境影响报告表的合规风险事件，该合规风险事件有引发环境影响评价结论不正确或者不合理等可能，导致该企业因使用环境影响评价结论不正确或者不合理建设项目环境影响报告书、环境影响报告表而遭受被行政处罚等合规风险损失的可能性，该合规风险事件成为该企业在商业伙伴领域合规风险点。值得一提的是，正如商业伙伴领域企业合规义务不能等同于商业伙伴合规义务一样，商业伙伴领域企业合规风险点是基于商业伙伴不履行或者不足履行商业伙伴领域企业合规义务的合规风险事件而确立的。因此，只有在商业伙伴合

规风险点相对应的合规风险具有传导至企业的可能性时,该商业伙伴合规风险点才成为商业伙伴领域企业合规风险点。

商业伙伴领域企业合规风险点涉及两个层面,即基于法定义务的商业伙伴领域企业合规风险点和基于企业自治的商业伙伴领域企业合规风险点。

(一)基于法定合规义务的商业伙伴领域企业合规风险点。该合规风险点是指由于企业在与商业伙伴进行经济往来过程中,商业伙伴由于存在不履行或不足履行合规义务的合规风险事件,导致企业可能面临行政处罚、刑事制裁、民事赔偿等合规风险损失,这种合规风险损失一般在法律法规、监管规定等"规"中有着明确的规定。该规定一般涉及两个层面,一是源于企业对商业伙伴不履行或不足履行合规义务的法定禁止义务,倘若企业存在没有履行该禁止义务的合规风险事件,该企业就可能面临合规风险损失。以销售产品为例,《产品质量法》规定了不得销售国家明令淘汰并停止销售的产品和失效、变质的产品,不得掺杂、掺假,不得以假充真、以次充好,不得以不合格产品冒充合格产品等合规义务。倘若企业的商业伙伴即产品的生产者,在产品生产过程中存在不履行或不足履行上述合规义务的合规风险事件,企业在销售商业伙伴生产的产品过程中没有履行法定的禁止义务,导致该企业所销售的产品存在国家明令淘汰并停止销售或失效、变质的情形,存在掺杂、掺假,以假充真、以次充好,以不合格冒充合格的情形等可能性,进而使企业面临被行政处罚、刑事处罚和民事赔偿的合规风险损失,则上述合规风险事件就成为该企业在商业伙伴领域合规风险点。二是源于企业对商业伙伴不履行或不足履行合规义务的法定注意义务,倘若企业存在没有履行注意义务的合规风险事件,该企业就可能面临合规风险损失。以食品安全为例,《食品安全法》规定了不得为未取得食品生产经营许可、从事不符合食品安全要求生产经营行为的经营主体提供生产经营场所或者其他条件的注意义务。倘若企业存在没有履行或不足履行该注意义务的合规事件，或者说，企业明知商业伙伴存在未取得食品生产经营许可、从事不符合食品安全要求生产经营行为等情形，却为商业伙伴提供生产经营场所或者其他条件，则该企业就可能面临行政处罚和民事赔偿等合规风险损失。

其实，法律法规和监管规定等"规"所涉及的连带责任、共同行为认定的相关规定都可以成为基于法定合规义务的商业伙伴领域企业合规风险点的来源依据。《民法典》多处涉及连带责任，如与托运人订立合同的运输承运人和某一运输区段的承运人承担连带责任，共同处理委托事务的受托人务对委托人承担连带责任，合伙人对合伙债务承担连带责任等。对于《民法典》规定的连带责任涉及的情形，如果企业的商业伙伴存在不履行或不足履行相对应合规义务的合规风险事件，该企业就可能因该合规风险事件，面临承担连带责任的合规风险损失。《刑法》涉及的帮助型犯罪等情形可能成为基于法定合规义务的商业伙伴领域企业合规风险点。例如，倘若商业伙伴存在利用信息网络实施犯罪，企业存在明知且为其犯罪提供互联网接入、服务器托管、网络存储、通讯传输等技术支持，或者提供广告推广、支付结算等合规风险事件；再如，商业伙伴涉嫌走私，企业存在明知且为其提供贷款、资金、账号、发票、证明，或者为其提供运输、保管、邮寄或者其他方便等合规风险事件，则该合规风险事件会使企业面临帮助信息网络犯罪活动罪、走私罪共犯等刑事处罚的风险。

（二）基于非法定合规义务的商业伙伴领域企业合规风险点。在一些场合中，虽然具有公权属性的"规"如法律法规、监管规定等没有明确企业对商业伙伴履行合规义务的禁止义务和注意义务，但企业出于防范和应对商业伙伴合规风险对自身经营管理活动的传导，或是出于践行社会责任的合理需要，作出对商业伙伴履行合规义务的要求。当商业伙伴存在不履行或不足履行该要求的合规风险事件时，企业将可能面临经营管理受到负面影响、声誉受到损失等风险。例如，依据《食品安全法》，如果商业伙伴对运输该企业食品的容器存在没有履行保持清洁的合规义务，或没有履行将该食品与有毒、有害物品分开运输的合规义务。尽管该运输方是由下游批发商或分装商负责，企业没有相应的法定义务，倘若该食品在运输中被污染，该企业食品安全的声誉难免不受影响，上述场景可成为该企业在商业伙伴领域的合规风险点。基于非法定合规义务的商业伙伴领域企业合规风险点，属于基于商业伙伴合规风险点引发的间接风险点，该间接风险点一般不直接涉及公权部门对企业调查、处罚，而是由于企业的商业伙伴承担合规风险损失影响到企业经营管理活动的持续性以及声誉。在影响企业经营管理持续性方面，倘若商业伙伴存在不履行或不足履行合规义务的合规风险事件，造成企业与商业伙伴原定的经济往来中断，给企业正常经营管理造成冲击。例如，按照《行政处罚法》，商业伙伴存在合规风险事件，可能会面临诸如罚款、没收违法所得、没收非法财物；暂扣许可证件、降低资质等级、吊销许可证件；限制开展生产经营活动、责令停产停业、责令关闭、限制从业等行政处罚的风险。该风险可能使商业伙伴与企业之间既定的契约无法得到执行，进而引发企业生产经营活动中断，影响企业与其他商业伙伴之间契约不能及时履行，企业由此承担违约赔偿损失。在影响企业声誉方面，一旦与企业存在经济往来的商业伙伴存不履行或不足履行合规义务的合规风险事件，该合规风险事件可能引发社会以及其他商业伙伴对该企业声誉的不利评价。例如，倘若企业用于生产产品的原材料的供应商因不履行或不足履行合规义务被监管部门调查或处罚的合规风险，该合规风险就可能引发社会和其他商业伙伴对生产该产品的企业声誉的评价。

第二节　商业伙伴领域企业合规风险评估与应对

一、商业伙伴领域企业合规风险评估

商业伙伴领域企业合规风险评估是企业基于商业伙伴领域企业合规风险准则，对商业伙伴领域企业合规风险进行识别、分析和评价等活动。其中，商业伙伴领域企业合规风险准则是企业对商业伙伴领域企业合规风险容忍度的集中体现，或者说是反映出企业对可能传导至企业自身的商业伙伴合规风险的容忍程度。对商业伙伴领域企业合规风险有较低容忍度的企业来说，企业对与其经济往来的商业伙伴履行合规义务有着较高的要求，偏好选择合规风险较低的商业伙伴进行合作，将合规风险较高的商业伙伴排除在其合作范围之外。而对商业伙伴领域企业合规风险较高容忍度的企业来说，企业对与其有经济往来的商业伙伴履行合规义务有着较低的要求，没有选择合规风险较低的商业伙伴进行合作的偏好。其实，商业伙伴领域企业合规风险准则的选择要考虑商业伙伴领域企业合规风险收益和应对成本的比较。虽然较低的商业伙伴领域企业合规风险能够保障企业有效避免因商业伙伴合规风险传导至自身，更能防止和应对商业伙伴领域企业合规风险，但为此也要付出较高的成本。选择较低的商业伙伴领域企业合规风险，意味着企业要付出更多的成本去识别、分析、评价、应对商业伙伴合规风险，甚至因缩小商业伙伴范围而增加经营性成本。而选择较高的商业伙伴领域企业合规风险，

则意味着企业承担较少的成本去识别、分析、评价、应对商业伙伴合规风险，甚至因扩大商业伙伴范围而降低经营性成本。一般情况下，企业需要结合与商业伙伴开展合作的具体事项，平衡商业伙伴领域企业合规风险收益和应对成本，综合选择适合自身的商业伙伴领域合规风险准则。例如，企业与存在垄断地位的商业伙伴进行合作，该合作涉及签订限制商品或服务价格、产量、联合抵制交易、分割市场、限制创新等垄断协议，虽然该项合规能给企业带来基于垄断地位的收益，但相关合作同时也存在被勒令停止或恢复原状、遭受行政罚款、被没收违法所得以及对遭受损失的第三方承担民事责任等合规风险。企业在面对此类商业合作时，就需要平衡合规风险收益和应对成本之间的对比关系，来确立企业相应的商业伙伴领域合规风险准则。

商业伙伴领域企业合规风险识别是开展商业伙伴领域企业合规风险评估的基础。商业伙伴领域企业合规风险识别是指企业对可能传导给自身的商业伙伴领域合规风险点的辨认和辨别，或者说是对商业伙伴领域企业合规风险点的排除和选取。如果说商业伙伴领域合规风险点是企业基于与商业伙伴合规具体事项而确立的所有可能合规风险点的集合，那么商业伙伴领域合规风险识别是筛选真正对企业具有传导能力的合规风险点。这是因为商业伙伴领域合规风险点是潜在的合规风险点，这种潜在的合规风险点是否转化为商业伙伴领域合规风险需要借助一定的条件。以产品销售为例，作为产品生产的商业伙伴，即使其在产品生产过程存在不履行和不足履行企业合规义务的合规风险事件，但这种合规风险事件是否直接转为商业伙伴实施违规行为风险和商业伙伴因违规产生合规风险损失的风险，并且这两种风险是否成为销售该商业伙伴产品的企业合规风险，需要达到一定的触发点和外在条件。例如，如果该商业伙伴具有较强的合规风险应对能力，或者企业对该商业伙伴合规风险的传导具有较好的隔离能力，则与该合规风险事件相对应的合规风险点应排除在商业伙伴领域企业合规风险之外。可以这么说，商业伙伴领域企业合规风险点是基于企业与商业伙伴合作具体事项相对应的风险点，同类企业与同类商业伙伴之间往往存在相同的合规风险点。然而，由于不同企业和不同商业伙伴对各自合规风险应对基础、应对能力的差异，同类企业与同类商业伙伴之间往往存在不同的合规风险。

商业伙伴合规领域企业合规风险分析是企业对识别到的商业伙伴领域合规风险进行的综合分析，确定商业伙伴实施违规行为的概率、商业伙伴因违规行为遭受合规风险损失的概率、商业伙伴合规风险传导给企业自身的概率以及因商业伙伴合规风险传导带来的自身合规风险损失的概率。确定商业伙伴实施违规行为的概率和商业伙伴因违规行为遭受合规风险损失的概率的方法在理论上应与本书在阐释市场交易、质量、知识产权、安全、劳动用工、财务税收、环保等领域企业合规风险分析方法大致相同。但相比这些领域企业合规风险分析，由于企业在分析商业伙伴实施违规行为的概率和商业伙伴因违规行为遭受合规风险损失的概率有着信息上的劣势，企业不具备与分析自身合规风险那样对商业伙伴合规风险进行详细和全面分析的优势。因此，现实中，企业对商业伙伴合规风险更多采用调查方法，即对商业伙伴既往合规风险事件、同类商业伙伴出现的典型性合规风险事件、引发合规风险事件的影响因素以及商业伙伴应对合规风险基础和能力等进行调查来识别商业伙伴合规风险。商业伙伴合规领域企业合规风险分析的关键点是企业对商业伙伴合规风险传导给企业自身的概率以及因商业伙伴合规风险传导带来的自身合规风险损失的概率分析，这就需要企业结合商业伙伴合规风险的具体特点、商业伙伴合规风险传导路径、自身应对商业伙伴合规风险传导的基础和能力、外部监管理念和方式方法等进行综合性分析，辨认和识别对企业具有传导效应的商业伙伴领域企业合规风险。

商业伙伴领域合规风险评价是商业伙伴领域企业合规风险评估的最后一步，其使命是在对商业伙伴领域企业合规风险分析的基础上，对企业需要应对的商业伙伴领域合规风险确定风险等级和偏好次序。经过商业伙伴领域企业合规风险分析，企业可以对商业伙伴实施违规行为的概率、商业伙伴因违规行为遭受合规风险损失的概率、商业伙伴合规风险传导给企业自身的概率以及因商业伙伴合规风险传导带来的自身合规风险损失的概率进行综合加成，确定具有传导效应的商业伙伴合规领域企业合规风险发生的概率以及与概率相对应的合规风险损失。在此基础上，企业根据商业伙伴领域合规风险准则确定各个商业伙伴领域合规风险的偏好次序，即确定企业对哪些商业伙伴领域合规风险具有较低容忍度、对哪些商业伙伴领域合规风险具有中等容忍度、对哪些商业伙伴领域合规风险具有较高容忍度。基于企业对商业伙伴领域合规风险的偏好排序，可对商业伙伴领域合规风险评价结果划分三个区域，在第一个区域，商业伙伴领域企业合规风险损失发生概率较大或者一旦发生其遭受的合规风险损失较大，这个区域的合规风险需要重点应对，甚至是避免与此类商业伙伴发生经济上的往来。在第二个区域，商业伙伴领域企业合规风险损失发生概率中等或者一旦发生其遭受的合规风险损失中等，企业可以在商业伙伴领域合规风险应对成本和收益平衡中选择应对措施，这个区域的商业伙伴领域企业合规风险需要及时关注，做好合作前合规调查、合作中合规跟踪评估。在第三个区域，企业合规风险损失发生的概率很小或者发生后遭受的合规风险损失很小，这个区域的合规风险可以暂时不予特别考虑，只需依靠既有的制度和机制，或者让商业伙伴进行合规承诺就可以应对。

二、商业伙伴领域企业合规风险应对

商业伙伴领域企业合规风险应对是商业伙伴领域企业合规义务确立、企业合规风险点确定、企业合规风险评估的直接回应，其目的是防止或降低企业在商业伙伴领域合规风险损失。商业伙伴领域企业合规风险是企业不能忽视的合规风险，现实中，因商业伙伴不合规行为给企业带来行政处罚、刑事处罚、民事赔偿以及由此带来的经济损失和声誉损失的例子不胜枚举。也正因为如此，不少企业将防范和应对商业伙伴领域合规风险作为经营管理的一项重要工作。例如，在选择阶段对商业伙伴开展尽职调查，在合同签订阶段将商业伙伴的合规义务纳入合同条款，在合作阶段对商业伙伴进行合规培训、合规风险监测和合规调查审计，在合作结束对商业伙伴开展合规评价作为继续合规的依据，等等。如果从商业伙伴领域企业合规风险应对的逻辑来看，如同本书对企业在市场交易、质量、知识产权、安全、劳动用工、财务税收、环保等领域合规风险应对所作的阐释一样，商业合规领域企业合规风险应对应当包括三个环节，即商业伙伴领域企业合规风险应对策略、商业伙伴领域企业合规风险应对现状评估、商业伙伴领域企业合规风险应对计划。

商业伙伴领域企业合规风险应对策略是企业应对商业伙伴领域合规风险的基本思路，决定着企业在商业伙伴领域合规风险应对的方向和依据。企业应根据自身在商业伙伴领域合规风险准则和商业伙伴领域合规风险评估结果，在全面分析企业与商业伙伴合作相关的内外部环境基础上确定企业在商业伙伴领域合规风险应对策略。由于商业伙伴领域企业合规风险属于概率性事件，从商业伙伴出现不合规行为，到商业伙伴因不合规行为产生合规风险损失，再到商业伙伴合规风险传导至企业自身，再到企业因商业伙伴合规风险引发的合规风险损失等都属于概率性事件。因此，企业选择合适的商业伙伴领域合规风险应对策略不仅关系到企业应对商业伙伴领域合规风险本身，也关系到企业在商业伙伴领域合规收益和合规风险应对成本的理性选择。商业伙伴领域企业合规风险准则是企业商业伙伴领域合规风险应对的核心，企业应对商业伙伴领域合规风险应体现商业伙伴领域企业合规风险应对准则的要求。此外，由于商业伙伴领域企业合规风险应对的使命在于防范和应对来自商业伙伴的合规风险，而合规风险与监管部门对相关事项监管密切相关。企业在制定商业伙伴领域企业合规风险应对策略过程中，需要跟踪政府对相关事项的监管态度、监管理念、监管方式动态变化，这种变化往往可以通过相关政策变化、最新处罚案例的分析而获得。

商业伙伴领域企业合规风险应对现状评估是指对企业在商业伙伴领域合规风险应对制度、机制、资源等现状进行评估，评判在既定合规风险应对策略下商业伙伴领域企业合规风险应对的能力。商业伙伴领域企业合规风险应对现状评估是将商业伙伴领域企业合规风险应对策略转化为商业伙伴领域企业合规风险应对计划的基础，其评估结果的客观性和真实性如何，直接关系到企业在商业伙伴领域企业合规风险应对效果。商业伙伴领域企业合规风险应对现状评估包括商业伙伴领域专门性企业合规风险应对现状评估和商业伙伴领域普适性企业合规风险应对评估。前者涉及企业已有的专门针对商业伙伴领域企业合规风险应对制度、机制和资源。例如，企业专门针对商业伙伴制定的管理制度、规范要求、行为准则，专门针对商业伙伴合规的调查机制、评估机制、培训机制，以及专门践行相关制度和机制配置的人财物等资源。后者则是不专门针对商业伙伴领域合规风险应对制度、机制和资源。例如，企业所建立具有通用价值的合规管理制度、运行机制和资源保障，这类制度、机制和资源事实上对商业伙伴领域合规风险应对发挥着一定的作用。评估商业伙伴领域企业合规风险应对现状，不仅要考虑企业内部制度、机制、资源等现状，还需要评估制度、机制、资源发挥作用的内外部环境变化。这是因为随着内外部环境的变化，商业伙伴领域企业合规风险应对现状所体现的商业伙伴领域企业合规风险应对能力会发生相应变化。

商业伙伴领域企业合规风险应对计划是基于商业伙伴领域企业合规风险评估、应对策略以及合规风险应对现状评估结果等分析，确立企业开展商业伙伴领域企业合规应对活动方案，涉及商业伙伴领域合规风险应对目标、风险信息、相关人员、有关措施、资源保障、绩效管理、约束机制、时间安排等。商业伙伴领域企业合规风险应对计划是企业应对商业伙伴领域合规风险的直接依据，针对性、可操作性是其基本要求。其中，针对性是指商业伙伴领域企业合规风险应对计划是基于企业所面临的商业伙伴领域合规风险的应对计划，体现解决合规风险问题的导向。可操作性是商业伙伴领域企业合规风险应对的本质要求，是指商业伙伴领域企业合规风险应对计划所涉及目标应具有可达性，措施应具有可行性。由于商业伙伴领域企业合规风险是源于商业伙伴合规风险的引致性风险，制定和实施针对性、可操作性的商业伙伴领域企业合规风险应对计划，离不开对商业伙伴进行必要和深入的合规调查。唯有如此，商业伙伴领域企业合规风险应对计划的针对性、可操作性才有基础。

总之，商业伙伴领域企业合规风险应对是企业合规风险应对的应有部分。企业不仅要重视自身在市场交易、质量、知识产权、安全、劳动用工、财务税收、环保等领域合规风险应对，也要重视与其有经济往来的商业伙伴在市场交易、质量、知识产权、安全、劳动用工、财务税收、环保等领域合规风险传导的应对，防范和应对企业因商业伙伴选择不当或商业伙伴的违规行为，引发企业承担法律责任、遭受行政处罚、刑事处罚、民事赔偿及其由此造成经济损失和声誉损失等合规风险，以及因商业伙伴违规行为对企业经营管理活动产生相关负面影响等次生性合规风险。值得一提的是，倘若企业的商业伙伴是其关联方，如企业与该商业伙伴存在股权、资产或协议上的控制关系，此种情形下的商业伙伴领域合规风险更容易传导至企业自身，甚至商业伙伴领域合规风险有时被直接当作企业自身的合规风险。可见，对于与商业伙伴存在股权、资产或协议上控制关系的企业，需要高度重视商业伙伴领域合规风险与应对。

第三节　涉外领域企业合规义务和风险点

一、涉外领域企业合规是涉外经营管理活动的基本要求

国内企业参与涉外经济活动，或是将本国产品和服务输送到境外，或是将境外产品和服务输入到国内，或是在境外设立企业开展经济活动，这就决定了在涉外经营管理活动中，企业的经营管理行为以及企业员工的经营管理行为不仅要符合我国法律法规、监管规定等"规"的要求，也应符合境外国家或地区的法律法规、监管规定等"规"的要求。2023年10月，习近平总书记在中共中央政治局第十次集体学习时就强调要"引导我国公民、企业在'走出去'过程中自觉遵守当地法律法规和风俗习惯"。一旦企业在境外从事经济活动时违反了境外国家或地区的法律法规、监管规定等"规"的要求，就可能引发法律责任、造成经济或者声誉损失以及其他负面影响。值得一提的是，近年来，一些西方国家为维护自身霸权地位，频繁对其他国家企业实施单边制裁，逆全球化

思潮得以发酵,经济全球化陷入困境。例如,据美国2021年10月财政部公布的《制裁评估报告2021》,2000年美国已生效的制裁措施为912项,至2021年高达9,421项,增长933%。在美国制裁手段中,滥用、异化合规监管工具以试图维持其经济霸权和长臂管辖权,成为美国逆全球化的常规性手段。还如,一些西方国家借助外资审查制度,扩大敏感行业范围,降低触发审查的门槛,赋予监管部门越来越大的自由裁量权。再如,将技术性贸易措施纳入政策"工具箱"几乎成为大多数国家的一致性行动。不难看出,在保护主义、单边主义上升的复杂国际环境中,我国企业不得不重视涉外领域合规风险问题。一方面,通过各类途径促使西方一些国家改变滥用制裁措施的做法,例如,运用世界贸易组织(WTO)成员通报的技术性措施评议、磋商协调,推动通报国调整"技术壁垒";另一方面,提升本国企业涉外领域合规风险应对水平。

其实,企业合规开始被有关部门重视,与我国企业开展涉外经济活动增多有关。例如,美国司法部和财政部曾指控中兴通讯非法出口、虚假陈述,对某企业处以总计22.92亿美元罚款和禁止在未来7年向中兴通讯出售元器件的制裁,并要求进行合规整改,包括更换董事会和管理层的所有成员,由美国指派合规监督员等。近些年来,我国企业在涉外经济活动过程中,频繁因不合规行为遭受调查和处罚,引起我国对企业合规的关注。例如,2018年,国家发展改革委出台《企业境外经营合规管理指引》。同年,国务院国资委出台《中央企业合规管理指引(试行)》;2021年,国家市场监管总局出台《企业境外反垄断合规指引》;2022年,国务院国资委出台《中央企业合规管理办法》;2023年,国家市场监管总局出台《网络销售特殊食品安全合规指南》《经营者集中反垄断合规指引》;2024年,国家市场监管总局出台《经营者反垄断合规指南》。因此,在某种程度上可以认为,我国监管部门对企业合规治理的广泛关注缘于我国涉外领域企业合规治理。

著名管理学大师彼得·德鲁克认为，对跨国经营企业的管理基本上就是把政治上、文化上的多样性进行结合。政治上、文化上的多样性背后往往是"规"的多样性，涉外领域企业所遵循的"规"是多样性的，不仅涉及特定国家或地区的"规"，还涉及一些国际组织的"规"。这些国际组织的"规"或是属于商业伙伴领域的"规"，或是属于社团性质的"规"。虽然不具有国家或地区背书意义上的"规"，但如果企业参与这类国际组织的经济活动，经营管理行为违反这类"规"的要求，将会面临合规风险损失。涉及典型意义上的国际组织的"规"包括：一是联合国（UN）2000年制定的《"全球契约"计划》，2018年通过的《联合国供应商行为守则》，2010年制定并于2016年更新的《供应链反腐：客户和供应商指导》；二是经合组织（OECD）1976年通过并于2011年修订的《跨国公司准则》，1997年签订并于1999年生效的《国际商务交易活动中反行贿的建议案》，2010年公布的《关于内控道德与合规的良好做法指引》；三是世界银行（World Bank）2010年制定的《诚信合规指南》，1999年开始实行"不合格公司与个人清单"，与亚洲开发银行、非洲开发银行、欧洲复兴开发银行及美洲开发银行于2010年订立多边交叉制裁协议；四是亚太经合组织（APEC）2014年制定的《北京反腐败宣言》，发布的《亚太经合组织高效率公司合规项目基本要素》；五是国际标准化组织（ISO）2021年发布的《合规管理体系　要求及使用指南》（ISO 37301：2021）；六是国际商会（ICC）分别于2010年和2013年发布的《国际商会关于代理商、中间商和其他第三方的指导》《国际商会道德与合规培训手册》；七是世界经济论坛（WEF）2014年制定的《反贪腐伙伴倡议—反贿赂守则》；八是透明国际（TI，即"国际透明组织"）2012年发布的《公司反贿赂的保证框架》，等等。

二、涉外领域企业合规义务体现入乡随"规"

从法律法规、监管规定等"规"的适用原则来看，无论是按照属地原则，或是属人原则，或是保护原则，或是普遍原则，从事涉外经营管理活动的企业所遵守的"规"不仅涉及国内的"规"，还涉及境外的"规"。或者说，类似于企业在国内开展经营管理活动确立合规义务的方法，涉外领域企业合规义务确立依赖与企业涉外经营管理活动相关的境外法律法规、监管规定等"规"的要求。涉外经济活动包括企业从事进口和出口贸易活动，以及在境外设立企业开展经济活动等。对于前者，由于经营管理活动不仅涉及国外，也涉及国内，这就决定了其"规"的要求要体现国内法律法规、监管规定等"规"的要求。以企业从事出口业务为例，依据我国《出口管制法》，出口企业有取得相关管制物项的出口经营资格才能从事有关管制物项出口；不得未经许可擅自出口管制物项、超出出口许可证件规定的许可范围出口管制物项、出口禁止出口的管制物项；不得以欺骗、贿赂等不正当手段获取管制物项出口许可证件，或者非法转让管制物项出口许可证件；不得为非法出口行为的企业提供代理、货运、寄递、报关、第三方电子商务交易平台和金融等服务；不得与列入管控名单的进口商、最终用户进行交易等合规义务。从事我国产品和服务出口的对应面是进口，即我国企业在从事出口方面经营管理活动时，除了遵守作为出口方的我国"规"的要求，还要遵守作为进口方的他国或地区的"规"的要求。同样，对于作为从事进口业务的企业，要遵守我国"规"的要求，例如，依据《进口计量器具监督管理办法》，作为进口计量器具的企业具有非特殊需要并经批准不得进口非法定计量单位的计量器具或国务院禁止使用的其他计量器具；不得进口或销售未经国务院计量行政部门批准的计量器具等合规义务。同时，从事计量器具进口的对应是出口，我国企业在从事计量器具进口时，除了遵守作为进口方的我国"规"的要求，还要遵守作为出口方的他国或地区的"规"的要求。值得一提的是，从事进口和出口贸易活动的商品除了有形的商品之外，还包括无形的服务等。以对外劳务合作为例，依据《对外投资合作和对外贸易领域不良信用记录试行办法》，我国境内合法注册的企业在境外开展劳务合作中，具有与劳务人员签署合同并履行合同约定，应为劳务人员办理境外工作准证，不得违反劳动合同或所在国和地区的劳动法律法规，不得以旅游、商务签证等方式派出劳务人员等合规义务。

对于我国企业在境外国家或地区设立企业，其合规义务确立方法与本书中所涉及的市场交易、质量、知识产权、安全、劳动用工、财务税收、环保、商业伙伴等领域的合规义务确立方法基本一样，即从设立企业所在国或地区的法律法规、监管规定等"规"的要求来确立涉外领域企业在市场交易、质量、知识产权、安全、劳动用工、财务税收、环保、商业伙伴等领域合规义务。这就要求从事上述涉外经济管理的企业首先应全面梳理企业所在国或地区的法律法规、监管规定等要求。各国法律体系由于国情、社会制度等不同而不同，企业在确立涉外经营管理活动时，需要搞清楚所在国或地区在市场交易、质量、知识产权、安全、劳动用工、财务税收、环保、商业伙伴等领域"规"的不同。以市场交易方面的反垄断"规"为例，虽然国际上相关司法辖区反垄断法调整的行为基本为规制垄断协议、滥用市场支配地位以及具有或者可能具有排除、限制竞争影响的经营者集中，但有些规定存在不同，如有司法辖区将滥用相对优势地位、在竞争者中兼任董事、行政性垄断行为等作为反垄断规制的情形。因此，企业在境外设立企业等经营管理活动过程中，需要立足所在国或地区的法律法规、监管规定等"规"的要求。

显而易见，确定涉外领域企业合规义务，关键在于搞清企业在境外从事经营管理活动相关的法律法规和监管规定。企业可以通过所在国或地区的监管部门网站以及其他渠道收集相应的法律法规和监管规定。例如，企业可以通过我国商务部官网中的"境外法规（Global Laws and Regulations）"和"国际条约（International Treaties and Agreements）"中列明相关国家的法律法规和相关国际组织的条约，查找与涉外经营管理活动相关的法律法规、国际条约，依据相关法律法规和国家条约来确立相应的合规义务。除此之外，企业还应针对所开展的特定业务，搞清承担该业务监管职能的相关监管部门，查找相关监管部门出台的有关规范性文件，依据规范性文件来确立与业务相关的"规"的要求。值得一提的是，由于国家或地区存在法律体系上的差别，企业在确立涉外经营管理的合规义务时，需要弄清所在国或地区的法律体系。以美国为例，美国现行法律体系由判例法和成文法共同构成，美国政府行政机构根据诸多联邦法律的明确立法授权制定行政法规，除制定行政法规外，还颁布了大量的规则、手册、政策陈述、函、决定等。基于此，企业确立在美国的合规义务时，需要对美国的法律体系有所了解。

三、涉外领域企业合规风险点具有复杂性

涉外领域企业合规风险点是企业参与涉外经济活动过程中，所存在的不履行或不足履行所在国或地区要求的合规义务的可能性合规风险事件。涉外领域企业合规风险点来源于涉外领域企业合规义务，理论上任何涉外领域企业合规义务都可能存在相对应的合规风险点，但对于具体从事涉外经营管理活动的企业来说，其涉外领域合规风险点多与其所从事的业务相关。以我国企业在境外某一国家或地区设立企业为例，其合

规风险点与其开展的业务相关。也就是说，虽然涉外领域合规义务涉及市场交易、质量、知识产权、安全、劳动用工、财务税收、环保、商业伙伴等领域，但对于特定企业，其合规风险点可能只涉及其中的某几个领域，或某个领域的特定方面。确立涉外领域企业合规风险点，需要从企业从事涉外经营管理活动相关的合规义务，同类企业发生合规风险的具体情况，该业务领域发生合规风险的既往表现等综合考虑。此外，有时需要从该国或地区相关的监管理念变化来考虑。以美国反垄断理念变化为例，该国之前信奉芝加哥经济学派思想，采用行为主义视角，采取合理原则，注重反垄断的"创新"价值取向，对平台垄断监管比较宽松，同时更多倾向于反垄断私力救济，如规定竞争损害的私人受害者有权提出3倍的赔偿诉讼。但近些年来，随着新布兰代斯运动的影响，美国平台反垄断理念发生了改变，从传统上以私人诉讼为主的较为宽松的监管，转向带有公权干预性质的反垄断监管。

从方法论的角度来看，涉外领域企业合规风险点的确立与企业在国内进行经营管理活动中确立场交易、质量、知识产权、安全、劳动用工、财务税收、环保、商业伙伴等领域合规风险点大致相同，所不同的是，涉外领域企业合规风险点由于涉及他国法律法规、监管规定等"规"以及相关监管部门对践行"规"的监管，其合规风险点确立相对复杂。现实中，企业在确立涉外领域合规风险点时，较好的做法是，吸纳所在国或地区法律法规、监管规定等"规"，以及对相应监管部门的监管制度较为熟悉的人员参与，以防止企业在确立涉外领域合规风险不全面、不准确的问题出现。

从企业涉外经营管理活动内容来看，企业需要重点把握以下领域的合规风险点。一是企业经营管理活动涉及对外货物和服务贸易，贸易管制、质量安全与技术标准、知识产权保护，以及反倾销、反补贴、保障措施等贸易救济方面容易产生合规风险点；二是企业经营管理活动涉及境外投资，市场准入、贸易管制、国家安全审查、行业监管、外汇管理、反垄断、反洗钱、反恐怖融资等方面容易产生合规风险点；三是企业经营管理活动涉及对外承包工程，投标管理、合同管理、项目履约、劳工权利保护、环境保护、连带风险管理、债务管理、捐赠与赞助、反腐败、反贿赂等方面容易产生合规风险点；四是在他国或地区开展企业经营管理活动，劳工权利保护、环境保护、数据和隐私保护、知识产权保护、反腐败、反贿赂、反垄断、反洗钱、反恐怖融资、贸易管制、财务税收等方面容易产生合规风险点。对于这些常见的合规风险点，企业应当依据相应涉外领域合规义务，判断企业是否存在相应的合规风险事件，若存在相应的合规风险事件，则该事件就成为涉外领域的合规风险点。以反垄断为例，倘若某国或地区反垄断的"规"对垄断协议的规制涉及禁止交换价格、成本、市场计划等竞争性敏感信息的合规义务，倘若企业在既往事件中涉及不履行或不足履行这一合规义务的合规风险事件，或者其他同类企业存在不履行或不足履行这一合规义务的合规风险事件，则可认为企业在今后经营管理活动中可能存在上述合规风险事件。

确立涉外领域企业合规风险点的目的是为涉外领域企业合规风险识别、分析、评价、应对提供资料包，因此，涉外领域企业合规风险点确立是基础性工作。涉外领域企业合规风险点在一定程度上可以看作是对企业在涉外领域合规风险作出的初步判断，这种判断一般除了涉及企业所开展业务之外，很少涉及企业自身其他因素。为避免涉外领域企业合规风险点的全面性和准确性，企业秉持应纳入尽可纳入的原则，做到既要防止将所有涉外领域合规义务相对应的场景纳入涉外领域合规风险点，也要将不具备发生可能性的场景排除在涉外领域合规风险点。涉外领域企业合规风险点通常是以风险集的形式存在，表现为将企业所有涉外领域企业合规风险点以表格的形式来体现，涉及合规风险点内容，相对应的法律法规、监管规定等"规"的要求，以及"规"所明确的法律责任。

总的来说，涉外领域企业合规义务和涉外领域企业合规风险点是企业在国内开展经营管理活动过程中确立在市场交易、质量、知识产权、安全、劳动用工、财务税收、环保、商业伙伴等领域合规义务和合规风险点的直接"投射"。只不过作为合规义务和合规风险点的源头的"规"由本国转向他国或地区。值得一提的是，企业在参与涉外经济活动过程中，不仅需要遵守他国或地区所制定的"规"要求，体现企业在参与涉外经济活动过程中对他国或地区公权的"服从"，也要遵守相关国际组织所确立的"规"。企业遵守这类"规"不仅能避免业务上的损失甚至是拓展商业机会，还对培育企业声誉甚至是对国家形象都有较为显著的积极意义。可见，企业在从事涉外经营管理活动时需要根据自身业务情况，确定国际组织之"规"相对应的合规义务和合规风险点，为企业在参与或涉及国际组织相关业务时防范和应对合规风险打下必要的基础。

第四节　涉外领域企业合规风险评估和应对

一、涉外领域企业合规风险评估

涉外领域企业合规风险评估是基于涉外领域企业合规风险准则，对涉外领域企业合规风险进行识别、分析、评价等活动，其目的是对企业在涉外领域合规风险进行诊断，全面和准确地把握企业在涉外经营管理活动中所面临的合规风险，为有效应对涉外领域企业合规风险提供基础。一般情况下，涉外领域企业合规风险评估涉及涉外领域企业合规风险准则、涉外领域企业合规风险识别、涉外领域企业合规风险分析、涉外领域企业合规风险评价四个环节。这四个环节之间存在着依次递进的关系，即涉外领域企业合规风险准则是开展涉外领域企业合规风险识别、分析和评价的基本依据，而涉外领域企业合规风险识别、分析、评价分别以此前一环节为基本前提。也就是说，只有先开展涉外领域企业合规风险识别，才能开展涉外领域企业合规风险分析；只有先开展涉外领域企业合规风险分析，才能开展涉外领域企业合规风险评价。

涉外领域企业合规风险准则是企业对涉外领域合规风险容忍度的集中体现，也就是说，涉外领域企业合规风险准则的相关内容都以企业对涉外领域合规风险容忍度为前提。涉外领域合规风险容忍度是企业对涉外领域合规风险的态度的表征，分为涉外领域企业合规风险的较低容忍度、中等容忍度和较高容忍度。涉外领域企业合规风险的较低容忍度是指企业对防范和应对涉外领域合规风险有着较为严格的要求，或者说将严格防范涉外领域违规行为以及因违规产生合规风险损失作为合规治理的基本要求，注重涉外领域企业合规风险的事前预防。涉外领域企业合规风险的较高容忍度是企业对涉外领域合规风险持较为包容的态度，允许企业在涉外经营管理活动中存在一定的合规风险，注重涉外领域企业合规风险的事后应对。涉外领域企业合规风险的中等容忍度则处于涉外领域企业合规风险的较低容忍度和较高容忍度的中间状态，兼顾涉外领域企业合规风险的事前防范和事后应对。现实中，企业在涉外领域选择体现何种容忍度的合规风险准则，取决于企业对涉外领域合规风险收益和应对成本的比较。如果企业觉得涉外领域合规风险收益较大，譬如企业在市场交易、质量、知识产权、安全、劳动用工、财务税收、环保、商业伙伴等领域实施违规行为，能给自己带来较大收益。与此同时，企业为应对涉外领域合规风险需要承担较大的成本时，企业就可能选择体现较高容忍度的涉外领域合规风险的合规风险准则。由于涉外领域企业合规风险源于监管部门对企业违规行为的介入，因此，涉外领域企业合规风险准则应与所在国或地区对监管事项的监管理念、监管方式、监管手段相适应。

涉外领域企业合规风险识别是企业结合企业内外部发展环境，对其在涉外领域企业合规风险点的辨认和辨别，是企业对确立的涉外领域合规风险点的排除和保留。即当企业既往所存在的合规风险事件或者同类企业所存在的合规风险事件在该企业有存在的基础条件，并且该合规风险事件能够触发企业实施违规行为以及因违规行为产生合规风险损失时，该企业的合规风险点就转变为企业的合规风险。涉外领域企业合规风险识别离不开对企业内外部发展环境的考察。本书所述的企业在场交易、质量、知识产权、安全、劳动用工、财务税收、环保、商业伙伴等领域的合规风险识别方法适用于企业对涉外领域合规风险的识别。值得一提的是，企业在识别涉外合规风险时，不能忽视对所在国或地区政治环境以及所在国或地区与本国关系的考量。由于监管部门对违规行为的认定和处罚有一定的裁量权，这种裁量权容易受该国或地区的政治环境以及与本国的外交关系影响。甚至在政治环境或者与本国关系出现紧张时，存在超越法律法规、监管规定等"规"所确定的违规行为认定和处罚裁量范围的情形。

涉外领域企业合规风险分析是对企业识别到的涉外领域合规风险的深度加工，企业通过分析涉外领域合规风险的内容表现、特性以及产生的原因，对企业在涉外领域企业合规风险进行全面、客观地把握。如同涉外领域企业合规风险识别一样，涉外领域企业合规风险分析离不开内外部发展环境分析。两者所不同的是，前者是企业通过内外部分析辨认

第十一章 商业伙伴及涉外领域企业合规风险与应对

和辨别企业所面临的涉外合规风险，侧重定性分析，后者则是通过内外部进一步分析，确定企业在涉外领域合规风险实施违规行为以及相对应的合规风险损失大小，以便企业比较涉外领域合规风险收益和应对成本之间的比例关系。涉外领域企业合规风险分析一般需要多元化的专业基础和较高的数据分析能力。企业在分析涉外领域企业合规风险时，需不同专业背景的人员共同参加，必要时需引入"外脑"参与企业在涉外领域合规风险分析。在分析涉外领域企业合规风险时，可以通过头脑风暴法、结构化半结构化访谈、德尔菲法、情景分析法、检查表法等来分析企业在涉外领域合规风险。

涉外领域企业合规风险评价是在对涉外领域企业合规风险分析的基础上，对企业需要应对的涉外领域合规风险确定风险等级和偏好次序。涉外领域企业合规风险应对需要一定的成本，甚至因应对合规风险需要放弃一定的商业机会，因此，作为"经济人"的企业需要对涉外领域企业合规风险进行应对偏好上的排序。在对涉外领域企业合规风险进行排序时，需要综合考虑合规风险发生的概率以及相对应的合规风险损失大小。以涉外领域反垄断为例，倘若依据所在国反垄断相关法律法规、监管规定等"规"的规定，企业由于存在可以触发反垄断处罚规定的合规风险事件，虽然经过分析该合规风险事件导致企业被反垄断部门进行处罚的概率较低，但反垄断处罚数额是以上一年度营业额一定比例为裁量标准，导致企业因反垄断违规产生的合规风险损失较大。在此情形下，即使发生反垄断合规风险的概率较低，也宜将此评价为较高的风险等级。基于企业对涉外领域合规风险的偏好排序，可对涉外领域合规风险评价结果划分三个区域。例如，对涉外领域合规风险需要重点应对的区域，对涉外领域合规风险需要及时关注的区域，对涉外领域企业合规风险不需要特别关注的区域。

二、涉外领域企业合规风险应对

涉外领域企业合规风险应对是企业对涉外领域合规风险作出的回应，其目的是防范和应对企业在从事涉外经营管理过程中因行为不符合所在国或地区相关法律法规、监管规定以及相关国际组织要求等承担的法律责任以及相应的经济损失和声誉损失。如同企业在国内从事经营管理活动所进行的合规风险应对一样，企业涉外领域合规风险应对涉及涉外领域企业合规风险应对策略、涉外领域企业合规风险应对现状评价和涉外领域企业合规风险应对计划三个环节。

涉外领域企业合规风险应对策略是企业应对涉外领域合规风险的基本思路，决定着企业涉外领域合规风险应对方向和依据。企业应根据涉外领域合规风险准则和涉外领域合规风险评估结果，在全面分析所在国家或地区内外部环境基础上确定企业涉外领域合规风险应对策略。以平台反垄断为例，由于各国或地区平台经济发展程度存在差异，一定程度上影响着各自的反垄断执法重点和力度。前些年国外对在线最惠国待遇条款的反垄断执法力度较大，如对在线旅游市场的反垄断执法，而近些年对数据封锁、平台自我优待、算法合谋、扼杀性收购等反垄断给予较大的关注，这些无疑都会影响到涉外领域企业合规风险应对策略。根据企业对涉外领域合规风险的容忍度，涉外领域企业合规风险应对策略可以分为激进型应对策略、稳健型应对策略和保守型应对策略。企业选择何种类型的涉外领域合规风险应对策略，通常基于自身涉外经营管理活动的内容、对涉外合规风险的承受能力以及所在国或地区监管部门对违规行为的包容程度。例如，自9·11事件以后，美国将经济制裁作为应对国家安全、外交和经济利益威胁的首选工具之一，采取针对有美国连接点的交易的一级制裁（Primary Sanction）和针对域外没有美国连接点的交易的次级制裁（Secondary Sanction），如美国财政部海外资产控制办公室（OFAC）发布的SDN名单的"50原则"（Specially Designated Nationals and Blocked Persons List），即倘若清单中的个人或实体合计拥有某一企业50%以上股权，则该企业自动被列入制裁名单。不难看出，对美国产品和市场有着较高依赖度的企业来说，选择涉外领域企业合规风险的激进型应对策略可能较为理性。

涉外领域企业合规风险应对现状评估是企业对自身应对涉外领域合规风险的能力进行评估，涉及对涉外领域合规风险应对相关制度、相关机制和相关资源的评估。由于涉外领域企业合规风险应对涉及他国和地区的法律法规和监管规定等，以及与此相关的政治环境、经济环境和文化环境，这使得涉外领域企业合规需要一定的制度、机制和资源作为基础。以人才资源为例，开展涉外领域企业合规风险需要熟悉所在国或地区法律法规和监管规定等"规"以及相关的政治环境、经济环境和文化环境的人员。因此，应对涉外领域企业合规风险需要对企业自身已有的应对现状进行评估，找出已有制度、机制、资源与胜任涉外合规风险应对制度、机制、资源之间的差距，以便对已有制度、机制、资源进行改进或补充。此外，对于涉外经营业务在企业经营业务占有较大比例，或者在他国或地区设立机构的企业，需要评估制定专门的涉外领域企业合规制度、机制，配置专门的合规资源。

涉外领域企业合规风险应对计划是将企业应对策略付诸实施的载体，涉及涉外领域企业合规风险应对目标、风险信息、相关人员、有关措施、资源保障、绩效管理、约束机制、时间安排等。涉外领域企业合规风险应对计划既是涉外领域企业合规义务确立、合规风险点确定、合规风险识别、合规风险分析、合规风险评价、合规风险应对策略确定、合规风险应对现状评估的最终结果，也是企业应对涉外领域的直接方案。企业在制定涉外领域合规风险应对计划过程中,需要将针对性和可操作性作为其两大原则,即涉外领域合规风险计划应以精准、高效解决企业在涉外领域合规风险为立足点。

概而言之,对于涉及涉外经营活动的企业,应将涉外企业合规风险应对作为企业合规治理的应有之义。在正当开展反制裁、反干预、反制"长臂管辖"的前提下,宜积极防范和应对因不符合他国或地区法律法规、监管规定等"规"的要求以及国际组织确立的"规"的要求而承担法律责任、承受经济或者声誉损失以及其他负面影响的风险。这一点,对于中国企业更好"走出去"的重要性不言而喻,毕竟,合规本身反映着企业在涉外经营中的信誉,具有降低交易成本之功能。

后 记

企业合规既是企业安身立命的底线，也是体现国家意志的表征，国家借助企业合规工具可以维护自身的发展权益。一个企业的不合规行为不仅可能累及企业自身生存与发展，甚至可能会波及企业所在的整个行业，还可能影响监管部门的公信力。比如，2008年我国三鹿奶粉事件降低老百姓对整个国内乳品行业的信心，还如，2024年某媒体爆出"非食用油专用罐车运输食用油乱象问题"事件，引发一些消费者对该企业食用油安全的担忧，又如，某直播电商因带货的产品涉及假冒伪劣、虚假宣传、欺诈消费而深陷舆论漩涡，引发社会对该企业乃至直播行业的信任危机。其实，企业合规本身就是营商环境，《优化营商环境条例》第9条明确经营主体"应当遵守法律法规，恪守社会公德和商业道德，诚实守信、公平竞争，履行安全、质量、劳动者权益保护、消费者权益保护等方面的法定义务，在国际经贸活动中遵循国际通行规则"，这是从营商环境视角对企业合规作出的要求。其实，在"良法善治"背景下，合规经营的各类企业汇聚在一起，市场化法治化国际化营商环境就水到渠成。

近年来，企业合规问题成为社会各界关注的热点，无论是实务界还是理论界，都开始重视企业合规的治理问题。普遍认为，推进企业合规治理已是大势所趋，提升企业合规意识，强化合规经营，走合规之路，才能在激烈的市场竞争中立于不败之地，才能赢得市场，甚至有人提出我国已进入全面合规时代。企业合规治理是"舶来品"，其正式被我国商界、政界、学界广泛关注是我国企业在境外经营过程中因存在不合规行为频繁遭受西方一些国家、一些国际组织的调查和处罚。自2018年以来，我国各界开始重视企业合规治理问题，在有关行政机关、司法机关的积极推动下，企业合规治理成为国家对企业的治理、企业自我治理的重要方式，成为国家治理体系的重要组成部分。从《公司法》明确国家出资公司应当加强内部合规管理（治理），到党的二十届三中全会明确加强企业合规建设、建立同国际通行规则衔接的合规机制，无不说明了这一点。

与此同时，不可否认的是，一些企业对合规经营尚没有给予足够重视，存在少数逾越合规经营底线的企业却能够在短时间"吃得开"的现象，甚至存在"合规吃亏，不合规受益""合规经营难以赚钱"的谬论。如有观点认为，很多企业或多或少都存在一定的合规问题，税收、社保领域如若严格执行合规义务，则很多企业就会难以生存。还有观点认为，除了刑事方面合规风险之外，行政方面合规风险、民事方面合规风险对企业家威慑力有限，如果能获得预期利益，企业可以冒行政方面合规风险、民事方面合规风险去开展经营活动。在企业有限责任的语境中，一些企业管理者仅对自己企业的刑事方面合规风险予以正视，在他们看来，只要企业不涉及刑事方面合规风险，行政方面合规风险、民事方面合规风险是可以承受的，因为这两种合规风险应对是可以用"钱"来摆平的。还有观点认为，在企业经营遭受压力的背景下，"活着才是最重要"，不能对企业合规予以过多的期望。其实，企业合规不仅是企业经营管理的"紧箍咒"，也是企业可持续发展的"护身符"，上述中的那些认识都不能成为否定企业合规经营底线的借口。因实施不合规行为给企

后 记

业带来巨大损失甚至是给企业管理者带来灭顶之灾的例子不计其数，不得不令人深思。切勿因一些企业的不合规行为、一些人士的认识误区，引发更多企业对合规治理产生消极心态，扰乱企业合规治理预期，产生"劣币驱逐良币"现象。

党的二十届三中全会通过的《中共中央关于进一步全面深化改革、推进中国式现代化的决定》专门提出要加强企业合规建设。其实，企业合规建设本质就是企业合规治理，企业合规治理不仅是行政机关、司法机关的事，行政机关、司法机关要为企业合规自我治理提供必要的激励，使企业能通过合规自我治理获得相应的收益。与此同时，更要看到，企业合规治理更是企业自身的事，企业要承担起合规自我治理的主体责任。从企业合规自我治理的目标来看，企业合规风险评估和应对是企业合规自我治理的关键性环节，这一环节也是企业合规自我治理中最具技术含量的工作之一。现实中，企业出现违规行为以及因违规引发法律责任、造成经济或者声誉损失以及其他负面影响，多是因为企业合规风险识别、分析、评价和应对等工作存在欠缺或瑕疵。事实上，倘若一个企业在对自身合规风险有着精准把握并基于自身合规风险进行有针对性地应对，则该企业就可能有效防范合规风险，即使不能彻底防范合规风险，也能最大程度降低企业因违规行为带来的损失。因此，系统探究源于企业合规义务的合规风险点，从众多的合规风险点识别出合规风险并进行分析、评价以及应对这一课题，无论对企业实施合规自我治理，还是对有关部门实施合规性监管均具有一定的理论价值和现实意义。

企业合规治理实际上就是企业和监管部门打交道的一门学问，掌握这门学问，不仅需要扎实的多元学科功底，还需要一定的实践经验，也需要对涉企的相关监管工作有一定的了解。多年前，由于工作上的原因，我开始接触到企业合规治理问题，起初的立足点是研究监管部门如何对企业实施有为、有效的监管。后来我慢慢认识到，研究企业合规问题管不仅需要从监管部门视角来分析，也需要从企业自身的角度来考察。只有这样，才能更为精准理解企业合规治理的逻辑理路和实践进路。因此，我在企业合规治理方面逐渐形成了自己的一些思考，也在试图积极推动企业合规治理相关工作。我于2023年出版了专著《企业合规制度》，该书系统阐释了企业合规治理相关制度的问题，涉及企业层面上合规内部治理，即本书所探究的企业合规自我治理。该书出版后，我在企业合规治理相关理论研究和实务工作中，也许是由于对风险治理问题有着较长时间思考的缘故，对企业合规风险与应对相关问题产生了兴趣。于是就对企业合规风险与应对进行了专门性研究，从理论和实务层面考察企业合规风险与应对相关问题，萌发了撰写《企业合规风险与应对》一书的想法，追求"须教自我胸中出，切忌随人脚后行"的境界，将自己在合规风险与应对方面的所践、所思、所想写出来与他人分享。

在本书构思和撰写的过程中，为能使我专心致志地研究企业合规风险与应对问题，许多同事、好友给予了不少的便利。在这些同事、好友当中，既不乏长期从事监管相关工作的资深理论工作者、实务工作者，也不乏长期从事企业合规治理相关工作的资深理论工作者、一线工作者，还不乏在市场交易、质量、知识产权、安全、劳动用工、财务税收、环保等领域具有丰富经验的专业人士。向这些同事、好友的每一次请教，我都收获到了不少的释疑答惑，与这些同事、好友的每一次交流，我都收获到了意想不到的启发。可以说，我是怀着感恩之情来完成《企业合规风险与应对》一书的构思和创作。在撰写《企业合规风险与应对》过程中所进行的思考、所付出的努力、所获得的感悟，让我感受到成书之时那份激动和喜悦，让我停下来细品曾在高校、在党校、在部委、在企业等多个学习或工作的经历带给我的那份宁静和眷念，淡然世

| 后 记 |

事沧桑，内心保持安然无恙。

  企业合规风险应对涉及企业、监管部门、消费者、商业伙伴甚至是竞争对手等多个利益相关方的利益问题，其背后往往是企业合规风险应对背后的利益相关方博弈的结果。企业对合规风险应对需要考虑监管部门、竞争对手、交易相对方对其合规风险应对的反应，如考虑竞争对手是否可能发现到本企业所存在的违规行为、是否可能对发现到的违规行为向监管部门举报，这都决定着企业合规风险应对是项复杂的系统工程，考验着企业的智慧。无论是对企业及其监管部门等实务部门，还是对该领域专家学者，准确理解、精准破解企业合规风险与应对都是件很不容易的事。由于时间上的局限，对本书涉及的有些内容难免不够全面，特别是与企业有关的法律法规、监管规定等"规"数量众多，本书难以全面涉及，难免挂一漏万。此外，企业合规风险应对其实本身就是一门经济学，企业合规风险应对的权衡取舍、成本收益、预期、风险偏好、信息不对称、激励，以及与相关方的博弈、卡尔多-希克斯效率标准等都需要用经济学尤其是行为经济学去解释，本书对企业合规风险应对的经济学分析虽有所涉及，但毕竟还是较为粗略。另外，监管部门对企业合规风险应对的介入需坚持"放得活"又"管得住"原则，恪守公平正义，既不"越位"，也不"缺位"，防止在实践中"走样变味"，对此，只略提及，没有展开。对于本书存在的上述不足之处，期待今后能有机会去正视、去探究，期望今后能在企业合规风险应对方面能有进一步的成果。

附录：本书正文涉及的法律法规、监管规定[①]

（一）法律

1.《立法法（2023修正）》（2023年3月公布）

2.《招标投标法（2017修正）》（2017年12月公布）

3.《消费者权益保护法（2013修正）》（2013年10月公布）

4.《反不正当竞争法（2019修正）》（2019年4月公布）

5.《价格法》（1997年12月公布）

6.《广告法（2021修正）》（2021年4月公布）

7.《民法典》（2020年5月公布）

8.《反垄断法（2022修正）》（2022年6月公布）

9.《渔业法（2013修正）》（2013年12月公布）

10.《枪支管理法（2015修正）》（2015年4月公布）

11.《土壤污染防治法》（2018年8月公布）

12.《药品管理法（2019修订）》（2019年8月公布）

[①] 时间截至2024年9月底。所涉法律法规、监管规定均为中华人民共和国大陆公布的法律法规、监管规定，对法律法规、监管规定的名称涉及"中华人民共和国"字眼均予以了省略，如"中华人民共和国招标投标法（2017修正）"简称为"招标投标法（2017修正）"。

13.《邮政法（2015修正）》（2015年4月24日公布）

14.《刑法（2023修正）》（2023年12月公布）

15.《档案法（2020修订）》（2020年6月公布）

16.《建筑法（2019修正）》（2019年4月公布）

17.《产品质量法（2018修正）》（2018年12月公布）

18.《农产品质量安全法（2022修订）》（2022年9月公布）

19.《标准化法（2017修订）》（2017年11月公布）

20.《计量法（2018修正）》（2018年10月公布）

21.《专利法（2020修正）》（2020年10月公布）

22.《商标法（2019修正）》（2019年4月公布）

23.《著作权法（2020修正）》（2020年11月公布）

24.《安全生产法（2021修正）》（2021年6月公布）

25.《国家安全法（2015）》（2015年7月公布）

26.《核安全法》（2017年9月公布）

27.《生物安全法（2024年修正）》（2024年4月公布）

28.《网络安全法》（2016年11月公布）

29.《数据安全法》（2021年6月公布）

30.《矿山安全法（2009修正）》（2009年8月公布）

31.《特种设备安全法》（2013年6月公布）

32.《食品安全法（2021修正）》（2021年4月公布）

33.《消防法（2021修正）》（2021年4月公布）

34.《公司法（2023修订）》（2023年12月公布）

35.《宪法（2018修正）》（2018年3月公布）

36.《劳动法（2018修正）》（2018年12月公布）

37.《劳动合同法（2012修正）》（2012年12月公布）

38.《劳动争议调解仲裁法》（2007年12月公布）

39.《就业促进法（2015修正）》（2015年4月公布）

40.《妇女权益保障法（2022修订）》（2022年10月公布）

41.《职业教育法（2022修订）》（2022年4月公布）

42.《社会保险法（2018修正）》（2018年12月公布）

43.《政府采购法（2014修正）》（2014年8月公布）

44.《个人所得税法实施条例（2018修订）》（2018年12月公布）

45.《企业所得税法（2018修正）》（2018年12月公布）

46.《车船税法（2019修正）》（2019年4月公布）

47.《船舶吨税法（2018修正）》（2018年10月公布）

48.《烟叶税法》（2017年12月公布）

49.《车辆购置税法》（2018年12月公布）

50.《耕地占用税法》（2018年12月公布）

51.《资源税法》（2019年8月公布）

52.《契税法》（2020年8月公布）

53.《城市维护建设税法》（2020年8月11日公布）

54.《印花税法》（2021年6月公布）

55.《关税法》（2024年4月公布）

56.《税收征收管理法（2015修正）》（2015年4月公布）

57.《会计法（2024修正）》（2024年6月公布）

58.《注册会计师法（2014修正）》（2014年8月公布）

59.《环境保护法（2014修订）》（2013年12月公布）

60.《清洁生产促进法（2012修正）》（2012年2月公布）

61.《环境影响评价法（2018修正）》（2018年12月公布）

62.《噪声污染防治法》（2021年12月公布）

63.《固体废物污染环境防治法（2020修订）》（2020年4月公布）

64.《大气污染防治法（2018修正）》（2018年10月公布）

65.《土壤污染防治法》（2018年8月公布）

66.《水污染防治法（2017修正）》（2017年6月公布）

67.《放射性污染防治法》（2003年6月公布）

68.《循环经济促进法（2018修正）》（2018年10月公布）

69.《环境保护税法（2018修正）》（2018年10月公布）

70.《行政许可法（2019修正）》（2019年4月公布）

71.《行政处罚法（2021修订）》（2021年1月公布）

72.《出口管制法》（2020年10月公布）

73.《电子商务法》（2018年8月公布）

74.《中华人民共和国保守国家秘密法（2024修订）》（2024年2月公布）

（二）行政法规

1.《禁止传销条例》（2005年8月公布）

2.《直销管理条例（2017修订）》（2017年3月公布）

3.《宗教事务条例（2017修订）》（2017年8月公布）

4.《国务院关于经营者集中申报标准的规定（2024年修订）》（2024年1月公布）

5.《价格违法行为行政处罚规定（2010修订）》（2010年12月公布）

6.《广告管理条例》（1987年10月公布）

7.《建设工程质量管理条例（2019年修订）》（2019年4月公布）

8.《棉花质量监督管理条例（2017年修订）》（2017年10月公布）

9.《武器装备质量管理条例》（2010年9月公布）

10.《乳品质量安全监督管理条例》(2008年10月公布)

11.《认证认可条例（2023年修订）》(2023年7月公布)

12.《计量法实施细则（2022年修订）》(2022年3月公布)

13.《专利代理条例（2018修订）》(2018年11月公布)

14.《专利法实施细则（2023修订）》(2023年12月公布)

15.《国防专利条例》(2004年9月公布)

16.《商标法实施条例（2014修订）》(2014年4月公布)

17.《著作权法实施条例（2013修订）》(2013年1月公布)

18.《计算机软件保护条例（2013修订）》(2013年1月公布)

19.《集成电路布图设计保护条例》(2001年4月公布)

20.《植物新品种保护条例（2014年修订）》(2014年7月公布)

21.《建设工程安全生产管理条例》(2003年11月公布)

22.《生产安全事故报告和调查处理条例》(2007年4月公布)

23.《农业机械安全监督管理条例（2019年修订）》(2019年3月公布)

24.《生产安全事故应急条例》(2019年2月公布)

25.《危险化学品安全管理条例（2013年修订）》(2013年12月公布)

26.《危险化学品安全管理条例（2013年修订）》(2013年12月公布)

27.《计算机信息系统安全保护条例（2011年修订）》(2011年1月公布)

28.《烟花爆竹安全管理条例（2016年修订）》(2016年2月公布)

29.《使用有毒物品作业场所劳动保护条例》(2002年5月公布)

30.《劳动保障监察条例》(2004年11月公布)

31.《劳动合同法实施条例》(2008年9月公布)

32.《女职工劳动保护特别规定》(2012年4月公布)

33.《职工带薪年休假条例》(2007年12月公布)

34.《社会保险经办条例》(2023年8月公布)

35.《社会保险费征缴暂行条例(2019年修订)》(2019年3月公布)

36.《保障农民工工资支付条例》(2019年12月公布)

37.《房产税暂行条例(2011年修订)》(2011年1月公布)

38.《城镇土地使用税暂行条例(2019年修订)》(2019年3月公布)

39.《土地增值税暂行条例(2011年修订)》(2011年1月公布)

40.《增值税暂行条例(2017修订)》(2017年11月公布)

41.《消费税暂行条例(2008修订)》(2008年11月公布)

42.《税收征收管理法实施细则(2016年修订)》(2016年2月公布)

43.《企业财务会计报告条例》(2000年6月公布)

44.《发票管理办法(2023年修订)》(2023年7月公布)

45.《总会计师条例(2011年修订)》(2011年1月公布)

46.《建设项目环境保护管理条例(2017修订)》(2017年7月公布)

47.《防治陆源污染物污染损害海洋环境管理条例》(1990年6月公布)

48.《防治海洋工程建设项目污染损害海洋环境管理条例(2018年修订)》(2018年3月公布)

49.《防治海岸工程建设项目污染损害海洋环境管理条例(2018年修订)》(2018年3月公布)

50.《防治船舶污染海洋环境管理条例(2018年修订)》(2018年3月公布)

51.《畜禽规模养殖污染防治条例》(2013年11月公布)

52.《淮河流域水污染防治暂行条例(2011年修订)》(2011年1月公布)

53.《进口计量器具监督管理办法(2016年修订)》(2016年2月公布)

54.《缺陷汽车产品召回管理条例(2019年修订)》(2019年3月公布)

55.《煤矿安全生产条例》(2024年1月公布)

56.《非银行支付机构监督管理条例》(2023年12月公布)

57.《优化营商环境条例》(2019年10月公布)

58.《消费者权益保护法实施条例》(2024年3月公布)

59.《国务院关于实施〈中华人民共和国公司法〉注册资本登记管理制度的规定》(2024年7月公布)

60.《企业信息公示暂行条例(2024修订)》(2024年3月公布)

61.《稀土管理条例》(2024年6月公布)

62.《行政执法机关移送涉嫌犯罪案件的规定(2020修订)》(2020年8月公布)

63.《公平竞争审查条例》(2024年6月公布)

64.《网络数据安全管理条例》(2024年9月公布)

(三)中央文件

1.《促进产业结构调整暂行规定》(国发〔2005〕40号,2005年12月公布)

2.《中共中央办公厅、国务院办公厅关于强化知识产权保护的意见》(2019年4月公布)

3.《中共中央 国务院关于加快经济社会发展全面绿色转型的意见》(2024年7月31日公布)

4.《国务院关于进一步规范和监督罚款设定与实施的指导意见》(国发〔2024〕5号,2024年2月公布)

5.《中共中央、国务院关于促进民营经济发展壮大的意见》《2023年7月14日公布》

（四）部门规章

1.《保险公司合规管理办法》（2016年12月公布）

2.《证券公司和证券投资基金管理公司合规管理办法》（2017年6月公布）

3.《中央企业合规管理办法》（2022年8月公布）

4.《禁止滥用市场支配地位行为规定》（2023年3月公布）

5.《汽车产业投资管理规定》（2018年12月公布）

6.《禁止垄断协议规定》（2023年3月公布）

7.《禁止滥用市场支配地位行为规定》（2023年3月公布）

8.《经营者集中审查规定》（2023年3月公布）

9.《明码标价和禁止价格欺诈规定》（2022年4月）

10.《水利工程供水价格管理办法（2022）》（2022年12月）

11.《城镇供水价格管理办法》（2021年8月公布）

12.《国际航空运输价格管理规定》（2020年10月公布）

13.《互联网广告管理办法》（2023年2月）

14.《房地产广告发布规定（2021修改）》（2021年4月公布）

15.《农药广告审查发布规定（2020修订）》（2020年10月）

16.《兽药广告审查发布规定（2020修订）》（2020年10月）

17.《药品、医疗器械、保健食品、特殊医学用途配方食品广告审查管理暂行办法》（2019年12月公布）

18.《铁路设备质量安全监督管理办法》（2023年7月公布）

19.《铁路运输服务质量监督管理办法》（2023年5月公布）

20.《水利工程质量管理规定》（2023年3月公布）

21.《食品相关产品质量安全监督管理暂行办法》（2022年10月公布）

22.《工业产品销售单位落实质量安全主体责任监督管理规定》(2023年4月)

23.《工业产品生产单位落实质量安全主体责任监督管理规定》(2023年4月)

24.《特种设备生产单位落实质量安全主体责任监督管理规定》(2023年4月)

25.《强制性产品认证管理规定（2022修订）》(2022年9月公布)

26.《建设工程质量检测管理办法（2015修正）》(2015年4月公布)

27.《有机产品认证管理办法（2022修订)》(2022年9月公布)

28.《市场监督管理投诉举报处理暂行办法（2022第二次修正）》(2022年9月)

29.《农产品地理标志管理办法（2019修正）》(2019年4月公布)

30.《地理标志产品保护规定》(2005年6月公布)

31.《专利代理管理办法》(2019年4月公布)

32.《专利实施强制许可办法》(2012年3月公布)

33.《专利行政执法办法（2015修正）》(2015年5月公布)

34.《首次公开发行股票并上市管理办法（2022修正）》(2022年4月公布)

35.《专业技术人员继续教育规定》(2015年8月公布)

36.《劳务派遣暂行规定》(2014年1月公布)

37.《中华人民共和国工业产品生产许可证管理条例实施办法（2022修订）》(2022年9月公布)

38.《中央企业违规经营投资责任追究实施办法（试行）》(2018年7月公布)

39.《外商投资准入特别管理措施（负面清单）（2024年版）》(2024年9月公布)

40.《拖欠农民工工资失信联合惩戒对象名单管理暂行办法》(2021年11月公布)

(五)其他文件

1.《中央企业商业秘密保护暂行规定》(国资发〔2010〕41号,2010年3月公布)

2.《对外投资合作和对外贸易领域不良信用记录试行办法》(商合发〔2013〕248号,2013年7月公布)

3.《国有企业工资内外收入监督管理规定》(人社部发〔2022〕57号,2022年8月公布)

4.《企业拆除活动污染防治技术规定(试行)》(原环保部公告2017年第78号,2017年12月公布)

5.《市场监管总局关于全面深化"双随机、一公开"监管规范涉企行政检查服务高质量发展的意见》(国市监信规〔2024〕5号,2024年7月公布)

6.《企业境外经营合规管理指引》(发改外资〔2018〕1916号,2018年12月公布)

7.《中央企业合规管理指引(试行)》(国资发法规〔2018〕106号,2018年12月公布)

8.《关于建立涉案企业合规第三方监督评估机制的指导意见(试行)》(高检发〔2021〕6号,2021年6月公布)

9.《市场监管领域重大违法行为举报奖励暂行办法》(国市监稽规〔2021〕4号,2021年7月发布)

10.《企业境外反垄断合规指引》(国市监反垄发〔2021〕72号,2021年11月公布)

11.《市场准入负面清单（2022年版）》（发改体改规〔2022〕397号）（2022年3月公布）

12.《经营者集中反垄断合规指引》（国市监反执二发〔2023〕74号，2023年9月公布）

13.《网络销售特殊食品安全合规指南》（国市监特食发〔2023〕98号，2023年10月公布）

14.《经营者反垄断合规指南》（双反委发〔2024〕4号，2024年4月国务院反垄断反不正当竞争委员会公布）